THE ROAD TO NATIONAL BRAND

通往国家品牌之路

任学安 刘戈 著

内 容 提 要

大国崛起成就国家品牌，国家品牌彰显强国实力。

本书对华为、海尔、格力、苏宁、茅台等九个著名企业进行深入调研，从印象、档案、解码和梦想等角度全面分析企业的品牌建设现状，对品牌成长与消费升级之间、经济发展与国家品牌成长之间的关系进行深度研究，寻找企业品牌成长的规律及核心要素，探讨通往国家品牌的典型路径。

本书兼顾学术性与实战性，一方面为有志于打造国家品牌的中国企业提供借鉴，另一方面也为政府构建国家品牌战略提供决策参考。

图书在版编目(CIP)数据

通往国家品牌之路/任学安，刘戈著.—北京：北京大学出版社，2019.12
ISBN 978-7-301-30918-6

Ⅰ.①通… Ⅱ.①任… ②刘… Ⅲ.①品牌战略–研究–中国 Ⅳ.①F279.23

中国版本图书馆CIP数据核字(2019)第236792号

书　　　名	通往国家品牌之路 TONGWANG GUOJIA PINPAI ZHI LU
著作责任者	任学安　刘　戈　著
责 任 编 辑	张云静
标 准 书 号	ISBN 978-7-301-30918-6
出 版 发 行	北京大学出版社
地　　　址	北京市海淀区成府路205号　100871
网　　　址	http://www.pup.cn　　新浪微博：@北京大学出版社
电 子 信 箱	pup7@pup.cn
电　　　话	邮购部 010-62752015　发行部 010-62750672　编辑部 010-62570390
印 刷 者	北京鑫海金澳胶印有限公司
经 销 者	新华书店
	720毫米×1020毫米　16开本　15.75印张　266千字
	2019年12月第1版　2019年12月第1次印刷
印　　　数	1-6000册
定　　　价	58.00元

未经许可，不得以任何方式复制或抄袭本书之部分或全部内容。
版权所有，侵权必究
举报电话：010-62752024　电子信箱：fd@pup.pku.edu.cn
图书如有印装质量问题，请与出版部联系，电话：010-62756370

推荐序

坚实走好品牌建设这条路

即使最乐观的预言家,在40多年前,也无法想象到贫弱的中国将如此漂亮地完成工业化的中期进程,更无法想象中国从工业化迈向智能化的迅速转型所引发的全球瞩目。从物质匮乏、食不果腹的落后国度到如今的制造业大国,真是沧海桑田。

几十年来,我一直近距离追踪、关注着中国制造业的发展,从珠三角到长三角再到其他地方,目睹企业家们砥砺奋进,真是感慨良多。华为、海尔、格力……在中国的大地上一下子涌现出这么多优秀的企业,这种成就举世罕见。40多年来筚路蓝缕,这其中蕴含的力量,让我始终乐观地相信,即使未来的道路再艰巨,一切也都是可能的。

自豪的同时,清醒的认识就更显难得。虽然中国制造业的规模上去了,制造业大国名不虚传,但从多方面来看,我们还处于第三梯队,不可盲目自大。我们的品牌基础还很薄弱,还有很多品牌走不出去,还有很多纠纷争议甚至质疑,中国品牌建设未来的道路还很长。

我同意本书的分析,当前中国企业品牌与中国经济总量并不匹配,其原因主要在于四个方面:全球化导致生产和品牌的分离;中国巨大的国内市场使企业缺乏打造全球化品牌的动力;中国文化和全球主流文化的差异性;企业品牌意识的淡泊和品牌战略的长期滞后。

目前中国正经历一场深刻的转型——中国制造向中国创造转变、中国速度向中国质量转变、中国产品向中国品牌转变。在这场转型中,中国企业亟需弥补品牌短板，造就更高层次的发展模式。

一个国家的产品和企业的品牌，很大程度上就是这个国家的形象和性格。一个国家的产品和企业品牌，生于斯长于斯，所立足的土壤和吸收的养分是有独特性的。中国企业品牌的独特性体现在很多方面。中国的市场是巨大的，14亿人的消费能力形成了一个巨大的国内市场，这既是一个基本的市场，又是一个避风港。我们既要发挥国内市场的优势，还要有世界胸怀，勇于走出去，把企业的形象推向全世界。此外，中国市场还有些独特的情形，包括消费阶段、政商关系、产权意识等，这是我们企业成长的环境，与国外的环境可能有很大区别，乃至价值观也时有冲突。中国的品牌走向世界，要有一个主动识别、改善与融入的过程，这并不是一个轻松的过程。

40多年品牌建设的巨大成就，有很多经验可以总结，其中，设计师勇于探索、发扬民族文化的自信，企业家的广阔视野、敢于放权的魄力和决心，起到了关键性的作用。正是在这样信任与宽松的氛围中，经济和社会才涌现出惊人的活力，企业家精神才得以充分发挥，结出了璀璨的果实。当前，中国的品牌建设虽然面临着国内外严峻的形势，但是，梅花香自苦寒来。很高兴看到当前决策层所表露出来的决心，企业家的地位、荣誉得到空前重视。我相信，中国企业的春天正在走来。

作为一名教师和研究者，一方面，我要同企业家一道，只争朝夕地去做，去创建，去发展；另一方面，很多事又急不得，有很多功课要补上，有很多经验要总结。路要一步一步地走，问题要一个一个地解决。在这个阶段，借鉴美、英、法、德、日等经济强国的产业发展与品牌成长之路，研究中国企业品牌的现状，总结经验，明确目标，形成共识，正是本书所做的工作，这具有非常重要的意义。

陈春花

北京大学王宽诚讲席教授

北京大学国家发展研究院 BiMBA 商学院院长

自序

有一种荣耀叫国家品牌

1967年,可口可乐前董事长罗伯特·伍德鲁夫说:"只要'可口可乐'这个品牌在,即使有一天,公司在大火中化为灰烬,那么第二天早上,企业界新闻媒体的头条消息就是各大银行争着向'可口可乐'公司贷款。"这句自信又嚣张的话,至今仍被许多业界人士视为经典而一再传颂。没有人关心过这句话是否真的出自罗伯特·伍德鲁夫之口,但人人都喜欢这样引用,因为它说出了一个共识:品牌是一种无价资产。

可口可乐是一家成功的公司,同时也是一个伟大的品牌,至今都是世人眼里美国的符号之一。在中国与世界各国的经济、政治、文化交往越来越频繁的新时代,我们看见了许许多多这样的公司代表一个国家作为经济主体参与全球竞争,而其所拥有的品牌不仅仅是企业的核心竞争力,更是企业所在国参与世界市场竞争和文化交流的国家名片。

9年前,我创作了一部10集纪录片《公司的力量》,在那一次艰难的观察与思考过程中,我和团队试图用电视纪录片的方式探讨公司在国家权力和世界争霸之间的关系。我惊叹于公司扮演着新知识和新技术的创造者、制度创新和文化再造的助推者的同时,受强大利益的蛊惑,将一切明码标价,成为千夫所指的唯利是图者。无论我们怎样争辩公司的功与罪,有一个名词不断地跳跃出来并牢牢占据我的视线:品牌。不同于公司所产生的众多争议,品牌从诞生开始就饱含了人们对所有创造的美好期待,它似乎能够抽离公司"恶"的部分,保留公司"善"的一切。超越制度和理性,品牌成为公司进化的更高境界，也展现出其在效率和利润方面深藏的无限魅力。

执笔撰写这篇自序之时，正值2019年《财富》世界500强排行榜单发布之日。在这份吸引世界眼球的榜单上，中国企业数量空前地达到129家，首次超过美国（121家）。毋庸置疑，这是一个历史性的超越。然而，中国公司在获取财富和利润方面的成功，却难掩中国企业乃至整个国家在品牌建设上仍存在的诸多不足。这方面我们不仅与美国相距甚远，与经济总量低于中国的日、法、德等国相比，也还有很大距离。当然，社会上也有更悲观的表述："大国寡品"。虽然我并不完全认同，但这种声音本身就是一种对我国品牌建设的认知，值得我们通过加强品牌建设和品牌文化传播来予以改变。

一个真正拥有强大实力的现代大国，必然拥有许多伟大企业和受世人追捧的品牌。人类社会步入现代文明以来，品牌作为公司的形象标志，不仅代表其制造水平、产品品质、产品个性，以及可数字化的资产价值，甚至已经进化成一种现代的生活方式和文化气质。例如，苹果和IBM代表美国创新文化，爱马仕和香奈儿代表法国时尚文化，奔驰和宝马代表德国工程师文化，索尼和松下代表日本精益文化……

那么，哪个品牌能够代表中国？哪些品牌彰显着当今中国的文化气质？或者说，哪类品牌是世界认知中国的那扇窗户？

探寻国家和品牌之间的关系，是一次有意义的思考之旅。纪录片《公司的力量》用镜头记录思考的过程并将之呈现给观众，试图与大家一起完成思考，这一次与此不同，我不做旁观者和记录者，而选择"下场参赛"，用具体的经营实践去探寻品牌与企业成长、品牌与市场竞争、品牌与国家繁荣乃至世界竞争的关系。

4年前，工作的变动让我机缘巧合地走上了媒体经营岗位。在央视广告经营管理中心，我发现企业的大国风貌除了靠自身觉悟不断提高，也需要国家和社会的激励、引导和扶持。回望中国改革开放40多年，央视作为国家级传播平台推广了无数中国品牌，促进了中国经济的发展，推动了一批企业的茁壮成长，实现了无数企业家的财富梦想。我们也比过去任何时候都更加自信地认识到：大国经济需要大国品牌，大国传播能成就大国品牌。经过审慎思考和调研，我提出并领导设计了"CCTV国家品牌计划"，赋予国家电视台广告经营工作以使命和责任，这是为国家培养和传播一批能参与世界市场竞争和文化交流的国家品牌，助推中国品牌完成从观念与意识到愿景与使命的升级。

我们严格把关入选"CCTV国家品牌计划"的中国企业，确定了4个入选的先决条件：

1. 企业所属行业是国家支柱性行业或民生必需品行业；

2. 企业及其产品具有优秀品质，且居于行业领先地位；

3. 企业有成就国家品牌的梦想和胸怀，能够在市场营销方面持续投入资源；

4. 对于符合上述3个条件的合资企业，需在中国境内生产和销售产品，并有获得中国消费者广泛认同的品牌诉求。

入选"CCTV国家品牌计划"的企业，我们为他们提供最优质的品牌建设服务，这个服务包括：线上，硬广+宣传片+品牌故事+品牌行动；线下，品牌诊断+品牌课堂+品牌理事会服务。这是一个线上线下立体的广告传播和品牌服务体系。同时，为了确保这个计划按照"共建、共荣、共享"原则取得实效，我们制定了较完备的约束机制，比如所有通过我们线上播出的广告，我们执行比《中华人民共和国广告法》更严格的播出审查标准；比如发生违约违规或出现重大社会舆情时必须面临处罚甚至责令退出等。

在构思和实施"CCTV国家品牌计划"的过程中，我们考察了众多中国著名企业，和很多著名品牌创始人进行了交流。在调研中，我有三个深刻感受：一是许多企业家对自己企业如数家珍，对行业发展了如指掌，虽然取得了市场的成功，但不少企业领导缺乏对自己企业品牌的系统性思考和全面的梳理；二是不少企业普遍更关心当下利润而缺乏长期的品牌资产规划；三是企业的愿景还停留在财富追求层面而缺乏国家使命的自觉，对于企业品牌不仅是企业自身的也是国家的重要资产认识不足，当然也就对品牌的未来发展没有清晰的定位和规划。

在这场以"国家品牌"之名进行的品牌建设的行动中，我作为媒体人记录现实、书写价值的热情再次被激发。如果我们能够对已经在竞争中脱颖而出、在国内甚至全球市场被认可、建立了良好品牌形象的企业进行深入的研究，对其品牌形象进行客观和专业的评判，对其品牌的成长历程进行细致的梳理，找到其品牌成功的主要原因，那么将为众多有志于成为"国家品牌"的企业提供参考和借鉴。所以，我们决定将这些实践和思考过程用文字的方式记录下来，将打造中国国家品牌的案例整理出来，为来者留下一段关于我们走过的品牌旅程的点滴记忆。也许它很稚嫩，也许它曾被误解，也许它自身也会进化……无论怎样，一切美好的出发点都应该是它留下痕迹的理由。如果有幸能成为无数探路者的一个航标，即使是再微弱，我和团队也觉得欣慰。这一想法得到了文化名家暨"四个一批"人才计划的资助，《通往国家品牌之路》应运而生。

我和项目团队在入选"CCTV国家品牌计划"的数十家企业中挑选了九家企业作为样本，在一年多的时间内对其进行了深入的内部走访，研究了这些企业的发展路径，将其作为《通往国家品牌之路》的主干部分。同时，项目组对目前中国企业品牌建设的总体情况进行了梳理，管窥中国品牌没有与中国经济同步成长的原因，试着对未来什么特质的品牌可以成为代表中国的国家品牌作了定义。另外，为了提供一个更为广泛的参照，研究项目也较为全面地整理了英国、法国、德国、日本、韩国、美国等国家著名品牌的发展路径，以及这些国家各个发展阶段品牌成长与经济发展水平的相关性。

需要特别指出的是，我们选择的九个样本并不一定是当下中国的"十佳"品牌，也不能全面代表中国所有企业的品牌现状，更不能保证这些样本会在未来一定能够成长为代表中国的国家品牌。除了品牌的市场地位、品牌影响力和美誉度，我们还更多关注了品牌的行业分布、诞生和成长时间的多样性、企业所有制和经营模式的差异，以及被调查企业的参与意愿等因素。我们越是深入研究，越是发现这项工作所具有的价值，我们愿意在未来以各种方式延续对国家品牌的研究与传播。因为无论对于企业还是对于消费者，无论对于市场还是对于国家，有一种无价资产叫品牌，有一种品牌的最高级叫国家品牌。

国家品牌，它标记着一个国家成功的荣耀。

最后，特别感谢我供职的单位给予我的全部滋养和机会，感谢参与该项目的各家企业和相关工作人员的积极配合，感谢全体项目组成员两年多来的认真工作，感谢著名管理专家陈春花女士亲笔为本书作序，感谢北京大学出版社及其编辑人员专业尽责的付出。

任学安

目录

01章 国家品牌：棋局与破局 1

贸易大国、品牌小国 2
尴尬的榜单 4
品牌与经济为何没有同步成长？ 6
国家品牌即国家名片 7
国家平台造就国家品牌 9
    定义"国家品牌"，甄选品牌国家队 11
    立足品牌思想前沿，助力企业管理提升与社会进步 12
    透过广告，看到一个国家的理想 13

02章 大国崛起与国家品牌 15

英国：从日不落帝国、"英国病"到"创意英国" 16
    英国产业经济的崛起与品牌发展 17
    经济衰落与英国品牌的坎途 19
    "创意经济"为今日英国形象注入新生命力 20
法国：经久不衰的时尚帝国与独树一帜的高科技 21
    历久弥新的时尚品牌王国 22
    "战后辉煌30年"，产业结构升级，高科技产业突破 24
    "法国制造"的困局与"再工业化"战略 25
德国："德国制造"成就德国品牌 26
    早期"德国制造"：从低劣到优质的飞跃 27
    战后高速发展的"德国制造"：卓越品质的全球化品牌 28

当代"德国制造":标准化、科技、绿色与工业4.0 29

德系汽车品牌的成功之道 30

日本:"精益制造"制造日本品牌 31

日本汽车产业与品牌发展:政策扶持,精益制造,便捷实用 32

日本电子产业与品牌发展:研发为先,创造需求,引领时尚 33

低迷中的坚守:"IT立国"再出发 35

韩国:自主创新与财团经济打造品牌利剑 36

政府主导下的产业升级与自主科技创新 37

财团经济打造品牌航母 38

美国:全方位崛起的超级大国与品牌帝国 40

初生:第一次工业革命催生了美国现代企业 41

狂飙:第二次产业革命,迎来第一次品牌发展黄金时期 42

崛起:"二战"后全面崛起,迎来第二次品牌发展黄金时期 44

创新:以科技创新为驱动,造就品牌发展的强劲浪潮 47

03 章 工业化进程与国家品牌成长 51

国家品牌成长的外部环境条件 52

国家品牌成长的内在驱动力 56

技术创新 56

管理创新 57

文化创新 58

国家品牌:工业化后期的发展契机 59

补短板,加快品牌全球化的进程 61

促进科技创新,锻造企业的核心竞争力 61

提升企业文化影响,讲好品牌故事和中国故事 62

适应国际规则,角力全球竞争 62

04 章 通往国家品牌路径探索之缔造神话——华为 65

品牌印象 66

品牌档案 68

"华为"的诞生：信手拈来的品牌名　68
与狼共舞："农村包围城市"杀出一条血路　69
"搅局"全球：从"华为的冬天"开始　71
"新丝绸之路"计划：用国家效应带动华为品牌影响力　71
交锋思科：国际官司扩大华为全球影响力　72
手机新贵：激活华为消费者业务　74
手机双品牌时代：华为手机品牌开始登堂入室　75

品牌解码　77
任正非的邮件　77
"狼性文化"　78
《华为基本法》提升企业内部凝聚力　80
"全员持股"留住人才　80
自主研发，置之死地而后生　81
"润物细无声"的顶级品牌营销　82
打死不上市，给品牌成长创造自由空间　83

品牌梦想　85
做出品牌温度　85
构建万物互联的智能世界　85
做智能社会的开拓者　86

05 章 通往国家品牌路径探索之跨界创新——云南白药　87

品牌印象　88
品牌档案　89
炮火中发芽　89
新中国重生　90
绝地反击："含药"的创可贴　90
7年鏖战　92
转战快消：定位致胜，冲破50亿天花板　93
打造生态链，拥抱大健康　96

品牌解码　98
边陲地域的"王"者气度　98
传承不泥古，创新不离宗　99

"十年份"战略驱动力 100
品牌梦想 102
　　价值重构下的再布局 102
　　发力大数据，打造新模式医院 102
　　跨过中西医"分界线"，云南白药的科技展望 103

06章 通往国家品牌路径探索之金刚变形——苏宁 105

品牌印象 106
品牌档案 108
　　以一胜八：奇招托举出地方名牌 108
　　战国美：奠定全国连锁品牌 109
　　舍命双线融合，破局零售模式 111
　　挑战京东："苏宁易购"站了起来 112
品牌解码 115
　　张近东的"稳、准、狠" 115
　　"1 200工程"人才战略 116
　　"事业经理人"文化 116
　　智慧零售，科技为先 117
　　足球＋明星代言：打通苏宁品牌经络 118
品牌梦想 120
　　智慧零售服务美好生活 120
　　场景互联网 121
　　"新零售"，还是"智慧零售" 122

07章 通往国家品牌路径探索之品牌战略家——海尔 123

品牌印象 124
品牌档案 126
　　怒砸冰箱："暴力"唤醒品质意识 126

海尔兄弟：经典 IP 的诞生　127
　　真诚到永远：精致服务打动用户　128
　　海外发展之路：走出去、走进去、走上去　129

品牌解码　131
　　张瑞敏，企业哲学家　131
　　对质量的"偏执"　132
　　身在传统行业，心有互联网思维　133
　　品牌持久战　133
　　人单合一，海尔品牌成长的根本保证　134
　　海尔的营销——用户零距离　135
　　海尔新媒体——"80 万官微总教头"　136

品牌梦想　137
　　创客和创业家的孵化平台　137
　　"生活 X.0"　138
　　更为纯正的智慧家庭之路　138
　　物联网时代的生态品牌　139

08 章　通往国家品牌路径探索之创造流行——万达　141

品牌印象　142
品牌档案　144
　　大连万达队：足球让万达家喻户晓　144
　　万达广场 & 万达影城：城市流行生活的标志性符号　146
　　万达品牌有了国际范儿　147
　　化解债务——顺势推进品牌转型　148

品牌解码　150
　　品牌大师王健林　150
　　商业模式创新——占据产业优势，形成品牌影响力　151
　　"没有不可能"——执行文化是万达的品牌基石　152
　　足球情结——给万达品牌注入温度　153

品牌梦想　155
　　成为大型多元化服务公司　155
　　实现轻资产转型　156

打造文化品牌　156

第09章 通往国家品牌路径探索之倾心制造——格力　157

品牌印象　158

品牌档案　160

"创造良机"：精品战略孕育品牌未来　160

"好空调，格力造"：格力模式引领行业风潮　161

"让世界爱上中国造"：多元化转型拔高品牌段位　163

品牌解码　165

领导层顺畅衔接，联手助推品牌崛起　165

"剑胆琴心"董明珠　166

专注——格力品牌的基石　169

掌握核心科技，让品牌拥有话语权　170

奉献精神——格力品牌的核心文化　172

品牌梦想　173

成为国际一流的多元化制造业企业　173

第10章 通往国家品牌路径探索之废墟中重生——君乐宝　175

品牌印象　176

品牌档案　178

酸奶起家：从头把好质量关　178

绝地重生：坚持才会胜利　179

责任跳板：敢为人所不敢　180

创新渠道：以互联网思维打开新局面　181

创新与研发：打造酸奶高端子品牌　182

品牌解码　184

魏立华：永不停步的马拉松　184

品牌背书：世界级标准 & 进军港澳　185

低价战略：改变行业格局　187
　　品牌基石：以质量为根本　188
　　品牌保障：健全的商标管理体系　189
　　天时地利：重振国产品牌形象　190
品牌梦想　191
　　找准定位，以小博大　191
　　做让老百姓看得到的放心奶　191

第11章 通往国家品牌路径探索之大道至简——鲁花　193

品牌印象　194
品牌档案　196
　　"为人民服务"　196
　　重新洗牌食用油行业的"5S 物理压榨工艺"　197
　　从打造花生油第一品牌，到做中国高端食用油引领者　198
品牌解码　200
　　孙孟全的"质量经"　200
　　鲁花就是花生油，花生油就是鲁花　201
　　紧抓稀缺资源的品牌投放策略　202
　　每天都诵读道德文化——中国传统文化的企业管理　202
品牌梦想　204
　　酱油，我们也要做最好的　204
　　做中国高端食用油引领者　204

第12章 通往国家品牌路径探索之忠于自我——茅台　207

品牌印象　208
品牌档案　210
　　智摔酒瓶　210
　　结缘红军　211

五夺"中国名酒"：评出来的行业老大　212
　　　生死 1998：品牌保卫战　212
　　　市场抗衡 20 年：重新确立第一品牌　213
　品牌解码　215
　　　红色基因　215
　　　坚守品牌识别度　216
　　　工匠精神："像爱护自己的眼珠一样爱护茅台酒质量"　217
　　　"九个营销"：造就"茅台现象"　218
　　　文化茅台：酒不醉人人自醉　218
　　　市值的信号，茅台品牌的特殊维度　219
　　　调整品牌战略，实现"双轮驱动"　220
　品牌梦想　221
　　　做令全世界尊敬的中国品牌　221

 30 年后，谁来代表中国？　222

 231

01 章

国家品牌：棋局与破局

> 假如我的工厂被大火毁灭，假如遭遇世界金融风暴，但只要有可口可乐的品牌，第二天我又将重新站起。
>
> ——罗伯特·伍德鲁夫
> （可口可乐前董事长）

人们对一个国家的认识，一般是从这个国家的商品开始的。

当丝绸、瓷器、茶叶大量进入欧洲人的生活之后，他们知道了在遥远的东方有一个高度文明的国家，于是，他们干脆用"瓷器"来称呼中国。

当中国的国门向世界打开之后，我们通过松下、东芝、索尼、丰田、日产、尼康、佳能、优衣库、无印良品认识了日本；通过可口可乐、麦当劳、宝洁、迪士尼、福特、通用、波音、英特尔、微软、亚马逊、谷歌认识了美国；通过奔驰、宝马、奥迪、西门子、博世、阿迪达斯、双立人认识了德国；从圣罗兰、迪奥、香奈儿、路易威登、人头马、空中客车认识了法国；通过古驰、杰尼亚、阿玛尼、法拉利认识了意大利；通过劳斯莱斯、立顿红茶、宝格丽、BBC认识了英国；通过三星、现代、LG认识了韩国；通过欧米伽、劳力士、江诗丹顿认识了瑞士。

这些品牌带来的信息是如此感性和密集，我们很容易从它们身上感知到其所代表的那个国家的一切：工业化水平、科技能力、国民性格、审美情趣、文化传统……这是每一个人可感知到的对国家的认识。

世界品牌实验室主席、诺贝尔经济学奖得主罗伯特·蒙代尔教授说，"现代经济的一个重要特征就是品牌主导，我们对于世界经济强国的了解和认识大都是从品牌开始的。品牌是区域经济中鲜活的生命体，也是其核心竞争力最直接的体现"。

贸易大国、品牌小国

中国是世界上120多个国家的第一大贸易伙伴。在大连、天津、青岛、上海、宁波、厦门、广州、深圳等沿海城市的港口中，每天都有上千条集装箱船满载货物，驶向太平洋、印度洋。

从卫星影像上看，海上的这些集装箱船就像一只只搬家的蚂蚁，排成行在不同的线路上往返，它们的目的地既有洛杉矶、温哥华、悉尼、东京这样的发达国家的港口，也有曼谷、孟买、卡拉奇等发展中国家的港口。船上的货物包括服装、家具、陶瓷、箱包、玩具、宠物食品、手机、汽车配件、工程机械等各种日用产品和生产用品。

但遗憾的是，这些产品大都打着其他国家品牌的旗号。无论是发达国家还是发展中国家，很多居民在购买产品的时候，冲的是包装上醒目的国际品牌的标识，而非在不起眼位置印着的"made in china"（中国制造）。

从"中国制造"的世界影响力来看，中国企业具备了产量优势，500种主要工业品中有220多种产量位居全球第一。在中国出口的商品中，90%以上是贴牌产品，能为众多世界级品牌做代工说明中国的生产能力也具备了一定的品质优势。然而，依靠资源、资金和廉价劳动力所带来的产量优势并未改变中国产品处于全球产业链底部的局面，其关键原因就是我们缺乏品牌竞争力优势。

而世界第二大制造业大国美国则完全是另外一番景象，美国90%的出口额来源于品牌经济。德国、法国、英国、意大利、瑞士等众多欧洲国家都拥有一批国际知名品牌，凭借品牌溢价功能获取超额利润。

2014年5月10日，习近平总书记在河南考察中铁装备有限公司时强调，推动中国制造向中国创造转变、中国速度向中国质量转变、中国产品向中国品牌转变。

即使是最乐观的预言家，在40年前也很难预料到，中国——这个世界人口大国在经济上会以如此高速度持续增长。在这40年里，中国漂亮地完成了工业化的中期进程，迅速崛起为世界经济最重要的力量之一。

目前，中国进入了发展的"新常态"，正经历着一场深刻的转型——从高速度发展转变为高质量发展。中国的经济、企业、品牌之间也正在重新调整彼此的关系。中国企业亟须弥补品牌短板，造就更高层次的发展模式。

此时，能够代表中国制造、中国经济、中国实力的企业品牌就是当之无愧的国家品牌。然而，此时中国企业界还没有形成这样的企业群体，只有华为等少数中国品牌为世界所知晓，成了真正的全球化产品，实现了全球研发、全球市场、全球人才配置。

随着中国企业的日渐成熟，国际化进程的日益加快，越来越多在国内市场获得成功的中国企业将其品牌影响力扩展到全球范围。在未来20—30年的时间内，会有一大批中国企业代表中国出现在全球消费者的购物清单上。

涌现更多世界知名品牌不仅是中国经济转型的客观需要、中国企业增强竞争力的客观需要，也是中国成为世界大国的重要条件之一。品牌商品的输出，不仅是为了获取经济收入，品牌本身具有巨大的文化价值，品牌输出的过程也是价值观、文化传统、审美趣味、生活方式的传递过程。中国经济要转型升级，就必须重视品牌在经济体系和商业文明中的双重价值。

尴尬的榜单

近几十年，中国经济的快速发展使得一大批中国企业跻身《财富》世界500强排行榜。2018年入榜的中国企业集中在如下几个产业：能源矿业17家、银行10家、金属冶炼及制品9家、保险7家、工程建筑7家、航空与国防6家、房地产5家、商业贸易13家、IT 11家、汽车7家。同时入榜的美国企业则集中在如下几个产业：IT 18家、保险15家、商业贸易15家、能源矿业12家、生命健康12家、食品生产加工10家、银行8家、航空与国防6家、制药5家。

从对上榜的中美企业的对比中可以看出，在能源矿业、商业贸易、IT、银行、保险、航空与国防等6个产业中，两国的企业都很集中。但是，中国众多企业入榜的产业如金属冶炼及制品、工程建筑、汽车、房地产等，美国企业都没有或者极少入榜。与此同时，入榜的美国企业集中在卫生健康批发、卫生健康和保险管理式医疗、食品生产加工、制药和娱乐等产业，共26家。在这几个与生活和健康密切相关的产业里，则很少有中国企业。

在工厂产业中，中国企业入榜11家，汇集了中国移动等三家电信公司，阿里巴巴、腾讯等互联网公司，以及华为、联想、美的、海尔等著名企业。美国企业入榜18家之多，汇聚了苹果、亚马逊、微软、国际商业机器公司（IBM）、英特尔、思科、脸书（Facebook）等全球著名企业。美国这18家企业平均销售收入达到841亿美元，平均利润达到128亿美元，整体企业销售收入是中国企业的1.63倍，利润是中国企业的3.2倍。优异的经营数字背后是众多美国企业领先的创新能力及对全球价值链的管理能力。

对比入围财富500强的中美公司，很容易得出这样的结论：相对而言，中国企业更多的是通过在巨大的国内市场获得关键地位而获得营业额，而美国企业则更多的是在全球市场获得消费者认可而产生营业额。而后者才是诞生世界级品牌的真正土壤。

再来看世界品牌实验室（World Brand Lab）发布的"世界品牌500强"名单。2011年至2018年间，世界品牌实验室"世界品牌500强"中中国企业入选数量，一直远低于其在《财富》世界500强中的入选数量。八年间，两个榜单入围数量的差距持续扩大。

"世界品牌500强"评判依据是品牌的世界影响力，三项关键指标为市场占有率（Market Share）、品牌忠诚度（Brand Loyalty）和全球领导力（Global Leadership）。

2018年"世界品牌500强"共覆盖了57个行业。其中，汽车与零件行业共有36个品牌入榜，排名升至第一；传媒行业入选35个品牌，排名第二；食品与饮料行业以33个品牌数量退居第三；之后是能源行业的25个及互联网行业的23个。

共有28个国家的品牌进入此排行榜。从品牌数量的国家分布看，美国占据500强中的223席，继续保持全球第一品牌大国的地位；中国虽然有38个品牌入选，但此榜单不强调企业的全球化水平，相对而言，更有利于中国企业的上榜，如国家电网。但即便如此，作为世界第二大经济体，中国著名企业品牌的数量也远远低于规模企业的数量。

如果我们分析另外一个更加强调全球化布局和消费者认知的品牌榜单，即国际品牌咨询公司Interbrand发布的"全球最具价值品牌100强"排行榜，结果会更令人沮丧，2017年中国上榜的品牌仅有华为和联想两家。2018年联想更是跌落出此榜单，只剩华为一家上榜。这家成立于1974年的品牌咨询公司，每年都会发布全球"最佳品牌排行"，此排行榜主要从品牌业绩表现、全球影响力、公司持续收入的能力三个方面进行衡量，是业界公认的最具权威的品牌榜单。

以上几个榜单充分说明，中国企业虽然在经济指标上已经全面崛起，但国际品牌影响力仍亟待提升。改变"制造大国、品牌小国"局面，壮大品牌经济，是中国经济转型升级的重要进取方向，也是进入工业化后期的重要标志。

分析中国品牌现状，剑桥大学制造业研究院斯蒂芬·埃文斯（Stephen Evans）教授认为，"中国制造大而不强，必须技术和品牌两条腿走路"。美国加州大学伯克利分校哈斯商学院的米格尔·维拉斯·博阿斯（Miguel Villas-Boas）教授认为，"过去中国品牌的命名、定价和形象设计都不够国际化。移动网络和社交媒体的全球普及，能使中国品牌很容易接触到各国最终用户，并迅速缩小与世界品牌的差距"。

品牌与经济为何没有同步成长？

中国目前已是世界上 120 多个国家的第一大贸易伙伴，但大多数的出口产品仍打着其他品牌强国的品牌标志。"世界工厂"是对世界工业强国尤其是制造业强国的特定称谓，中国已经成为公认的"世界工厂"多年，很多出口产品位居世界首位，比如电子、电器、工程机械、橡胶轮胎、纺织品、日用品、玩具、家具等。在世界经济史上，英国、美国和日本都曾被称作过"世界工厂"。这些国家在成为"世界工厂"的过程中，经由发展和积累，也成为世界品牌强国。

目前，在中国输出的产品中，有 80% 以上属于代工生产或者贴牌生产，缺乏自主品牌，国际性品牌更是凤毛麟角。品牌的缺失致使中国企业只能从事低附加值非核心部件的加工制造。

中国从 1978 年开始了自己工业化中期的进程，但由于工业化早期的过程过于曲折和反复，实际上中国错过了工业化时代品牌成长的最佳契机。所以，当中国经济开始真正起飞时，已是全球化大潮席卷世界之后。

和历史上主要工业化国家的发展阶段相比，目前能够代表中国国家形象的品牌产品发展不如人意，可以总结为三个"不匹配"：中国品牌发展和中国经济总量不匹配；中国品牌发展速度与中国经济发展速度不匹配；中国品牌发展和中国产品的全球占有率不匹配。

造成中国品牌与中国经济总量不匹配的原因有以下几个方面。

第一，全球化导致生产和品牌的分离。在发端于 20 世纪 70 年代的全球化大潮中，全球各工业国和发展中国家重新进行了国际分工。发达国家的全球化跨国公司不断向品牌端、研发端聚集，而将制造端转移到发展中国家。这样，作为发展中国家，中国获得的好处是获得贴牌代工的分工，促进国内经济发展，但其产生的长期后果是生产和品牌的割裂，中国不再能够像全球化之前各发达国家那样，在工业化进程中保持生产和品牌的同步增长。这也可以看作是工业化过程的后发劣势，先发国家可以放弃产品的生产环节，而对品牌倾尽全力进行保护，这样一来，给后发国家留下的空间就很有限了。

第二，中国巨大的国内市场使企业缺乏打造全球化品牌的动力。中国有高达 14 亿人口的巨大市场，企业在国内有广阔的发展空间。从人数上来看，很多企业在国内就能拥有很高的品牌知名度，因此缺乏打造全球化品牌的动力，自然也就谈不上追求国际品牌影响力。

第三，在中华人民共和国成立到改革开放这近 30 年的时间，中国的本土市场与全球市场长期割裂，中国经济自成一体，没有加入全球市场，品牌的全球化传播停滞了相当长的时间。

第四，中国文化和全球主流文化存在巨大差异。品牌在全球的传播与文化尤其是流行文化密切相关。在大航海开始后的 500 多年里，全世界大部分国家和民族的主流文化和精英阶层都受到西方基督教文化的高度熏陶和同化，因此欧美流行文化也基本代表着全球流行文化，而中国是极少数未受其同化的国家之一，保持了自己的文化传统，中国文化在以西方主流文化占据主导地位的世界里难以顺畅地传播。

第五，企业品牌意识淡薄，品牌战略长期滞后。在中国改革开放以来的大部分时间内，中国商品都处于供不应求的阶段，经济增长方式粗放。专业化的企业品牌战略发展较晚，大部分企业缺乏系统化的、持续发展品牌的习惯和能力。此外，中国本土传媒行业、品牌中介咨询机构发育较晚且慢，也在客观上没有对中国企业品牌成长起到推动作用。

以上这五个原因阻碍了中国品牌的成长速度，使中国品牌未能和中国的经济体量同步发展，而且在未来相当长的时间内依然是中国品牌发展的难题。

国家品牌即国家名片

品牌的定义诞生于商品、运行于商人、兴盛于商业，但人们现在已经不仅仅将品牌的概念局限于商业，而是将品牌的概念延伸到了国家层面。

1998 年，美国学者西蒙·安浩（Simon Anholt）首次提出"国家品牌"的概念。他认为商品品牌可以改变人们对国家的感知，其对国家形象和声誉越来越重要。与形象推广活动相比，知名品牌更能有效传达国家形象。

美国的市场营销专家阿尔·里斯（Al Ries）认为，"国家形象十分重要，因为消费者对品牌价值含量的认识具有主观性，他们对品牌来源地的印象会增加或减少品牌的价值。要想成为世界品牌，必须做两件事，一是在行业里做第一个吃螃蟹的人,二是产品要符合原产地的形象"。

从各工业国家发展的经验来看,一个国家的商品品牌可以影响人们对一个国家的认知,而对一个国家历史、文化、经济发展水平和核心价值观的认知又反作用于人们对这个国家商品品牌的认知,在理想的条件下,商品品牌和国家形象将相互促进、相互融合、相互影响,形成良性的强化循环过程,从而共同构建起一个国家的国家品牌。

世界上有越来越多的国家相信并实践国家品牌。品牌不仅代表了企业的实力,是企业资产的组成部分;同时,企业品牌的集合也是国家地位的体现。企业品牌与国家形象正相关,知名国际品牌是响亮的国家名片,对于提升国家影响力和文化软实力具有重要的作用。一个国家或地区经济崛起的背后往往是一批品牌的强势崛起。

因此,在本书中我们将国家品牌定义为:由一个国家著名企业品牌共同形成的全球综合影响力。实际上,这种影响力既是一个国家经济竞争力的重要组成部分,也可以量化为一个国家总资产的一部分。

我们认为,成为代表中国的国家品牌必须满足以下条件。

(1)企业的产品、服务在经济运行中具有足够的重要性,与人们的生活具有高度的相关性。

(2)企业形象正面、健康,在国内和全球范围具有广泛的知名度。

(3)企业历史积淀与国家文化传统相匹配,与国家经济共成长。

(4)企业产品质量、技术和管理达到世界先进水平。

目前能够同时符合以上四个条件的中国企业有华为、海尔、联想等,他们基本是过去40年中国经济发展的结果。

从发达国家经济发展的历程来看,品牌发展的黄金阶段在工业化后期。在工业化初期形成的大多是和人民日常生活高度相关的轻工业产品,如日化、食品、酒类、饮料等;在工业化中期,汽车、家电、服装、娱乐等行业成为品牌成长的丰厚土壤,同时工业化初期形成的品牌在这个时期会进行大洗牌,部分产品的品牌优势逐渐显现;进入工业化后期后,在工业化早起、中期形成的品牌,其品牌优势被进一步强化,优势品牌与普通品牌的差距被进一步拉大,品牌壁垒会越来越高,同时大量的高科技品牌会脱颖而出,在品牌频谱中占据更显著的位置。

从科技发展的角度看,目前中国正处于工业化中期向工业化后期的过渡时期,真正走完工业化的全过程还需要约30年的时间。未来的30年将是中国品牌真正的爆发期，大量目前在国内市场获得成功的中国企业将不可阻挡地从本土品牌成长为全球性品牌。

一个国家经济大发展的背后往往是一批品牌的崛起。中国有世界上最大的市场和最完备的产业体系，这是培育本土品牌的最佳土壤。

世界银行发布过一份《国别财富报告》，这份报告对全球 118 个国家和地区的财富构成基础进行了分析。结果发现，越是富国，无形资产占比越高。在这份报告中，中国在这 118 个国家中排名倒数，而这与中国经济的发展模式相符。

进入 21 世纪，中国经济创造了增长奇迹，GDP 先后超过英国、德国、日本，从世界第五位一跃成为第二位，中国 GDP 总量是排在其后面的日、德、法三国 GDP 的总和。十多年前，我们很自然地认为，按照战后日本、韩国的先例，中国的企业中将成长出一批世界级的品牌，就像索尼和丰田那样，成为国家的脸面；如果做不到，至少在家电、汽车、服装、化妆品、食品饮料等主流消费品领域，本土品牌会逐渐替代进口品牌，占据更高的市场份额，在产品品质和价格上趋近于国际品牌。但让人沮丧的是，当前品牌的发展之路和我们当初的预期并不符合。在劳动力低成本优势逐步丧失之后，中国工业自主创新、增加附加值、打造自主品牌已迫在眉睫。

中国目前已进入经济全面转型阶段，这个转型实际上是从工业化中期向工业化后期的转型。未来的 30 年，恰好是中国的工业化后期，在这个时期，消费者的消费水平、消费习惯和消费理念必将发生深刻的变化，一些在工业化早期和工业化中期成长起来的品牌必然会被淘汰或者走向衰落，而另外一些新的品牌必将脱颖而出。

国家平台造就国家品牌

在世界各发达国家的品牌成长史中，媒体都扮演着重要的角色。

中国中央电视台是中国国家电视台，是中国影响最广泛、最具权威性的媒体之一。国家电视台的责任和使命，就是央视广告的责任和使命。

习近平总书记在著名的"2·19"重要讲话中，提出"高举旗帜、引领导向、围绕中心、服务大局、团结人民、鼓舞士气、成风化人、凝心聚力、澄清谬误、明辨是非、联接中外、沟通世界"的48字方针，为媒体从业人员指明了方向。也正是在这次著名的讲话中，总书记关心广告事业的健康发展，明确指出"广告宣传也要讲导向"。

企业追逐利润是天职，但媒体如果仅仅追求利益就是失职。中央电视台如何落实"广告宣传也要讲导向"的指示精神，始终把社会效益放在首位？能否用广告来参与"推动中国制造向中国创造转变、中国速度向中国质量转变、中国产品向中国品牌转变"？国家提出经济实现高质量发展的转型升级，实施精准扶贫战略，这些对于媒体广告部门又意味着什么？带着这一系列问题，央视广告开始了自发的转型升级。

负有责任的媒体才有公信力，拥有话语权的媒体才有影响力，讲导向的媒体才有引导力，创造价值的媒体才有传播力。一个正常的社会需要主流价值的守护，而主流价值需要主流媒体来捍卫。经过审慎思考和调研，2017年，"CCTV国家品牌计划"出世，赋予国家电视台广告以使命和责任，那就是为国家培养一批能参与世界市场竞争和文化交流的国家品牌。作为国家电视台的权威媒体，中央电视台在"CCTV国家品牌计划"中的定位是，致力于为国家品牌的塑造和传播提供智力支持与传播平台，助力经济社会转型，传播国家形象。

"CCTV国家品牌计划"不是单一的媒体广告投放计划，该计划组织精锐专家团队总结和提炼企业在经济发展、生活质素、就业、环保等方面的成就，并共同策划组织对社会、行业、公益等领域有重大影响的社会创新行动，通过主流媒体的权威影响力，帮助品牌从产品创新走向社会创新，让企业从单一的广告主身份转型为推动经济转型与社会进步的正向驱动力。

以社会效益为第一考量，经过挑选和谈判，第一批共有23家中国种子品牌入选"CCTV国家品牌计划"，接受"CCTV国家品牌计划"的品牌培育和品牌提升服务。其服务包括线上的硬广、宣传片、品牌故事、品牌行动，线下的品牌诊断、品牌课堂、品牌理事会服务。这是一个线上、线下立体的广告传播和品牌服务体系。

定义"国家品牌",甄选品牌国家队

"CCTV 国家品牌计划",目的是助推中国品牌升级,用最优质的媒体资源服务于今天中国最好的一批企业,让他们成长得更快、更茁壮,成为家喻户晓并获得全球影响力的国家品牌。

"国家品牌",不光是国家内部市场的品牌,而是能够作为一个国家的品牌典范、具备参与全球竞争潜力的品牌。按照 Interbrand 品牌价值评估体系,品牌价值主要由市场领导力、稳定性、市场力、辐射力、趋势力、支持力和保护力 7 个指标类别构成。世界品牌实验室主要以市场占有率、品牌忠诚度和全球领导力来评估品牌的世界影响力。而"CCTV 国家品牌计划"立足于学术标准和产业需求,为入选的企业拟定了 4 个标准,从另一个角度对"国家品牌"的内涵进行了界定。

第一,国家品牌在市场占有率、市场辐射力上应具有显著优势,所属的企业应是关系国计民生的主力军与社会经济的中流砥柱,具有较大的企业体量和市场规模。因此,入选企业"所属行业应是国家支柱性或民生广泛需要的行业"。

第二,国家品牌应当具有卓越的市场领导力,是行业的领导品牌。领导品牌通常在品牌评估中具有良好的知名度、美誉度和忠诚度,综合体现了企业在技术、质量、文化、管理等方面的综合能力,因此,企业及其产品应具有高尚品质,能够支撑起国家品牌形象,居于行业领先地位。

第三,但凡成功的品牌均具有长远的品牌战略管理能力,不但能够构建稳定的品牌价值观,而且能够建立一个有足够资源支持的品牌管理体系来实现目标,通过品牌战略驾驭多样化的产品架构,形成竞争合力。因此,入选企业应当"有打造顶级品牌的梦想和胸怀,能够在市场营销方面投入足够的努力和资源"。

第四,品牌是一个企业的无形资产,体现了企业文化与价值观的总和。国家品牌的无形资产也是国家无形资产的重要组成部分。在全球市场上,国家品牌是承载文化基因、传播独特的生活方式、塑造国家软实力的重要载体。因此,入选企业需在中国境内生产和销售,且其品牌认知属于中国。

立足品牌思想前沿，助力企业管理提升与社会进步

现代品牌运营的理论和思想大致经历了 5 个阶段：差异化定位时期（20 世纪 30 年代—20 世纪 60 年代）、整合管理时期（20 世纪 70 年代—20 世纪 80 年代）、资产价值时期（20 世纪 90 年代—21 世纪初）、传播体验时期（20 世纪 90 年代—21 世纪初）、社区生态时期（2000 年至今）。

今天，全球企业均面临一个更为复杂、微妙和多变的商业环境。与数十年前相比，社会公众对知名品牌的心态已经发生了变化，对企业在公平正义、社会责任、商业伦理等方面有更高要求。有学者提出公民品牌的概念，认为企业需要建立在社会责任基础上的新的商业哲学。

有调查报告显示，69% 的千禧世代（即出生在世纪之交的 90 后、00 后一代）在购物时会考虑品牌在社会和环境领域的公益努力，更有 89% 的千禧世代表示会选择那些大力承担社会责任的品牌。而美国品牌专家温克勒提出了品牌生态环境理论，将企业和品牌置于宏观的社会生态环境中，除了消费者，还需要关注其他的利益相关者（如股东、政府、媒体、公益团体等）的多元关系。

"CCTV 国家品牌计划"具有强烈的共创、共享基因，将国家品牌战略、媒体公信力、企业战略、受众需求与社会宣传导向整合起来，倡导产品与消费者共创健康的消费关系，倡导社会公平与商业效率之间的和谐关系，倡导企业与媒体共创国家品牌走向世界的成长之路。"CCTV 国家品牌计划"除了整合央视最好的传播资源，还为企业组织专家团队定制品牌策略咨询与培训服务，全方位地为企业构建与政府部门、行业组织、消费者的交互平面，并对接企业国际传播需求，统筹国际媒介购买，扩展全球市场影响力，让国家形象与企业品牌形象相互映照、熠熠生辉。

全球知名品牌在新世纪里不约而同地将企业社会责任、可持续发展作为企业形象传播的标配。在这样的趋势下，高速发展的中国企业不能将眼界局限于"经济动物"的定位，应致力于成为社会的企业公民，注重短期效益与长远战略的关系，注重经济责任与社会使命的关系。

基于这样的认识，"CCTV 国家品牌计划"所提供的国家传播平台力图从更广泛的社会议题出发，帮助企业进入更开阔的品牌运营境界，构建良好的品牌生态，真正成为国家品牌。

除此之外，"CCTV 国家品牌计划"还包括公益部分，由"广告精准扶

贫"和"重型装备制造业品牌传播"两个项目组成，将以往在广告传播中不太受到关注的领域纳入"CCTV 国家品牌计划"，加强对贫困地区和中小企业的扶持，加强对重要的工业制造业转型的推动，真正传播大国重器的形象。

透过广告，看到一个国家的理想

有关品牌，联合饼干的前董事长赫克托良曾经有过一段名言：机器会坏，汽车会生锈，人会死去，但品牌将永垂不朽。

在打造国家品牌的道路上，广告发挥着举足轻重的作用，可以说，没有广告就没有品牌。

在广告业大规模介入企业营销和运营之前，产品仅仅是产品、企业仅仅是企业，而广告让产品和企业人格化并被赋予情感因素。消费者购买的不仅是某些品牌，更是品牌为这一产品构建的故事。

1923 年，巴顿就提出，"广告的角色是帮助企业寻觅自己的灵魂，他告诉通用汽车总裁：我喜欢把广告宣传想得很大，很辉煌壮观，它能深入机构，掌握其灵魂，机构是有灵魂的，就跟任何国家一样"。从此之后，通用汽车的广告开始描述开车人的故事，包括牧师、药师、乡下医生等，通用汽车变成全美家庭心目中象征个性化、人性化的温暖符号，看上去像友人姓名的缩写，代表的不再是面目模糊的汽车公司。

把美国梦和通用汽车紧紧联系在一起，这符合广告界的一句很著名的话，许多人都十分喜欢引用它："透过广告，可以看到一个国家的理想。"央视广告在"CCTV 国家品牌计划"的努力，就是希望我们始于广告但不止于广告，不仅要做企业财富梦想的创造者，更要做国家品牌的培育者、传播者和成就者，我们要自觉成为地区和行业经济发展的推动者，成为百姓美好生活的守望者。

为什么央视广告一定要这样做也能够这样做呢？

第一，是大国经济对大国广告的呼唤。中国已经是世界第二大经济体，中国在世界上的影响，世界对我们的关注，主要还是基于中国的经济体量。我们的广告无论是模式还是产品，或是操作手段，引起大家争议的广告样式、户外广告的管理方式等，都是一事一议的监管模式，基本上是"小国模式"。"CCTV 国家品牌计划"的出现首先是大国经济对大国广告的呼唤，广告不仅仅是商业工具，也是社会文化，是社会精神生活的一种折射，广告要体现出社会的品位和格调。"CCTV国家品牌计划"所倡导的广告模式，正是提升社会品位和格调的一种呈现。

第二，历届国家领导人对品牌强国的期盼。中国的历届领导人，在不同的历史时期，面对的背景不同，面对的经济环境不同，面对的使命不同，但在品牌这个问题上，都有一种共同的期盼。2014年，习近平总书记在河南考察时，提出"推动中国制造向中国创造转变、中国速度向中国质量转变、中国产品向中国品牌转变"的明确要求，并且在许多场合他都这样提到过。

第三，"CCTV国家品牌计划"的出现是媒体发展的必然。我国的媒体和世界媒体一样，正处在转型期，融合成为大的趋势。面对这样的大背景，媒体的广告形态也必然要升级。"CCTV国家品牌计划"正是对原有广告形态升级的一种努力和尝试。对广告的认知已经成为常态，但是个别广告还存在庸俗和粗制滥造的现象，广告在社会认同层面还有较大努力的空间。随着经济的发展，广告被认同的程度越来越高，也反过来要求广告从社会认同的角度不断提升自身的品质。

"CCTV国家品牌计划"带给中国广告业的，不仅仅是广告好看，也不仅仅是对全国的示范作用，更重要的是"CCTV国家品牌计划"让广告功能发生了根本性的改变。

广告过去的功能是依附性、服务性、工具性，这些功能依然存在，但"CCTV国家品牌计划"让广告功能在其基础上，上升为主导性、引领性和战略性。

什么是主导性？就是广告必须有自己的主见，不仅解决简单的买卖价格、KPI（Key Performance Indicators，关键绩效指标）等问题，更重要的是和国家、民族有关联，广告要从企业发展战略、国家发展战略、民族发展战略出发。

广告的引领性，就是广告要有榜样，要讲导向，也要有示范性。广告的战略性，就是除了短期、即时效应外，要从企业长远的发展战略考虑广告的投放和发布，除了产品的介绍和推广外，还要考虑品牌和形象的推广。对广告功能的提升和拓展，是"CCTV国家品牌计划"对业界的贡献。

第 02 章

大国崛起与国家品牌

对于现代企业来说，没有什么是比建立自己的品牌更为重要的事情。以前的企业竞争主要是在价格、广告、营销层面的竞争，现在已经进入品牌化竞争的阶段。

——夏保罗
（美国花旗银行亚太区前总裁）

在郑和最后一次下西洋的 62 年之后，1492 年 8 月 3 日，意大利人哥伦布拿着西班牙国王写给印度和中国皇帝的国书开始了西行之路，揭开了大航海时代的序幕，也开启了经济全球化的萌芽时代。

中国的茶叶、瓷器、丝绸，印度的香料，美洲的糖、烟草、棉花，非洲的咖啡……航海让货物开始了全世界范围内的大流通。西方国家的普通百姓通过这些货物第一次知道了许多遥远的国度。在此之前，货物都是通过多重交易或掠夺，以缓慢的速度在各区域之间扩散。在前工业化的航海时代，商品虽然已经实现了部分的全球化流通，但产品的定价权完全掌握在流通商人手里，在那个时代，只有商号的品牌而几乎没有产品品牌。

近代历史上，葡萄牙、西班牙、荷兰、法国、英国等的崛起之路均与海外殖民扩张关系密切。而在当今世界的国际秩序中，通过战争来开疆拓土的大国崛起模式已经受到严格的限制，国家经济实力增长和综合竞争力的提升是大国崛起的主要途径。在全球经济大国崛起的历程中，品牌的崛起见证了国家工业化的进程。一个国家全球知名品牌的数量和规模能反映这个国家在全球影响力、技术竞争力、营商环境、文化软实力和社会综合生态等方面的综合实力。

大国崛起与品牌发展有着怎样的关系？美国、英国、德国、法国、日本、韩国这几个工业化时期经济强国的产业发展与品牌成长之路，值得我们深入研究。

英国：从日不落帝国、"英国病"到"创意英国"

中国是茶叶和陶瓷的故乡，但世界上最著名的茶叶生产商立顿却来自英国，最著名的陶瓷品牌皇家道尔顿、韦奇伍德也来自英国。英国人从中国学会了喝茶，但他们通过工业化把茶叶标准化、品牌化、方便化，使茶叶从初级农产品变为日用消费品，并成为风靡世界的品牌。

曾经，英国货就是工业品的代名词，英国创造了最多的全球知名品牌。如今，在全球化竞争格局之下，英国已经从大部分工业品生产上淡出，称雄全球的英国品牌已经不多，其数量远远落后于美国、德国、日本、法国等国家，这是经济发展周期规律的自然结果。英国工业化早期、中期形成的一些品牌也成为过眼云烟，但在"创意经济"思想的引领下，BBC（英国广播公司）、维珍航空等一批文化创意产业成为代表英国的国家新品牌。

英国是工业革命的发源地，也是最早通过工业革命实现大国崛起的国家，在200多年的时间里，英国经济走过了从兴起到衰落再转型的多个阶段，其经济的兴衰颇具典型性。

英国经济发展的过程大体可分4个阶段：发展期（18世纪60年代—19世纪40年代），基本完成了工业革命；鼎盛期（19世纪50年代—19世纪70年代），成为世界工厂，日不落帝国的辐射力遍及全球；衰退期（19世纪80年代—20世纪80年代），逐渐丧失世界经济霸主地位，经济持续衰退近百年，直到20世纪80年代撒切尔夫人执政期间才开始扭转局面；重振调整期（20世纪80年代至今），率先提出"创意经济"，开始重振产业经济，重塑国家形象。

在政治、经济、文化积淀的影响下，英国品牌有自己独特的个性，其兴盛和衰落的过程与国家产业经济的起落也基本是同步的。

英国产业经济的崛起与品牌发展

1688年，"光荣革命"确定了英国的议会政治，为产权提供了必要保护，资本主义经济得到迅猛发展；1694年，英格兰银行诞生，英国开始了金融变革，为经济发展增添强大助力；同时，17世纪对外战争的胜利和海外殖民地的开拓，为英国提供了广阔的原料产地和销售市场，创造了良好的自由贸易条件。1764年，瓦特发明了蒸汽机，成为生产力发展的重大标志，英国以棉纺织产业为龙头进入"蒸汽时代"，到19世纪40年代末，英国基本完成了工业革命。随着银行和公司组织成为自由主义经济体制的主体，英国工业高速发展，一系列政治、外交、科技、金融的有利条件促使英国成为第一次工业革命的发源地，并成为世界首屈一指的强国。

到了19世纪40年代，英国工业基本实现机械化，社会生产力空前发展，英国建立了强大的纺织工业、冶金工业、煤炭工业和机器制造业，成为当时最先进的资本主义国家。随着工业化的发展，英国率先进入高速城市化的轨道。到1851年，英国城市人口已占全国人口的51%，而同期法国的这一比例是25.2%，美国是13%，俄国是7%。到1861年，英国城市人口的比重已达62.3%，法国是28.9%，美国1860年城市人口的比重仅19.8%。

维多利亚女王在位期间（1837—1901年），英国经济发展进入黄金时期。

1870年，英国在世界工业生产中所占的比重为32%，煤、铁产量和棉花消费量各占世界总量的一半左右。当时，英国的工业产品一半以上销往国外，建立起了第一批真正意义上的全球品牌。1851年，伦敦举办"万国工业产品展览会"，即世博会的前身。在近30万块透明玻璃修建的辉煌"水晶宫"中，英国的工业产品琳琅满目，展现出英国丰硕的工业化成果。而维多利亚和阿尔伯特博物馆（V&A）则致力于收藏和展示世界上最精美的产品和设计，体现出英国作为当时全球工业产品最高水平代表的强大能力和雄心。

英国在18世纪所建立的国家制度为人类确定了现代国家的总体框架，其工业体系也是近代西方国家建立工业体系的参考原型。著名历史学家霍布斯·鲍姆认为，"工业革命标志着有文字记录以来世界历史上最根本的一次人类生活转型"，"就工业化国家而言，它们的发展进程基本上是英国工业革命及其技术基础的延伸"。

英国许多百年老品牌便诞生在第一次工业革命后期到第二次工业革命前期，体现了英国在19世纪后期国民经济和产业结构的特点，比如金融服务业的汇丰银行（HSBC，1865年）、普华永道（其前身在1865年创建），能源产业的壳牌石油（1897年），时尚奢侈品产业的克拉克皮鞋（1825年）、巴宝莉（1856年）、登喜路（1893年），药品业的葛兰素史克（其前身在1715年创建），食品业的立顿红茶（1890年）等。

英国品牌的迅猛成长，是英国工业革命的巨大成果，同时还得益于以下几个因素。

其一，英国政府通过军事实力、外交和经济手段对外扩张，形成了广阔的海外市场，为英国品牌走向全球奠定了基础。比如，创建于1897年的壳牌石油，最初便是由英国在亚洲从事运输、贮藏和销售石油的各企业联合成立的。它同荷兰皇家公司进行了10年的激烈竞争，最终在1907年合并为"英荷壳牌石油公司"。最初，荷兰资本占公司总资本的60%，英国资本占40%。后来在英国政府的大力支持下，英国资本逐渐取得了优势。

其二，作为具有重商主义传统的国家，英国一直重视专利和商标的保护，并最早开展广告业的规范化运营。早在1449年，亨利六世就给发明彩色玻璃制造方法的人授予了专利。1713年，英国议会通过了对报纸广告课征印花税（The Stamp Duty）的法案。1889年，英国颁布了《不当广告法》（Indecent Advertisements Act），这也是世界上最早的成文广告法。1900年，英国第一个广告行业组织"广告主保护协会"（The Advertisers Protection Society）成立，对广告业进行权益保护和行为规范。由此，英国成为19世纪后期最重要的世界广告中心。

其三，英国皇室非常重视对商业信誉的认证，给予了英国高端品牌极大的助力。早在1155年，英国国王亨利二世就首次颁发皇室认证给一家纺织公司。韦奇伍德陶瓷品牌最早的成功，便来自1763年为乔治三世的妻子夏洛特王后定制的"女王陶"。1840年，皇家认证持有者协会（Royal Warrant Holders Association）成立，英国皇室开始了制度化的品牌认证工作。奢侈品品牌巴宝莉，豪华汽车品牌劳斯莱斯、宾利、捷豹等相继得到过英国皇室认证，以英国皇室御用品牌的高贵身份赢得了全球声誉。

因此，英国许多百年老字号品牌也形成了自己独有的特色：高贵权威的皇家形象、精湛细腻的工艺制作、传统而经典的典雅品位。

经济衰落与英国品牌的坎途

第一次工业革命积累的大量资本所获得的丰厚投资回报让英国人习惯于坐收资本红利，海外殖民地也为英国消化第一次工业革命成果提供了广阔的空间。因此，当第二次工业革命到来的时候，英国企业对先进技术的投资热情明显不足，这直接导致各重要工业部门技术和设备陈旧、落后，在美国、德国大量被采用的电动机和内燃机在英国工厂的引进速度却相当迟缓。由于错失了第二次工业革命的契机，在多个工业化国家迅速崛起的形势下，英国经济虽有亮点但总体上相形失色。自此，英国开始逐步丧失全球经济霸主的地位。在20世纪的大部分时间里，英国都处于经济相对衰落的境地。

经历两次世界大战之后，英国经济更是遭受了严重创伤；海外殖民地的纷纷独立，也进一步加剧了"日不落帝国"的颓势。20世纪50年代下半叶，英国经济发展停滞、物价飞涨，出现了所谓的"英国病"。20世纪70年代，英国陷入更为严重的社会经济危机之中。直到20世纪80年代，玛格丽特·撒切尔在英国政坛崛起，才开始扭转局面。

今天，曾经辉煌的英国品牌在全球品牌之林中已有些黯然失色。在2017年世界品牌实验室排行榜和2018年Brand Finance排行榜所评估的全球品牌价值前100强中，英国品牌均只占4席。以英国的汽车品牌为例，从20世纪初到20世纪30年代，英国相继创建了劳斯莱斯（1906年）、宾利

（1919 年）、路虎（1904 年）、名爵（1924 年）、捷豹（1932 年）等汽车品牌。以劳斯莱斯、宾利为代表，英国汽车品牌致力于精湛工艺和奢华设计，受到英国皇室的青睐，是汽车王国雍容高贵的标志。从技术上看，劳斯莱斯也是世界上最优秀的发动机制造商之一。但是，在汽车制造流水线化、电子化、商业化的潮流下，英国汽车始终恪守传统，执着于造型设计及选材精致，而忽视了生产成本、效率和规模化等现代工业生产要素，因此在全球资本市场上难以为继。最终，劳斯莱斯被宝马收购，宾利被大众收购，捷豹和路虎被福特并购，后来转售给印度塔塔汽车公司，而名爵目前归于中国上汽集团名下。尽管这些品牌的价值与资产尚在，但对于英国汽车产业整体发展来说，确定是一种遗憾。

"创意经济"为今日英国形象注入新生命力

面对缺乏活力的经济现状，英国的政治、经济和文化界进行了深刻反思。1997 年，英国首相布莱尔提出将发展创意产业作为重要的经济战略。1998 年，英国政府出台《英国创意产业路径文件》，明确提出了"创意产业"（Creative Industry）这一概念，即"源于个人创造力、技能与才干，通过知识产权的生成与利用，具有创造财富和就业机会潜力的产业"。2001 年，被称为"创意经济学之父"的英国经济学家约翰·霍金斯出版了《创意经济——如何点石成金》一书，提出"创意经济将成为 21 世纪的主导经济形式"。

"创意经济"的提出，将英国在戏剧文学与音乐领域的成就、悠长的手工艺历史、20 世纪 70 年代娱乐产业的创新（如披头士）与当代英国青年的酷文化联结起来，试图打造一个全新而充满活力的英国形象，使英国从老旧、传统的工业化国家转型为"创意英国"（Creative Britain）。为了宣传英国的创意产业，英国政府 2015 年在上海举办了名为"创意英国"的展览，其时正在中国访问的威廉王子出席了展览会的开幕盛典。

近 20 年来，英国广告、电影、动漫和音乐等领域发展非常迅速。伦敦完成了华丽转身，成为"国际设计之都"，同时也成为全球三大广告产业中心之一、三大电影制作中心之一。从 20 世纪 80 年代开始，英国 WPP 集团大举收购全球顶尖的广告公司和设计公司，包括智威汤逊（JWT）、奥美（Ogilvy&Mather）、扬罗必凯（Young&Rubicam）、Tempus Group、Cordiant（旗下拥有达彼思）、美国精信集团（Grey Group）及日本博报堂等，成为全球最大的传播集团。BBC 则在英国政府的支持下，自 21 世纪初开始大力发展国际电视业务，改组成立英国广播公司环球公司（BBC Worldside），利用 BBC 优质的纪实节目、历史节目、系列电影和电视等资源扩大品牌影响，传播英国形象。同时，BBC 还根据不同国家的文化环境和教育水准，有针对性地在全球各地开办相关频道。哈利·波特、阿德曼动画等新兴的文化品牌也引起了全球的关注。

"创意经济"的影响也扩展到了非文化创意领域。进入 21 世纪之后，巴宝莉、玛宝莉等服饰品牌为了吸引更多的年轻人，纷纷聘用新的创意总监，一改传统保守的形象，推出更为新锐时尚的设计。创建于 1971 年的维珍品牌（Virgin）则是当代英国品牌中的奇葩，维珍横跨金融、航空、零售、娱乐、饮料、铁路、服装等多个商业领域，其创始人布兰森曾经开着坦克驶入纽约时代广场宣传维珍唱片，骑着一头白象到印度国会演讲，化装成一个新娘宣传维珍婚纱店的开张，以特立独行的"酷文化"营销传播手段赢得了英国青年一代的青睐。

当然，由于脱欧事件的影响，今天的英国经济还面临许多不确定的因素，英国品牌重现辉煌的征程还在继续。

法国：经久不衰的时尚帝国与独树一帜的高科技

法国为全世界贡献了最多的时尚奢侈品品牌，这些品牌的诞生与法国独特的历史文化密不可分。法国从中世纪后期开始发展为欧洲大国，17—18 世纪路易十四时期，法国达到封建社会的鼎盛时期。从 18 世纪开始，法国在与英德争霸的过程中接连失利，国内革命频发，但其工业化进展并没有受到致命影响，在"一战"前发展为欧洲工业化强国。

法国引领了 17—19 世纪西方艺术的潮流，在 20 世纪 60 年代之前是全球独一无二的艺术中心。17—18 世纪，法国王室的巴洛克、洛可可艺术浪潮对服装、家具、工艺品设计产生了巨大影响。19 世纪，法国引领西方艺术浪潮，相继诞生了古典主义、浪漫主义和现实主义三大艺术流派。19 世纪末至 20 世纪，巴黎成为现代艺术发源的中心，诞生了印象派、后印象派、野兽派、立体主义、超现实主义等众多艺术流派。当时的著名艺术家不是出自法国便是在法国成名。法国的奢侈品品牌也吸收了艺术革命中的大量成果，比如创建于1913年的香奈儿，早期服饰设计以黑白强烈对比的风格独树一帜，与毕加索创立的立体画派风格一脉相承。

从国家经济发展和品牌特色来看，法国拥有大量驰名全球的时尚奢侈品品牌，结合其文化艺术的积淀、手工艺传统和现代工业资本手段，一直保持着时尚品牌帝国的地位。更令人赞叹的是，法国在"二战"后"辉煌的30年"里，通过国家经济计划与科技政策快速实现产业调整，在高精尖新兴工业领域实现突破，实现了产业结构的高端化升级，诞生了不少高科技企业品牌。

历久弥新的时尚品牌王国

在法国品牌中，时尚奢侈品具有独特地位。路易威登、香奈儿、迪奥、轩尼诗、卡地亚、爱马仕等知名品牌均位居世界品牌价值榜前列，成为法国国家品牌和国家形象的代表，也是其国民经济的重要组成部分，在法国，有近8%的公司涉足时尚与奢侈品领域。法国时尚奢侈品品牌的经久不衰，与其文化、艺术、管理和产业等诸多因素相关。

法国是最早诞生奢侈品的国家。在路易十四统治时期（1643—1715年），法国是欧洲最强大的国家。被称为"太阳王"的路易十四喜好宏大辉煌的风格，在修建凡尔赛宫期间极尽奢华，动用了三万余名工人、建筑师和工程师，还邀请了许多手工艺大师和艺术家打造华美的陈设、家具和艺术品，使法国宫廷艺术在卢浮宫的基础上进一步发展。当时，凡尔赛宫成为欧洲贵族社交中心、艺术中心和文化时尚发源地，奢侈品产业因而得到快速发展。

到拿破仑统治时期，贵族传统依旧持续。路易威登因为成功设计一款名为"Gris Trianon"的皮箱而受到乌婕妮皇后的青睐，成为皇室御用工匠。卡地亚因拿破仑三世堂妹的推荐而打开王室大门，在1904年又被英皇爱德华七世赞誉为"皇帝的珠宝商、珠宝商的皇帝"，1939年，卡地亚获得15张王室委任状，成为英国、西班牙、葡萄牙和俄罗斯等众多显赫王室的御用珠宝商，其品牌因而拥有了皇家御用的高贵光环。

随着"贵族品位"向新兴的资产阶级新贵和中产阶级扩散，法国大众消费者也开始竞相追求高品位、时髦与个性化，这种消费需求成为法国奢侈品产业持久的动力。

法国时尚产业的核心竞争力是艺术与创意。虽然近代法国在欧洲的军事政治角力中不占上风，但是在文化艺术领域却成就辉煌。

从企业管理传统看，法国奢侈品产业的家族式管理颇具特色。法国既有科技密集型的大中型企业，也有大量基于轻工业和传统工业的中小企业，呈现"二元性的企业结构"。奢侈品做工精细、工艺复杂、质量考究，很难用大生产方法进行生产，而家族式中小企业适合针对小规模人群实现高端定制，以体现其高附加值和独特品位，因此大量时尚奢侈品企业是从家族型中小企业发展而来的。姗姗来迟的工业革命也为法国家族式的奢侈品手工业提供了充足的发展时间。在工业革命之后，一部分中小企业发展为大型企业，而大量的中小企业成为庞大时尚产业链的坚实基础。

从产业结构上看，以服装为龙头的法国时尚产业实际上是第一产业、第二产业和第三产业的高度融合。法国发达的农业产业为纺织、染料等提供了优质的原材料；材料、化学等工业技术的高速发展，极大提升了服装面料、香水、化妆品的科技含量；辉煌的艺术文化历史、悠久的手工艺传统、设计与创意产业及当代市场营销技术相结合，使时尚产业又成为第三产业中的重要代表。

法国时尚奢侈品品牌的发展并非仅仅依托文化积淀的老本，而是经历了多次产业升级，其大致可以分为4个阶段。

手工艺阶段（18世纪—19世纪末）：在工业化之前，服装、家具、酿酒等奢侈品制造主要基于传统手工艺。此间诞生的轩尼诗（1765年）、卡地亚（1847年）、爱马仕（1837年）、路易威登（1871年）等奢侈品品牌的核心竞争力无不在于工艺技术上具有独到优势。在1867年的世界贸易博览会中，爱马仕的皮具制品曾赢得一级荣誉。凭借工艺精湛的声名，爱马仕在1918年从马具制造商成功转型为皮具制造商。

工业化阶段（19世纪90年代—20世纪50年代）：随着工业化高速发展，工艺技术的质量和规模得到进一步提升，时尚品牌在这一阶段大量涌现，如欧莱雅（1907年）、香奈儿（1913年）、迪奥（1946年）、纪梵希（1951年）等。在面向更广大消费群体时，法国时尚品牌根据市场需求的变化锐意求新，绽放出新的生命力。比如，路易威登在结束宫廷服务后，专门为旅行者设计了一款平盖旅行箱，很快成为一种精致实用的流行产品。"二战"之后，香奈儿时装一改传统女装的烦琐风格，以简约、舒适的风格彰显新女性独立自由的风采。在这一时期，法国奢侈品生产从个人定制转向规模生产，适当借鉴工业技术来完成手工操作所不能实现的工艺，但同时又保留其手工制作，以彰显产品的稀缺性与高品质。

时尚产业阶段（20世纪50年代—20世纪70年代）：在科技革命和现代营销技术发展的大背景下，法国奢侈品品牌进入时尚产业阶段，以现代工业的产品、科技和集群优势推动品牌发展。迪奥、路易威登、爱马仕等品牌在全球化浪潮中快速向海外市场拓展，奠定了现代奢侈品优势企业的地位。从化妆品行业来看，在法国的普罗旺斯—阿尔卑斯—蔚蓝海岸大区形成了香水香精集群，在中央大区和诺曼底大区形成了化妆谷集群。通过化工、生物的高科技研发投入和产业集群，化妆品行业得到持续升级。直至今日，法国的时尚产业链完整、产品线丰富，由品牌企业、经销商、推广机构、时尚媒体、投资资本和时尚消费者构成了完善的时尚产业体系，持续保持着全球时尚中心的地位。

资本驱动阶段（20世纪70年代至今）：这一时期，法国知名奢侈品品牌纷纷通过上市获得更加广泛且雄厚的资金来源，从而扩大运营规模。产业并购浪潮则造就了多个奢侈品产业巨无霸，其中最典型的例子是LVMH集团。LVMH是目前全球最大的精品集团，由伯纳德·阿诺特（Bernard Arnault）于1987年将路易威登与酩悦·轩尼诗公司合并而成。随后，LVMH集团不断扩张，通过资本运作不断扩大它的"世界高贵版图"，从法国的纪梵希、丝芙兰，到西班牙的Loewe、瑞士的豪雅表，到美国的Donna Karan、Marc Jacobs和BeneFit，再到意大利的Fendi及Emilio Pucci，均被LVMH收入麾下。

以文化艺术传统为依托，鼓励艺术创意和文化活力，并通过现代产业化与资本运作持续提升产业质量和规模，正是法国时尚奢侈品品牌成为法国国家品牌的核心驱动力。

"战后辉煌30年"，产业结构升级，高科技产业突破

法国是西方国家中推行经济计划化走得最远的国家。"二战"结束后，政府通过关键部门的"国有化"和生产运作过程的"计划化"，使国民经济在较短时间内得到增长性恢复。1959—1974年的15年间，法国国内生产总值平均增长率高达5.7%，在发达国家中仅次于日本。

战后，法国产业发展的核心策略是利用资源与资本集中化手段在重点产

业领域实现突破。结合自身的技术比较优势和欧盟高新技术产业重点，法国实施了包括超音速协和飞机、大规模集成电路、高速火车、大型民用飞机、民用核能、迷你通信网络在内的六个大型工业计划，在相对较短的时间内取得了巨大成功。除大规模集成电路未能取得市场优势外，其他领域至今都保持着世界领先地位。

法国政府对科技管理的集中度也非常高，先后创建了一批全国性的科研机构，逐步建立起一套国家技术创新研究体系，并运用财政、税收、信贷等多种政策手段推动企业加大对科研的投入。在政府主导的经济计划和科技政策的扶持下，法国产业结构在战后实现了显著升级，主要体现在总体产业结构变革和产业内的结构调整。

在恰当的产业政策推动下，法国在高端工业领域发展迅速，拥有全面系统的航空产业，如包括大型民用客机、运输机、军用战机等在内的整机系统、包括飞机发动机在内的关键零部件生产产业和完善的航空服务业。著名的空中客车（Airbus）于 1970 年 12 月成立，是欧洲一体化产业合作的典型，由英国、法国和德国共同创建，由欧洲宇航防务集团公司（EADS）持有，总部设在法国图卢兹。空客与美国的波音、麦克唐纳·道格拉斯等品牌在飞机制造业的第一梯队激烈竞争，超大型运输机和客机是空客富有竞争力的重要产品。

在民用核电领域，法国也位居世界领先地位。阿海珐集团（AREVA）是世界核能工业的领导者，拥有从铀矿开采、提炼、核电站整体设计、建造，到核废料处理等全过程系统技术，具有强大的产业化能力。

在轮轨高速铁路领域，法国也是业内的领头羊，从 20 世纪 60 年代初开始研发高铁，经过约 20 年的努力，第一列高速火车于 1981 年投入商业化运行。在高端装备制造业，法国的施耐德电气、阿尔斯通核电汽轮机发电机均是专业设备领域的领导者品牌。

在其强势工业领域，法国形成了巨大的品牌效应，然而由于工业集中化导向，尽管法国在局部工业领域实现了突破，但整体工业实力相对于美国等大国来说仍然存在着差距。

"法国制造"的困局与"再工业化"战略

从 20 世纪 80 年代开始，法国经济发展出现滞缓。法国产业结构第三产业化和高端化带来的另一个后果是制造业规模的萎缩。2000—2014年，制造业产值占全国GDP的比例从22.9%降至11.2%，法国成为欧洲国家中"去工业化"趋势最为严重的国家。法国工业产品在高技术领域面临美、德、日等国的竞争，在劳动密集型领域又难以与新兴工业国家抗衡，导致其海外市场竞争力不足。制造业的空心化成为法国失业率居高不下的原因之一。

21世纪，为了重振经济和科技产业，法国推出了一系列产业和科技政策。2002年，法国颁布"企业科技创新计划"，2005年成立了国家科研署（Agence National de la Recherche，ANR），旨在通过资金调控与项目引导，促进公共科研机构与企业的研发合作，引导和强化科学技术的发展方向。2009年，法国政府着手推进"再工业化"的战略。2010年，法国工业部长宣布设立"法国制造"标识，提升法国产品的品牌价值。2013年，法国政府推出"34项工业振兴计划"，设定了三大优先发展方向。今天，法国工业制造业尤其是高科技产业仍旧拥有强大实力，低谷之后正蓄积力量，准备重新起飞。

在国际产业格局激烈竞争的今天，科技创新能力无疑是各经济大国获得竞争优势的核心，也是知名品牌在全球市场获得持续竞争力的根本。法国在实施创新驱动发展战略过程中的经验和教训无疑值得我们深入研究和反思。

Ⅵ 德国："德国制造"成就德国品牌

"德国制造"长期占据着制造业的高地，成为质量、品质无可挑剔的代名词。在世界经济发展史上，德国是西方强国工业化过程中的一个后发国家，"德国制造"曾经是英国人对德国产品质量粗陋的蔑称。多年来，德国通过对实体经济坚持不懈的投入，最终将"德国制造"的含义进行了全面反转。

德国工业经济发展大致可分为以下几个阶段：工业化早期阶段（19世纪40年代—20世纪初），德国抓住第二次工业革命契机，后发制人，在"一战"前即跃升为欧洲第一工业强国；两次世界大战期间（20世纪初—20世纪40年代）的战时工业；（1945年—20世纪70年代），随着战后"莱茵模式"的实行，工业高速发展，德国制造与德国品牌走向全球；当代，"德国制造"

向循环经济、绿色经济转型，提出工业 4.0 计划。

全球最为知名的德国品牌主要诞生于汽车、机械、电气和高端专业设备等制造业领域，其技术至上、严谨精细的风格源自德国民族的文化特质及其工业制造业坚实稳健的发展历程。

在"德国制造"的产业群落中，汽车品牌尤其熠熠生辉。德系汽车诞生了众多闻名遐迩的品牌：大众汽车公司旗下有大众、斯柯达、奥迪、保时捷和兰博基尼等；宝马汽车公司旗下有宝马、迷你、劳斯莱斯和法拉利等；戴姆勒·奔驰汽车公司旗下有奔驰、迈巴赫和精灵等。

相对欧洲经济的整体衰退，德国以其雄厚的制造业基础建立起抵御经济危机的堡垒，而德国品牌科技先进、精益求精、可靠耐用的特质也成为德国精神的代名词。

早期"德国制造"：从低劣到优质的飞跃

19 世纪中期之前，德国一直是一个落后的农业国家。1871 年普法战争的胜利和国家的统一为德国工业的发展扫除了障碍。19 世纪 40 年代末，德国工业开始快速发展，以 1847 年创建的西门子公司为代表的电气企业的发展为德国奠定了电气工业的基础。19 世纪五六十年代，德国工业后发制人，发展速度超过英法。19 世纪 80 年代，德国工业革命基本完成。到 1914 年，德国建立起了完整的工业体系，成为欧洲第一工业强国和先进制造业的典范。

19 世纪末到 20 世纪初，德国企业掀起了创业大潮，许多知名工业品牌便是在这一时期创建的，主要集中在化工、电机、精密仪器等优势产业领域，如蔡司（1846 年）、汉高（1876 年）、拜耳（1863 年）、奔驰（1871 年）、宝马（1916 年）等。以化工产业为例，1913 年，德国三大公司拜耳、巴斯夫（1865 年）和赫斯特公司（1863 年）加上五家较小的企业几乎拥有了全球 90% 的染料市场份额。

不过，"德国制造"的崛起并非一帆风顺。早期德国工业从对英美技术的模仿和"山寨"起家，产品设计和技术水平比较粗糙。在 1876 年的美国费城世界商品博览会上，德国商品得到"便宜而拙劣"的恶评。随后，德国厂商模仿英国谢菲尔德公司产品的丑闻引起了英国抵制德国产品的运动。1887 年，英国议会修改了《商标法》，规定所有由德国出口到英国的物品都必须标明"德国制造"。"德国制造"成为质量低劣的代名词。德国举国上下对制造业进行了深刻的反思，在质量和工艺水平上奋起直追。在 1893 年的芝加哥世界博览会上，德国制造的产品终于赢得了好评，随后德国逐渐树立起了优质工业的形象。

工业标准化是"德国制造"快速扭转形象的重要原因之一。1907 年，穆特西乌斯等人发起成立了德国第一个旨在主张标准化和批量化生产的设计组织——德意志制造联盟。1917 年，通用机械制造标准委员会设立，并初步确定 DIN 产品标准[1]。目前，90% 以上的 DIN 标准已成为国际标准。今天，德国制造业拥有大量的标准化组织，包括德国机床标准委员会（NWM）、德国电工委员会（DKE）、德国技术监督协会（TUV）等单位下属的 12 个部门，以及申克（SHENCK）、鲁尔奇（LURGI）、道依茨（DEUTZ）三大公司的标准化室等。工业标准化体系的建立，为德国制造业提供了技术指导和发展方向，使之实现了长期持续的稳健成长。

战后高速发展的"德国制造"：卓越品质的全球化品牌

两次世界大战期间，"德国制造"打上了深深的战争烙印。"二战"之前，德国政府推出了"国民轿车"的概念，提出让经济型汽车进入千家万户，并大力支持大众汽车公司的筹建。大众的厂房是当时世界上最大的工厂，比福特公司的战时工厂要大 50%。与此同时，德国政府大力修建高速公路网。与 1928 年相比，1938 年德国的汽车产量增加了 153%。

最初，大众计划旨在刺激就业和经济复苏，但在战时首先为军事服务。"二战"期间，德国汽车工业全力投入军工产品的制造，直到 1945 年才恢复民用生产。战时的设备运输业客观上为德国战后汽车工业的发展奠定了基础。

"二战"之后，在遵循"非军事化""非纳粹化""非工业化"和"民主化"的原则下，德国工业开始了新的变革，相继经历了两次转型。

第一次经济转型（1945 年—20 世纪 70 年代），德国在战后形成了独特的"社会市场经济"模式（即莱茵模式），主要特点是将市场竞争和社会利益均衡结合起来，保持社会经济健康持续增长。同时，产业增长方式从粗放型向集约型转变，汽车、电子和化工等产业的 GDP 占比排名大幅提升，而

---

[1] 1917 年，德国工程师协会（VDI）在柏林皇家制造局召开会议，决定成立通用机械制造标准委员会，制定 VDI 规则。同年 7 月，标准委员会建议将各工业协会制定的标准与德国工程师协会标准合并，通称为德国工业标准（DIN）。

钢铁和采煤的排名则下跌。战前的名牌汽车纷纷恢复生产。20世纪60年代初，德国汽车产量年增长率达到21%，成为欧洲最大的汽车生产国和出口国。在汽车工业的强力拉动下，德国经济开始全面恢复。

在这一时期，面对"日本制造"的异军突起，德国制造业也曾经出现过低谷，但德国企业及时调整产业结构，将制造业重心定位于"高端制造"和"精专制造"：一方面转向对技术要求更高的机械模具设计、大型工业设备、精密机床和高级光学仪器等领域；另一方面开辟小批量定制模式，致力于专业化的工艺密集型产品制造。在这一时期，"德国制造"形成技术先进、工艺精湛、产能灵活、品质优秀与安全性强的独特优势。

第二次经济转型（20世纪90年代）是在两德统一之后。在政府的大力支持下，东部经济转型顺利，两德经济基本实现完全融合，优势互补。产业经济从传统的工业生产为主转向以计算机、信息技术等新经济产业为核心。到21世纪初，德国的信息技术与互联网产业在欧洲遥遥领先，欧盟10个重点高科技地区中有6个在德国。

当代"德国制造"：标准化、科技、绿色与工业4.0

相较于欧洲的其他国家，德国保持了经济的长期持续发展，其中的一个重要原因就是，德国一直将制造业视为主要支柱产业并予以重点扶持。即使经历了2008年世界金融危机和欧债危机的冲击，实体经济的稳健也让德国经济顺利度过了低谷，在"去工业化"趋势严重的欧洲一枝独秀。

21世纪，为继续保持"德国制造"的优势地位，德国持续推动工业标准化进程，在2005年再次制定标准化战略。2006年，德国联邦经济和技术部启动了"标准创新计划"（INS），涵盖光学、能源、医药、纳米、生产技术、安全技术信息通信和航空技术等极为广泛的领域。

同时，为了应对资源危机和世界环境恶化的挑战，德国经济开始向循环经济、绿色经济转型，把"德国制造"的新方向定位于科技和绿色制造，以环保产业技术作为新的经济增长点。近年来，德国更是进一步提出"工业4.0"计划，其主要内容是以"制造业数字化"为中心，将传统制造业与新兴产业进行融合对接，寻求新的动力引擎。同时，为了避开与发展中国家的正面竞争，德国将自己定位于为新兴工业国家提供高端设备的制造者，与发展中国家形成互补的产业链。

德系汽车品牌的成功之道

其一，德国政府的大力扶持。在历史上多次经济危机中，德国政府总是首先保护汽车工业：20世纪30年代，政府主导了"经济轿车"的推广；20世纪70年代的石油危机中，政府对汽车投资结构进行优化调整；2008年的金融危机中，政府通过机动车购置税减免政策，刺激内需市场；在国际事务中，历届德国领导人均积极维护汽车产业利益，甚至成为德国汽车品牌的吹鼓手和代言人。

其二，德国汽车品牌浓缩了"德国制造"的独有特点，即"高端制造"和"精专制造"的结合。德国汽车工业发展的战略核心是高端技术持续领先。近十年间，德国汽车工业研发投入超过2 000亿欧元，汽车制造商每年申请的技术专利数以千计，其研发强度超过美国、日本等汽车生产大国。从消费者的感知来看，德系汽车具有鲜明的品牌特征：外观稳重、线条有力、严谨典雅；制作工艺注重细节，讲究实用与有效；整车的可靠性、可维护性、安全性强。

其三，中小企业成为德国汽车产业发展的坚实基础。德国博世、采埃孚等世界一流的汽车零部件供应商都是从精专的中小企业发展而来的，中小企业是"精专制造"的创新主体，被赫尔曼·西蒙称为"隐形冠军"。2010年，德国大约有61.3%的人口受雇于中小企业，中小企业也一直得到德国政府的大力扶持。2008年，德国联邦经济部进一步推出"中小企业核心创新计划"（ZIM），为需要开发新产品和改进工艺技术服务的中小企业提供资金支持。大量的中小企业形成了德国汽车工业产业链丰富的供应链资源和坚实的基础，对德国汽车在动力机械、传动系统等设备领域保持世界领先地位起到了重要支撑作用。

其四，德国汽车品牌的企业文化呈现出与英美不同的"工程师文化"。比如，保时捷创始人弗迪南德·波尔舍是汽车设计师出身，而大众集团董事长皮耶希多年来一直负责研发工作。在这些技术型管理者的带领下，德国汽车企业讲求"质量至上"，不断提高产业标准，改进细节，追求精确和完美。从另一方面来看，这种严谨、精细的企业文化又与德国人的个性密切相关。德国人因袭了理性的普鲁士精神，在自然科学、哲学等领域取得了非凡成就，他们也以这种理性、严谨的精神在今日全球科技竞争中占据了重要的地位。

其五，完善的职业教育培养出了世界上了最好的技术工人队伍。德国在

1969年颁布的《职业教育法》和1981年颁布的《职业培训促进法》，以法律形式对职业教育做出全面规定，形成了德国教育体系中最具特色的"双轨制"高职教育。在德国，选择职业教育的学生在获得工作许可之前，必须要到企业接受针对性技术培训。拥有大量工程师和高级技术工人的人才池，为汽车工业发展提供了源源不断的人才资源。

其六，由于本国资源和市场的制约，出口和国际化是德国制造业发展的主要导向。德国汽车工业构建了广阔的海外市场、海外产能布局。例如，在2008年金融危机中，大众汽车紧紧抓住高速发展的中国市场，在大部分汽车企业亏本的情况下实现盈利，而宝马公司于2009年1—9月在中国市场实现同比增长30.4%，弥补了欧美市场的营收损失。

日本："精益制造"制造日本品牌

中国人对日本品牌有过最高的认知度，曾经如日中天的日本家电品牌完成了对中国消费者和中国企业最早的品牌启蒙。日本从明治维新之后开始其工业化发展，在经历了"二战"的惨败之后，其经济和工业竞争力一度创造了惊人的崛起速度，工业发展与品牌塑造有着鲜明的特色。

日本是欧美以外第一个实现工业化的国家，也是亚洲第一个工业强国。19世纪80年代后期，日本开始了工业化进程。中日甲午战争的胜利及《马关条约》为日本带来巨大的经济利益，极大地促进了日本经济的发展。20世纪30年代之后，日本重化学工业快速发展，在1913—1938年，日本经济增长率已处于主要资本主义国家前列。

"二战"期间，日本经济遭受重创，1945年经济总量只有战前一半左右。"二战"以后，在美国的扶持下，日本经济迅速复苏。

战后日本经济发展大致可以分为以下几个阶段：1945—1955年是战后恢复阶段，军用制造技术向民用领域转移，这一历程中最兴盛的是汽车产业。随着国民购买力的快速提升，电器产业也得到强劲发展。日本的经济总量和人均国民收入恢复到战前最高水平。1956—1972年是日本经济高速增长时期，其主要经济指标在20世纪70年代达到或超过欧美工业化国家的平均水平。

20世纪70年代到90年代为稳定增长时期，也是日本由工业化国家向工业强国转型的阶段。这一时期，日本经济增速减缓，但在全球分工体系和全球价值链的位置不断提高。

20世纪90年代至今是日本后工业发展阶段的调整期，由于经济泡沫的崩溃，经济持续低速甚至负增长，日本经济进入"失落的年代"。

从20世纪50年代到90年代，日本通过超常规发展，从一个贫穷的战败国崛起成世界经济强国，这段历程被称为经济史上的奇迹。其中，日本的汽车、电子产业发展迅猛，在国民经济中占有重要地位，造就了丰田、本田、日产、索尼、松下、东芝等全球知名品牌，这些品牌至今仍在世界品牌价值榜单上熠熠生辉。

日本汽车产业与品牌发展：政策扶持，精益制造，便捷实用

"二战"前，日本汽车工业已经具备相当基础，并开始服务于军事扩张的需求。20世纪二三十年代，一批汽车企业创建起来，如马自达（1920年）、铃木（1920年）、日产（1933年）、丰田（1937年）等。1936—1937年，日本全面发动侵华战争后，陆军大批采购卡车，原本销路暗淡的丰田卡车一售而空，获得巨大利润。

"二战"之后，一批新的汽车品牌诞生，如本田（1948年）、斯巴鲁（1953年）、雷克萨斯（1983年）等，它们主要致力于经济型民用汽车的设计和制造。日本政府对于出口导向型产业予以大力扶持，在"道奇路线"所确定的日元超低汇率的优势下，将低成本、低价格的产品销售到世界各国，日本对外贸易迅速扩张。1961—1973年，日本经济年均增长9.8%，成为全球发展速度最快的国家之一。汽车出口也大幅增加，其汽车品牌开始被全球市场所熟悉。

日本汽车产业的发展得益于日本政府的政策扶持。战后，日本政府将汽车产业确定为日本的支柱产业，制定了自己的民族汽车产业发展战略，其产业政策内涵丰富，而且在不同时期都能与时俱进。在经济恢复期，日本汽车产业政策以引进技术和保护扶持民族品牌为中心，对外国汽车实行高关税等进口限制；在高速发展时期，日本则提出了建立汽车企业集团的发展战略，以集约化生产体系建立和提高产业竞争力。

经过产业整合，日本汽车产业最终形成丰田、日产、本田三家大型汽车

生产企业，三菱、马自达、五十铃三家中型企业，以及富士重工、铃木、大发、日野四家小规模微型车和卡车企业的格局；低速增长时期，以技术开发和环境保护为中心，日本制定了多项政策，引导和促进汽车产业向环保方向发展，为今天的节能汽车产业打下了良好基础。

日本汽车制造业为现代生产管理科学做出了许多贡献，其中最为出名的是以"丰田模式"为代表的精益化管理方式。丰田生产方式（Toyota Production System，TPS），综合了单件生产和批量生产的特点和优点，以20世纪50年代提出的准时生产（Just In Time，JIT）为核心，"只在需要的时候，按需要的量，生产所需的产品"，对生产计划和库存进行精细化管理。1996年，美国学者James P. Womack和英国学者Daniel T. Jones在《精益思想》一书中将TPS归纳为"精益制造"。

基于精益制造模式，日系汽车锻造了独特的品牌特性。日本汽车品牌从廉价的中小型车起家，价格上具有竞争力。在技术上，不盲目追求科技的先进性和用材的奢华，而是在低油耗的基础上展示出电子系统和引擎研制技术的创新性；在设计上，注重用户体验，使用便捷，外观时尚，更新换代周期较短。也就是说，日本汽车制造的哲学是"够用就好"，擅长于在有限资源内为用户提供最好的质量和体验。这形成了与美国、德国的汽车形成迥然不同的差异化路线，为其汽车产业的发展赢得了广阔的市场空间。

日本电子产业与品牌发展：研发为先，创造需求，引领时尚

20世纪70年代末到80年代初，电子产业成为日本另一个高速成长的产业。1980年，日本的一般机械和电器的出口超过了钢铁、化工和船舶等重工产业的总和；1990年，一般机械和电器的出口几乎占到日本工业品出口的一半。

电子产品制造属于典型的装配制造产业，具有技术模仿快、零部件多等特征。日本政府选择电子产业作为战略性产业，一方面可以迅速吸收欧美发达国家的先进技术，另一方面可以形成多元化产业集群，扩大就业，刺激经济快速发展。

日本在战后引进的技术有一半来自美国。在对引进的技术消化学习之后，日本开始致力于自主研发，大型电子企业是日本科技研发的重要机构。国际专利合作协定（PCT）对全球企业进行的国际专利数量调研显示，松下、

索尼等日本电子企业的知识产权数一直位居世界前列。同时，日本政府也通过增加科技研发补贴、节能家电环保点补贴等鼓励电子装配产业的技术升级。

日本电子产业品牌除了看重技术之外，还非常重视用户的使用体验和市场需求，因此成为个人电子消费市场的领潮者。

以战后成立的索尼为例。20世纪70年代，索尼生产了第一台民用的Betamax[1]规格的SL-300，一举成为全球的消费性电子影像大厂。1979年，索尼推出的Walkman（便携式立体声随身听），定位在青少年市场，创造了风靡全球的"耳机文化"，开启了个人电子设备的时代。

日本的其他电子品牌也表现不俗。比如，夏普的袖珍计算器、精工的石英表都成为风靡全球的大众电子消费产品，JVC推出的VHS[2]录像带一直畅销到2000年左右才被DVD摄像机和播放机所取代。在20世纪80年代初，日本成为全球最大的游戏出口国，充分重视青少年市场的任天堂成为全球电子游戏产业的巨擘。

日本的电子产业具有典型的出口导向，基本上都将国外市场当作主战场。早在1922年，日本电风扇就开始出口到亚洲。为了增强国际竞争力，日本政府允许企业建立综合商社来协调各企业的出口贸易，甚至以法律形式允许这些综合商社不受垄断法的限制。日本最大的9个综合商社贸易额占日本贸易总额的50%以上。

2012年，日本政府将富士通、瑞萨、松下三大半导体厂商旗下的芯片业务合并到一起，与日本产业革新机构合作，成立新的半导体设计公司，增强了半导体领域的国际竞争力。

松下幸之助创建的松下公司是引用先进技术和拓展海外市场的典范。20世纪50年代，松下与荷兰飞利浦公司进行技术合作，1959年在美国建立分公司，1961年在泰国建立生产工厂，这是日本"二战"后第一家国外生产工厂。1965年，松下在美国建厂，70年代一举超过美国无线电公司成为世界最大的电视制造商，并且成为当时全球技术最领先的电视机制造商之一。

---

[1] Betamax是一种年份较早的磁带格式，由日本索尼公司研制开发，供盒式录像机系统使用，后来败于与VHS格式的竞争。

[2] VHS格式是JVC公司1976年首创的盒带摄像机格式，该格式得到了当时许多电器公司如松下、日立、夏普等的大力推广使用，迅速占领了家用录像机的市场。

低迷中的坚守:"IT 立国"再出发

日本电子产业向海外扩张的过程引起了欧美市场的警觉。索尼大约 80% 的营业收入来自海外。1989 年,索尼陆续并购了哥伦比亚广播公司(CBS)的电影与音乐部门,壮大了索尼影视(SPE)的实力,使其从硬件制造向影像娱乐产业快速拓展。这一单 60 亿美元的收购成为当时日本最大的海外并购案,被当时的美国人视为日本对美国的"经济入侵"。

日美经济贸易摩擦日益严重,1985 年西方五国(美、日、英、法、德)财长和央行行长通过会议制定了"广场协议",日元被迫大幅度升值。同时,美国也开始对日本企业的技术引用进行严厉防范,日美专利纠纷频繁发生。美国 IBM 公司相继与日本的富士通、日立公司出现专利纠纷,松下、夏普、东芝、美能达等大企业也都曾遭到美国企业的起诉,结果多以日方企业败诉并向美方赔偿高额专利费而告终。

在内外部金融、经济和贸易的不利形势下,日本经济出现危机。1985—1988 年,日本股市泡沫破灭;自 1991 年开始,地价持续下跌,日本经济陷入严重低迷状态。随着 2008 年国际金融危机的爆发,日本经济再次出现负增长,2011 年的大地震对日本低迷的经济而言更是雪上加霜。

早期带领日本企业走向成功的"多元化扩张战略"使其产品往往大而全,垂直型管理机制渐渐出现僵化的弊端,日本企业的创新势头出现一定停滞。日本电子产品在高端市场面临美国、韩国的挑战,在中低端市场面临中国等新兴工业国家的夹击。在国内外诸多因素的影响下,日本电子产业在进入 21 世纪之后急剧下滑。

从 2008 年开始,日本家电企业在黑电和白电领域均遭遇"滑铁卢",从 2009 年起,日本家电由出口国变为进口国。日本电子巨头夏普几乎走到破产边缘,2016 年,富士康以 3 890 亿日元(折合 35 亿美元)收购夏普 66% 的股份,这是中国企业历史上首次收购日本知名的家电品牌。20 世纪 90 年代到 21 世纪初,日本企业更是错失了互联网、移动互联网的两次技术变革,在软件和手机产业上的表现不如人意。

从工业制造业角度看,日本制造业在全球产业链中一直处于高端位置。尽管日本在大众消费市场中的份额日益下降,但日本企业在半导体及关键部件上的技术能力仍居于世界电子产业的上游核心领域。目前,尽管全球智能机市场基本被美国的苹果、韩国的三星和 LG 及中国的华为等品牌占据,但日本在手机关键元器件上的市场占有率仍非常高。村田制作所、TDK、京瓷、日本电产、日东电工、阿尔卑斯电气等电子零部件大型企业近年仍继续保持着强劲的业绩，菱瓦斯和日立化成的BT载板材料合计占到全球市场的90%。

21世纪开始，日本政府先后制定了三个旨在推动信息技术发展的重大战略，即e-Japan战略，e-Japan II战略和u-Japan战略。e-Japan战略以宽带化为突破口，致力建设信息产业的基础设施；e-Japan II战略主要推进信息技术在医疗、食品、生活、中小企业金融、教育、就业和行政等领域的实际应用；u-Japan战略旨在建设一个"无所不在、无时不有的网络社会"。

2012年，日本政府又提出了"ICT战略"。"ICT"即"信息通信技术"（Information Communication Technology），是信息技术与通信技术融合的新兴技术领域，该战略重点关注"大数据应用及云计算"。目前，日本在显示技术、LED技术及视觉技术领域领先欧美和韩国；在半导体、下一代计算机技术、网络安全、机器人、RFID/USN（无线射频识别／泛在传感网络）和IT融合技术等领域处于世界顶级水平；在宽带技术相关的芯片领域，日本也遥遥领先。

日本电子企业也在困境中进行战略调整。比如，松下在2012年将16个事业部精简为9个，重点扶持能源解决方案产业、元器件产业和家庭生活电器产业三大支柱产业。日立将战略发展重点集中在发电设备、社会基础设施和高性能新材料领域。

索尼在"四屏战略"（即手机、电视、PC、平板电脑）的基础上，强化其"移动互联战略"。东芝、日本电气、富士通等公司也通过企业战略调整保持全球信息通信产业领域的重要地位。

总体来说，今天的日本经济仍旧处于低迷状态。不过，日本政府仍在努力调整经济结构和产业政策，巩固其工业强国的地位，并寄望于振兴IT业的举措，力图在最先进的领域继续保持技术领先。

韩国：自主创新与财团经济打造品牌利剑

20世纪50—70年代，以韩国、新加坡、中国香港和中国台湾地区"亚洲四小龙"为代表的东亚地区工业发展成就令世人瞩目。其中,韩国这个面积、人口规模均不大的国家,培育出了三星、LG、现代等全球知名品牌。

韩国经济崛起的"汉江奇迹"有其独特的发展道路。从科技创新成果来看,20世纪90年代以后,韩国在电子、汽车、钢铁、化工、造船和纺织等重要产业都位于世界领先地位,三星、现代、LG、SK等成为世界一流企业。

更重要的是,21世纪的韩国抓住了互联网、移动互联网两次技术变革,在信息技术方面抢占了先机。1998—2001年,韩国信息技术产业附加值的年均增长率达16.4%。信息技术产业占GDP的比重也从1997年的8.6%增长到2000年的12.3%。在智能终端领域,三星已经跻身全球智能手机第一梯队,远远超越了日本企业。

坚持自主研发是韩国企业能够在白热化竞争的全球市场争得一席之地的不二法宝。现代汽车副会长朴炳载有一句名言:"第一是自主开发,第二是自主开发,第三还是自主开发。一家汽车企业最重要的不是做生意,而是建立自己的研发能力。"

韩国企业独特的企业文化对其品牌的提升有积极作用,如LG将"为顾客创造价值"及"尊重人的经营"作为经营理念,以"正道经营"的行动方式,努力实现"一等LG"的发展目标。因此,从经济贡献、科技创新、价值观塑造等方面来看,这些大型企业所锻造的知名品牌无愧为韩国的国家品牌。

政府主导下的产业升级与自主科技创新

韩国第三任总统朴正熙开启了韩国快速工业化时代,初期的韩国产业以劳动密集型轻纺工业为主。1973年,韩国提出"重化工业宣言",从日本、美国大量引进外资,大力发展资本密集型重化工业。1981年,韩国重工业产值比重超过轻工业,完成早期工业化。

20世纪80年代,韩国提出"科技立国"的口号,大幅度增加科技投资,重点发展知识技术密集型产业,信息技术、生物工程、纳米技术、环境工程、文化技术产业领域成为技术创新的重点。1997年金融危机之后,为寻找新的经济增长点,政府鼓励企业向知识经济、信息产业等"最高附加值产业"投资,1998年韩国制定了《面向21世纪的产业政策方向及知识型新产业发展方案》。

2008年美国次贷危机给韩国的金融市场和实体经济带来重创,为找到新的经济增长点,韩国政府启动了"绿色新政",旨在发展通信技术、生物技术、纳米技术、文化创意等绿色产业。在韩国产业升级过程中,政府采用强势主导的方式,以产业政策、科技政策、金融法规、税收政策等手段对产业结构的升级进行引导,政府尤其重视民族产业的自主创新。

以产业和科技政策为例。韩国政府在鼓励技术引进的同时,加强对自主研发的扶持。1982年,韩国取消了对技术引进的限制。20世纪80年代,韩国引进技术总量相当于战后以来引进各类技术的总和。与此同时,政府鼓励科技研发投资,从20世纪60年代到21世纪初,韩国先后制定了《国家科学和技术促进法》《工业技术开发促进法》《新技术产业化投资税金扣除制度》等一系列法律法规,为科技创新引领产业优化升级提供了有力的法律保障。

1985年以后,韩国企业的科研投入资金占全部研发投入比重维持在80%以上。韩国的研发投入在2007年左右开始接近日本的水平。其每100万人口中的研发人员数量不仅远远高于拉美国家和东南亚国家,还在2009年超过了美国并接近日本。2010年,韩国国内研发经费总支出达531.85亿美元,占当年韩国GDP比重的3.74%。

在强烈的民族主义精神感召下,韩国政府一直致力于推动工业"国产化"。韩国企业早期主要通过引进国外技术进入高科技领域,但这只是获取竞争优势的一个过渡。1987—1992年,韩国制定了"机械零件和材料国产化"等两个五年发展计划,对汽车、造船、电子等产业的高科技产品实施国产化的政策。韩国企业也为国产化进程竭尽所能。在汽车行业,现代公司在1991年制造出国产化率达100%的国产车Accent,使韩国从此成为独立生产整车的国家。

财团经济打造品牌航母

财团经济是韩国经济结构最为特殊的部分。财团在韩国经济中影响之大,以至有人称韩国经济为"财团共和国经济"。20世纪四五十年代,韩国光复之后,民族工商业者通过购买归属财产形成一批早期的财阀,如三星、乐喜、金星、东洋等。

到了20世纪六七十年代,韩国政府为了增强国际竞争力,在经济上实现快速赶超,对大集团进行扶持。1975年推行的综合商社制度在促进经济高速增长的同时，让一批纵向联合的大型企业在不到十年的时间里迅速崛起，借韩国经济起飞而成长为现代财团。20世纪八九十年代，财团在国家经济中已经处于重要地位，逐步形成对生产和资本的高度垄断。1983—1989年期间，韩国前50大财团的销售额与韩国当年的GDP相当；2000年，三星财团所缴纳的税额占韩国当年税收的7.5%。

必须承认，韩国在一些产业中夺得世界龙头地位与韩国财团的奋斗密不可分。韩国在全球品牌价值排行榜居于前列的知名品牌无一不来自大型财团，比如世界电子工业的翘楚三星电子、LG电子，居于世界造船业、钢铁工业前列的浦项综合制铁，以及汽车产业中的现代汽车等。在韩国，大财团与政府的关系非常密切，它们积极参与国家产业升级战略，在推动韩国民族产业自主创新的过程中发挥了重要作用。

在早期轻工业时期，三星早在1954年便成立了"第一毛织"，开启了韩国自产布料的时代。而LG集团则在1954年凭借自主创新技术成功地开发出韩国最早的牙膏，并战胜了美国"高露洁牙膏"，迅速占领国内市场，为提高国民的健康水平做出了贡献。其后，又在1959年成立了乐喜油脂，开始了香皂和甘油的生产。这些基础消费品自给的实现为韩国经济的崛起打下了基础。

在重工业时期，LG集团响应政府的产业导向，于1962年成立韩国电缆工业，1967年成立韩国首家民营炼油厂湖南炼油。1974年，三星重工业公司成立。1977年，三星造船厂和"三星精密"（三星Techwin的前身）成立。这一时期也是财团高速发展的黄金时期，政府工程成为财团快速发展的重要动力。1968年，政府所进行的工程额中有76%交给了现代，因此现代财团在20世纪60年代后期的四年间营业额增加了五倍，赚取了巨额利润。

在国家力推知识技术密集型产业之初，三星便开始生产电视、录像机等家用电器，20世纪70年代开始致力于半导体领域产品的研发，并日益成为行业领跑者。

在信息技术时代，三星抓住了智能手机的机遇，在移动互联网终端领域一举超越日本索尼，并以美国苹果为新的竞争对手，创建出与苹果不一样的垂直整合生产模式，在手机部件生产方面几乎不依赖外购，并在工业设计竞赛中屡获殊荣，连续数年成为国际市场上最受欢迎的手机品牌。

韩国财团是韩国工业的火车头和主体，对韩国经济的兴衰及国际地位起着决定性的作用。但财团经济也带来一些明显的弊端：韩国经济出现高度集中化和垄断化的弊病，中小企业难以获得发展空间，抑制了社会的创新活力；财团以"章鱼爪式"扩张，旗下企业林立，内部关联交易严重，财务极不透明；政商勾结，产生大量寻租空间，导致韩国政府执政动荡；大部分财团的负债率居高不下，金融结构非常脆弱，经济运行风险巨大。

从文化的角度来看，韩国模式的特殊性与其民族精神息息相关。韩国民族具有自强不息和强烈的民族主义精神，在经济发展上体现为强烈的赶超意识。

韩国政府在工业化初期扶持大集团的初衷，即集中资源，促进产业快速增长。韩国民众也身体力行，以消费本国产品为荣，对国内市场形成有力的支撑。

韩国大财团则以对标、赶超国际先进企业为企业的发展目标。比如，三星电子最初将日本索尼作为竞争对手，在数码相机、显示器、音响等领域与索尼展开激烈竞争，随后在智能手机领域又对标苹果公司，与美国顶尖企业进行直接对抗。

Ⅵ 美国：全方位崛起的超级大国与品牌帝国

在今天的国际形势下，只有那些具有广袤国土面积和可观人口规模的巨型国家才具有成为全球性大国（不仅仅是经济大国）的条件。纵观历史上大国崛起的历程，美国最具有与中国进行参照的价值和意义，美国国土辽阔、人口众多、经济体量和规模巨大，与中国更为相近。

相对几大欧洲强国来说，美国的崛起是全方位的崛起。国家综合竞争力的全面提升是社会、经济、文化协调平衡发展的结果，也应当是我国实现大国崛起的主要方向。因此，尽管美国的意识形态与地缘政治思想与中国有较大差异，但是美国在经济战略、商业模式、科技创新等领域的发展历程对今日中国仍具有很强的参考意义。

在美国两百多年的国家发展历程中，美国与世界之间的关系保持了一条贯穿始终的主线，即保持国家实力的增长。美国主流国际关系理论的核心即霸权护持，在新的历史条件下其战略主要是保持经济实力的绝对优势。

从品牌运营角度来看，在《商业周刊》《金融世界》和"世界品牌实验室"等多个世界品牌排行榜中，美国品牌均占据了全球顶尖品牌（前100位或前 500 位）45%～50% 的席位，其行业广泛分布于金融、能源、化工、信息技术、物流、零售、农业、教育等领域，反映了美国在全球产业经济中的全面优势，是名副其实的品牌帝国。

美国在"二战"之后崛起的驱动力主要获益于以美元为核心的国际金融体系、技术革命、产业创新和经济模式的成功转型。而美国数次品牌发展的高峰期均发生在美国社会发生重大转型的时期，可口可乐、IBM、麦当劳、耐克、苹果、Google 等全球知名品牌的成长道路见证了美国不同时期的崛起之路。

初生：第一次工业革命催生了美国现代企业

从 18 世纪末到 19 世纪 60 年代，诞生了最早的一批美国现代企业。

在工业化早期，美国紧跟欧洲强国，抓住第一次工业革命的机遇，改变了手工作坊的制造方式，使资本主义获得高速增长的动力。同时，不断涌入的移民和西部广袤腹地及矿藏资源带来的人口与资源红利极大地推动了工业化进程，国家财富迅速增长。

1790 年，塞缪尔·施莱特（Samuel Slater）创建了工厂制（Factory System）。1820—1830 年间，美国生产体系（American System of Production）初见端倪，19 世纪 50 年代，美国初步奠定了机器制造业的基础。1856 年，Erie 铁路公司的经理麦卡勒姆（McCallum）撰写了第一个"公司管理章程"，标志着现代企业管理走向规范化。

在金融资本推动下，第一批现代公司成立，其中一些企业品牌历经两百年依旧屹立不倒，摩根（1799 年）、高露洁（1806 年）、花旗（1812 年）等仍旧雄踞于世界百强品牌榜。

铁路、银行是美国经济最早发展起来的新兴行业。摩根的早期发展得益于铁路业扩张、重工业发展和战争。美国铁路大建设需要大量资金的支持，这让经销美国各州铁路债券的摩根获得了巨大的发展机遇。由于当时各国政府在战时缺乏完善的税收制度来支撑战争的开支，所以银行家承担了部分代理财政机构的职责。美国内战期间，经营联邦债券为摩根带来不菲的利润。19 世纪 70 年代法国革命期间，朱尼厄斯·摩根为法国筹资贷款，一跃成为金融界巨子。

高露洁则是在日化产业中最早声名鹊起的美国品牌。随着美国城市生活的普及，个人清洁用品市场急剧扩张。1806年，高露洁从一家做淀粉、肥皂和蜡烛生意的商店起步，通过工厂化的运营，大幅提高了生产效率，产品质量越来越好。高露洁日益受到人们的欢迎，成为美国日化产业中最早从"工厂制"获益的知名品牌。1900年，高露洁因其精美的肥皂和香水在巴黎世博会上获得了最高荣誉，并从1913年开始在法国、澳大利亚、英国、德国、菲律宾扩张市场，由此拉开其全球品牌传奇的大幕。

狂飙：第二次产业革命，迎来第一次品牌发展黄金时期

从19世纪60年代后期开始，美国在欧洲强国之前进入能源与电气为核心的"电气时代"，夺得第二次工业革命的先机，进入工业化中期（1866—1929年）。1898年，美国的工业产值全面超越欧洲，在工业经济上实现了大国崛起。从19世纪60年代到20世纪初，美国几乎每个经济部门的产值都增长两倍或两倍以上，人均制造业产品总值增长了3倍。

根据美国商务部经济分析局的统计数据，美国的国民生产总值从1865年的98.81亿美元上升到1929年的1 045.6亿美元，激增了10倍以上。到1929年，美国经济总量超过了当时英、德、法的总和。值得一提的是，1869年，美国第一条横贯大陆的铁路奠基；1893年，五大铁路线纵横全国，形成了大工业、大交通和国内大市场的格局，美国国内市场出现了真正的全国品牌。

随着美国社会经济进入狂飙时期，人们的消费方式也发生巨大变革。从1865年到1929年，美国的城市化率从20%提升到55%，社会主流生活方式从农村转移到城市。走进城市的美国家庭不再自纺棉布和加工粮食，而是购买成衣和包装食品。

百货公司、连锁商店、邮购商店等新型零售业态在1850—1870年大量涌现，美国进入现代消费社会，20世纪20年代成为消费社会的繁荣高峰期。工业化、城市化进程的加快与国民财富的急剧增加为品牌的蓬勃发展奠定了坚实基础，催生了美国品牌的第一次黄金发展时期。

在营销学家凯勒看来，1860—1914年被称为"制造商的全国品牌时代"，而"一战"之后的1915年到大萧条前的1929年则被称为"大量上市品牌时代"。

在第二次工业革命的推动下，一批能源与重工业企业与品牌应运而生，如埃克森美孚的前身标准石油公司（1870年）、卡内基钢铁公司（1864年创

建,为1901年美国钢铁公司前身)、美国铝业公司前身(1988年)、3M公司(1902年)、杜邦公司(1802年)。汽车产业在内燃机革命的推动下迅猛发展,福特(1903年)、哈雷戴维森(1903年)、卡特彼勒(1925年)等知名汽车或机车品牌诞生。

工业革命也推动了大众与民用科技的热潮,美国人对技术发明的热情空前高涨。美国设立专利局的第一个10年,发明只有276项,而1893年这一年就发布了22 000项专利。这些新技术被迅速应用于生产,催生出新的产业和新的品牌,比如GE(美国通用电气公司)的前身爱迪生电灯公司(1878年)、AT&T(美国电话电报公司)前身贝尔电话公司(1877年)、柯达(1888年)等。以GE为例,1879年,爱迪生发明了第一只商用白炽灯,随后美国建设首个中央电站,实验室发明走向工业文明,开启了美国的"电气时代"。

同时,消费革命与零售业革命带来生产配送、市场营销的巨大变革,快速消费品产业高速发展,催生了亨氏(1869年)、杰克丹尼(1875年)、可口可乐(1886年)、百事可乐(1902年)这样的食品饮料品牌及强生(1887年)、家乐氏(1894年)、吉列(1901年)、舒洁(1924年)等日用快消品品牌。在20世纪初兴起的市场营销和广告技术是推动快速消费品产业的重要手段。

以可口可乐为例,1886年,药剂师约翰·彭伯顿用古柯的叶子和可拉的果实调制了一种深色的饮料,具有提神、镇静以及缓解头痛的作用。阿萨·坎德勒接手后,通过广告与市场营销手段彻底改变了可口可乐的命运,使它从一种神秘药水变成风靡大众的时尚饮料。

需要注意的是,这个时期既是美国崛起为工业经济大国的重要时期,也是美国社会从狂飙发展的"镀金时代"走向由乱到治的"进步时代"的社会转型时期。

从1865年到1900年,美国经济从自由资本主义向垄断资本主义发展,被称为"镀金时代"。"镀金时代"一词来自马克·吐温的同名讽刺小说,当时的美国虽然经济发展迅猛,但是贫富悬殊,社会矛盾不断积累,土地过度开发,环境污染严重。

20世纪初,洛克菲勒在全盛期垄断了全美90%的石油市场,八大金融寡头掌握了美国的经济命脉。因此,美国政府在西奥多·罗斯福总统的带领下开始了司法体系改革和社会治理行动。

美国相继颁布了《谢尔曼反托拉斯法》《育林法》《沙荒地法令》《新垦荒法》《食品卫生和药品法》《肉类检验法》等法律法规,对垄断企业进行抑制,对土地资源进行保护和有序使用，对药品和食品安全进行有效监督。从20世纪初到20世纪20年代，美国社会完成华丽蜕变，迈入"进步时代"。"进步时代"对美国社会发展的影响巨大，以至于被称为美国的"二次建国"。

在美国国内市场由乱到治的过程中，一些垄断企业被相继解散，取而代之的是更加蓬勃发展的新兴行业的企业。今天，在世界百强排行榜上有大约一半的品牌来自美国，而这些品牌中近40%诞生在20世纪初到20世纪20年代之间。

美国的第一次品牌发展黄金时期诞生于美国崛起为工业大国的重要时期，工业革命、消费革命与国民经济的蓬勃发展是该阶段品牌发展的主要驱动力。今天，中国经济飞速发展的迅猛态势让我们有一种历史重现的感觉。美国社会在经济腾飞的同时所经历的蜕变和阵痛，或许也能给我们许多启迪与借鉴。

崛起："二战"后全面崛起，迎来第二次品牌发展黄金时期

尽管早在19世纪末，美国在经济上就已经位居全球第一，但是在政治和文化上取得超级大国的地位则是在"二战"之后。美国第二次品牌发展黄金时期（20世纪30年代—20世纪70年代）正是美国崛起为超级大国的重要时期。

20世纪30年代到60年代是美国社会跌宕起伏的时期，十年大萧条、第二次世界大战和战后经济繁荣三大阶段勾画出美国社会大转型和大变迁的轮廓。

在罗斯福主导的布雷顿森林体系下，美元以固定价格与黄金挂钩，各国货币以固定汇率与美元挂钩，建立了以美元为基础的世界货币秩序，并在此基础上建立了以GATT（关税及贸易总协定）为核心的世界贸易秩序和以IMF（国际货币基金组织）与世界银行为调控的世界金融秩序。经历了"罗斯福新政"、杜鲁门的"公平施政"、肯尼迪的"新边疆"政策和约翰逊的"伟大社会"等政策，美国逐步完善国内经济改革，走向高度现代化的发展道路。

1955—1968年，美国的国民生产总值以每年4%的速度增长，曾经出现连续106个月的持续增长。经过战后"黄金时代"的发展，美国的国民生产从1961年的5 633亿美元上升到1971年的11 677亿美元。1965—1970年，美国的工业生产以18%的速度增长。

在科技领域，美国主导了以物理学革命为核心的第三次产业革命，率先进入了工业化后期。1945年，美国成功试爆第一颗原子弹；1958年，发射

探险者 1 号人造地球卫星；1969 年，阿波罗号载人飞船抵达月球。

在第三次产业革命推动下，能源、汽车、通信、化学等产业迅速发展。1970 年，美国拥有世界煤产量的 25%，原油产量的 21%，钢产量的 25%；1971 年，美国拥有汽车 1.11 亿辆，83% 的家庭每家平均至少拥有一辆汽车。美孚石油、福特汽车、AT&T、杜邦等企业品牌在战后获得了强劲的发展动力。

1935 年颁布的《国家劳工关系法》和 1938 年通过的《公平劳动标准法》，让美国蓝领工人的薪酬水平大幅提升；税收政策的改变造就了美国庞大的中产阶级队伍。中产阶级规模的扩大和工作方式的变化，改变了人们衣食住行的模式，促进了快速消费品产业的发展。

1940 年，最早的麦当劳餐厅原型在美国加利福尼亚州创建，这家餐厅在 1948 年引入了"快速服务系统"，让人们可以通过便捷窗口和餐厅服务高效购买汉堡包与饮料，尤其适用于美国中产阶级新兴的汽车生活，麦当劳的"金色拱门"很快遍布于全美的高速公路网。这种全新的餐饮方式意味着新的商业与管理模式的出现。

以"麦当劳模式"为榜样，肯德基（1952 年）、必胜客（1958 年）等品牌相继建立，美国标准化快餐连锁产业迅速成长起来。中产阶级对运动休闲生活的重视促使新兴大众服装品牌的诞生，比如耐克（1962 年）、拉尔夫·劳伦（1968 年）、GAP（1969 年）的出现，让大众以极为低廉的价格享受有品质的生活。

以耐克为例，20 世纪 70 年代初，慢跑运动在美国逐渐兴盛，数百万人开始穿运动鞋，并认为穿运动鞋是年轻健康的象征。在巨大市场需求的助推下，耐克在创建之后的短短十年间一跃成为美国最大的鞋业公司。

快速消费品产业对美国广告业、品牌业的贡献极大。快速消费品的利润在很大程度上取决于市场规模，信息必须快速到达并吸引大规模的受众，因此企业主对广告进行巨额投入，此举极大地刺激了广告业的发展。20 世纪 50 年代，"品牌"的概念由美国广告人和营销学者正式引入学术领域。20 世纪 60 年代，著名的美国麦迪逊大街成为广告巨头云集的圣地，促使广告业"创意革命"爆发。在"广告狂人"的黄金时代里，涌现出大量堪称经典的广告。

与此同时，美国跨国公司从 20 世纪 60 年代开始迅猛发展。跨国公司成为美国转移国内经济危机的一种方式，借助美元体系成为推动世界资源配置、资金流动、信息传播的全球化推手。通过混合兼并，美国现代跨国公司拥有巨额的资本、广泛的经营范围，以"全球战略"为主要目标，获取庞大的利润。

1957—1969年，美国45家营业额在30亿美元以上的大型跨国公司40%以上的利润来自国外，可口可乐、通用汽车等品牌半数以上的利润来自国外。跨国公司在地域和产业领域创建了庞大的生产与商业帝国。

埃克森石油公司在三四十个国家设有70多家炼油厂，在世界燃料市场经营数万个加油站，被称为"石油联合国"。IBM通过直接投资和国际分工网络，控制着150多个国家中的四万多个企业，在100多个国家和地区从事生产、装配和销售。美国通用从汽车制造的主业拓展到制造飞机发动机、洲际导弹、潜艇、宇宙飞船和家用电器等领域，并形成全球性的生产和销售网络。

巨型跨国公司的销售额甚至超过了某些发展中国家的国民生产总值，使美国在战后占据了国际分工中的有利地位。

20世纪70年代，美国未来学家约翰·奈斯比特（John Naisbitt）在《大趋势：改变我们生活的十个新方向》中预言，"未来世界中地球将是一个村庄"。1980年，哈佛大学泰德·莱维特教授在《哈佛商业评论》中提出了"全球化"这个概念，"全球化"更进一步从经济领域走向政治、文化领域。

以品牌全球化为标志，美国品牌形象成为美国国家形象的缩影之一，甚至成为美国先进生产力的图腾。比如Wieden+Kennedy广告公司在1988年为耐克策划的"只管去做（Just do it）"口号受到了全世界年轻人的欢迎，至今仍充满强烈的感染力。

可口可乐是伴随"二战"时的美军部队走出海外的，而真正转向全球营销则是在20世纪70年代。1971年，可口可乐推出MV《我想请全世界喝一杯可口可乐！》：在意大利的一个山顶上，不同民族、不同国家、不同肤色的年轻人，手持一瓶瓶可口可乐齐声高歌："I'd like to buy the world a Coke, and keep it company"（我想请全世界喝一杯可乐，让它与我们相伴）。这一广告清晰地表达出可口可乐的全球化战略和超越国界的品牌文化主张。

在全球化浪潮的推动下，美国企业的战略管理思想从20世纪60年代开始迅猛发展，以1962年艾尔弗雷德·钱德勒（Alfred D. Chandler）出版的《战略与结构：美国工商企业成长的若干篇章》和1965年伊戈尔·安索夫（H. Igor Ansoff）的《公司战略》为标准，企业战略管理成为美国管理学界的热词。

受此影响，品牌的战略管理也日益受到企业的重视，最早由快消品品牌宝洁在1931年提出的"品牌经理制"在美国大型企业中盛行起来，产品的研发、生产、营销在品牌理念的统筹之下更为高效协调。为了更好地推进品牌在全国和海外市场的销售，美国从 20 世纪 60 年代开始出现企业形象规范化的运动，用标准化的视觉符号来展现统一的品牌形象：麦当劳的金色拱门标志、可口可乐的曲线瓶和飘带标志出现在世界各地的街头。这种被称为企业识别体系（CIS）的管理模式成为大企业整合海外品牌形象的利器。随后，CIS 理论在 20 世纪 70 年代传入日本，在 20 世纪 90 年代传入中国。

对于美国来说，"二战"之后的 20 年是美国在政治、经济、文化上真正崛起的时代，美国一跃成为超级大国，领航全球的产业潮流。在这个时期，美国品牌迅猛发展的最大驱动力来自全球化、大众消费升级、战略品牌思想与管理技术的飞跃。熠熠生辉的全球化的美国品牌群落是美国崛起为超级大国的见证。

创新：以科技创新为驱动，造就品牌发展的强劲浪潮

从 20 世纪 70 年代石油危机开始，美国经济开始经历多次波折和低迷，70 年代发生经济滞胀、1979—1982 年爆发经济危机、1990—1992 年爆发经济危机。面对经济波折，美国在里根经济学、克林顿新经济政策的振兴政策下，阶段性缓解了困境，在危机中寻找生机，获得新一轮发展驱动力。

进入 21 世纪，美国又相继经历了 2000 年初的互联网寒潮、2008 年次贷危机、2012 年"占领华尔街"等经济危机和社会动荡。在这一阶段，科技创新和产业创新仍旧是美国经济持续发展的重要引擎。

从美国品牌的发展历程来看，第三次品牌发展浪潮的主要驱动力来自信息革命与持续的产业科技创新；20 世纪 70—80 年代，诞生了一批以电子计算机硬件技术为核心的新兴品牌；在 20 世纪初，诞生了一批互联网新兴品牌。今天，这些新兴品牌在全球 TOP 品牌榜上傲视群雄，显示出美国作为品牌大国的强劲后力。

自 20 世纪 40 年代计算机问世以来，人类社会发生了深刻的变化。20 世纪 70 年代，随着微型计算机、家庭和个人计算机技术的突破，美国电子计算机产业引领了全球产业潮流。在这个时期，美国创建的世界百强品牌大部分来自半导体和计算机产业，如英特尔（1971 年）、微软（1975 年）、苹果（1977 年）、甲骨文（1977 年）、Adobe（1982 年）、思科（1984 年）、戴尔（1984 年）等。

电子计算机的广泛应用大大提升了美国企业生产自动化和管理自动化的水

平，对技术、经济、文化产生了革命性的影响。到20世纪90年代初期，美国每年应用计算机完成的工作量相当于4 000亿人一年的工作量。面对不断出现的大量数据和信息，企业必须学习如何获得、保存并管理海量信息。

1993年，克林顿主政的美国政府提出了"信息高速公路"（Information Superhighway）的计划。这项计划由副总统戈尔负责领导：通过全国性的光纤通道将政府机构、企业、学校、医院、家庭与个人用户等单元联系起来，以广域的互联网形式传递文字、图像与数据。随后，美国电讯业和电视业出现的大量跨地区兼并活动进一步加速了全国性网络的发展。

以"信息高速公路"计划的开展为标志，美国引领全球进入新经济时代。美国经济从20世纪90年代中期出现复苏的迹象。1992—1993年间，美国工业产出、投资、生产率和就业率开始出现快速增长。1995年，国际金融资本大举涌入美国，使得美国股市上扬，在美联储格林斯潘的政策扶持下，股市膨胀的势头一直持续到新千年之交。

1995—2000年，由消费者直接驱动的行业，如房地产、零售、旅游、餐饮、健康和教育等领域获得了自1960年以来从未有过的增长动力。到2000年3月，一个新的纪录在美国经济史上产生，这就是美国经济连续107个月保持增长。据统计，1997—1998年，美国中等收入家庭的年收入增长了3.5%，达到38 885美元的历史最高点。

21世纪初，互联网产业受到股市寒潮的冲击。但数年之后，互联网经济再次出发。谷歌（1995年）、亚马逊（1995年）、eBay（1998年）、Myspace（2003年）、Facebook（2004年）、YouTube（2005年）和Twitter（2006年）等互联网品牌成为美国新的品牌明星。

互联网改变了人们的生活方式，在线交际、在线娱乐、网上购物等成为人们日常生活的一部分。进入Web 2.0时代之后，受众参与内容制造，根据兴趣形成聚合社群，网络信息结构转变为由用户群体智慧相互影响的互联网体系。这种多中心、双向互动、自发创造的沟通网络不仅仅改变了媒介生态，而且改变了整个社会的信息生态，对政府管理、企业运营均提出了新的挑战。

苹果公司几十年的起落见证了美国IT行业的快速发展与激烈竞争。20世纪80年代到90年代，当IT巨头IBM涉足个人计算机市场之后，初获成功的苹果个人计算机遭受冲击，市场份额暴跌，濒临绝境。

乔布斯回归苹果之后，通过Mac OS操作系统的研发和时尚的设计使苹果计算机重获新生。在2000年初的科技股泡沫中，苹果逆势而行，通过

iPod 和 iTunes 打开了娱乐电子市场，创造了音乐产业新的商业和计费模式，彻底终结了随身听的历史。2007 年，苹果设计的 iphone 手机获得巨大成功，开辟了智能手机时代，积聚起巨额数量的全球粉丝，从而成为站在移动互联网潮头浪尖的明星品牌。

亚马逊是美国互联网产业发展的另一个优秀品牌案例。从一家网络书店起家，亚马逊拓展为全球最大的电子商务公司之一。令人瞩目的是，亚马逊在最近十年实现华丽转身，从电子商务公司转型为全球云端市场的重要玩家。

2006 年，亚马逊向小型公司开放了 Amazon Web Services 云平台，步伐比微软和 Google 更早，2017 年占据了美国公有云市场的 37.1%。自 2007 年开始，亚马逊将电子商务业务与社群消费生态圈结合起来，进入更为广泛的民生消费市场。影音串流、电玩、食材配送、餐厅外送等都可以通过 Prime 平台实现，用户越来越多的日常生活消费金额转至亚马逊。因其付费服务和黏性高的消费生态平台优势，亚马逊在云端市场、电子商务和数字内容产业持续创造着高附加值的品牌形象。在美国众多科技巨擘的光芒下，亚马逊毫不逊色，在多个品牌价值榜单上居于世界前三位。

今天，美国的经济实力在全球占比有所下降，但在信息技术上仍具有绝对优势。从美国本身的软实力来看，其道义感召力和发展模式的示范效应在不断下降，但总体而言，美国作为世界一流工业大国、一流经济强国、一流品牌强国的现状仍未改变。

第03章 工业化进程与国家品牌成长

> 这个世界不再需要通过模仿碰巧成为全球性企业的跟风者,世界需要的是创新。
>
> ——约翰·奎奇
> (美国哈佛商学院副院长)

对品牌的追求是消费者的天性。在中国工业品供应紧张的计划经济时代，凤凰牌、永久牌、飞鸽牌自行车，上海牌、海鸥牌手表等消费品是那个时代极具诱惑的消费品符号，有着和当代奢侈品等同的地位。但真正的品牌经济只能是市场经济下的产物，品牌可以看作现代企业存在的核心意义，营销活动和广告宣传则是成就品牌的工具和路径。

全球真正的品牌建设活动始于19世纪后期。随着第三次工业革命的全面推进，汽车、电灯、收音机、留声机、日化产品等一系列新的产品迅速进入普通人的日常生活之中，生产新工业品的企业成批涌现。

此时，专业的广告商和品牌策划公司开始出现。这一新行业的出现源于大规模工厂的出现，一旦货物由工厂出品，市场必然出现整齐划一的产品，因此，让产品区别于其他工厂的产品变得更加重要。

因此，品牌几乎完全随着一个国家的工业化进程成长。可以说，只有那些完全完成工业化的国家，才有可能诞生享誉世界的品牌。

Ⅵ 国家品牌成长的外部环境条件

从世界经济大国崛起与品牌发展的历程可以看到，成就国家品牌需要良好的外部环境条件与强劲的内在驱动因素。国家工业化进程、社会消费升级和全球化正是成就国家品牌的外部环境条件。

首先，新兴品牌发展与国家工业化进程密不可分，世界经济强国的知名品牌大多在国家产业升级转型时得到快速成长。

以美国为例，在第一次工业革命期间，金融产业对美国国家经济产生了重要作用，助力第一批现代企业的诞生。第二次工业革命中，美国夺得先机，以能源和电气革命为核心，工业重心由轻纺工业转为重工业，石化、钢铁、电气等重工业和民用科技产业得到强劲动力，涌现了大量工业品牌。从20世纪70年代开始，以微电子技术为核心的新技术革命催生了一批以计算机技术为核心的新兴企业。20世纪90年代末到21世纪，美国又再次引领全球互联网革命，推动新兴互联网企业成为全球性的品牌明星。美国产业经济发展中的新兴产业与品牌如表1所示。

表1 美国产业经济发展中的新兴产业与品牌

阶段	时期	新兴产业	代表性的新兴品牌
现代企业初生	工业化早期（18世纪70年代—19世纪60年代）	金融产业等	摩根、花旗、高露洁等
第一次品牌浪潮：工业经济大国崛起	工业化中期（19世纪60年代—20世纪20年代）	石油、钢铁、化工、汽车等重工业；民用科技工业；食品与轻工业等产业	美孚石油、卡耐基钢铁、福特、卡特彼勒、哈雷戴维森、3M、杜邦；爱迪生电灯公司（GE前身）、贝尔电话公司（AT&T前身）、柯达；亨氏、杰克丹尼、可口可乐、百事可乐；强生、家乐氏、吉列、舒洁等
第二次品牌浪潮：超级大国崛起	工业化后期（20世纪50年代—20世纪70年代）	快速消费品产业兴起	麦当劳、肯德基、必胜客、星巴克等食品餐饮品牌，耐克、拉尔夫·劳伦、GAP等大众服装品牌
第三次品牌浪潮：持续创新	信息时代（20世纪70年代—21世纪初）	微电子技术产业、互联网产业等	英特尔、微软、苹果、甲骨文、Adobe、思科、戴尔等、谷歌、亚马逊、eBay（易贝网）、MySpace（聚友网）、Facebook、YouTube、Twitter（推特）等

其次，社会经济发展与消费升级是促使品牌繁荣的另一个重要因素。美国的消费社会经历了三次重大变革，第一次变革发生在19世纪末到20世纪20年代，美国城市化率从1865年的20%快速增长到1929年的55%，社会消费人口从农村转移到城市。随着国民生产总值与可支配收入的急剧上升，美国进入托马斯·奥奎因所称的"消费社会崛起时期"（1900—1910年）。

美国在19世纪末的工业生产总值超过欧洲强国，成为世界第一。其中一个颇有意义的事件是,美国正是在这一时期完成了铁路网的建设,形成国内大交通格局,完成了全国市场的整合,促进了工业经济的飞跃。

从1865年开始,美国进入工业化发展快车道。南北战争结束,横贯东西海岸的铁路建成,这两件事的同时发生意味着美国统一的大市场形成——来自南方的黑奴和欧洲的农民及来自西部的大量矿产、煤炭、木材同时向位于东部和中北部的城市聚集,产生了纽约、芝加哥、底特律、克利夫兰、匹斯堡等工业城市。这给美国工业化进程提供了非常多的劳动力,增加了人口红利。

1865—1929年,美国用65年时间完成了中期工业化。在这65年中,美国经历了"镀金时代""进步时代"和"浮华时代",创造了人类工业史上的奇迹。尤其是20世纪20年代,金融业高度活跃,随着以钢铁、房地产、汽车为代表的重工业化的狂飙突进,美国创造了著名的"柯立芝繁荣"[1]。

在美国学者狄克逊·韦克特撰写的《大萧条时代》一书中,第一句话是:"1929年10月中旬,展现在一个中产阶级普通美国人面前的,是一眼望不到头的繁荣兴旺的远景。上一年,刚刚走马上任的胡佛总统一本正经地宣布:征服贫穷不再是一个遥不可及的幻想。我们有机会沿袭过去8年的政策,继续向前。在上帝的帮助下,我们很快就会看到,把贫穷从这个国家驱除出去的日子就在前头。"然而,让胡佛没有想到的是,仅仅几个月之后,上帝就歇工了。

从1929年10月股市暴跌开始,到1933年底纽交所的道琼斯指数从300多点跌到40多点,美国经济整体进入大萧条时期,在长达十多年的时间里,美国经济跌入低谷,并且间接导致了第二次世界大战的爆发。1930年,GDP比上年下跌了12%,道琼斯指数下跌近90%。1933年,煤炭产量下降了40%,钢产量下降了46%,汽车产量下降了80%,GDP下降了55%,9 000多家银行破产和关闭。

从1865年到1929年的65年间,尤其是经过1920—1929年这10年的高速发展,美国社会形成了巨大的需求,主要体现在房地产、汽车业这两大行业。与房地产相关的是钢铁、水泥、煤炭,整个社会的资源、资本、人才都进入这些行业,最终导致生产的过剩。

---

[1] 第一次世界大战后,美国的经济得到了飞速发展。这一时期恰巧在总统柯立芝任期之内,所以美国这一时期的经济繁荣又被称为"柯立芝繁荣"。

大萧条是美国工业化进程中摔的一个大跟头，但回过头来看，这是市场经济生产方式产生的不可避免的结果，是从工业化中期向工业化后期过渡的必然历程，也是新的商业机会来临的过程。在大萧条阶段和之后的一段时间里，又有大量的著名品牌崛起。

所有的危机都是由一部分人的"危"和一部分人的"机"组成的。在这个过程中，很多企业因不适应新的经济环境而被淘汰。但随着社会与科技的进步、人们需求的变化，有新的需求产生，就一定会有新的业态、新的产品和服务诞生。

在大萧条之后所崛起的著名企业中，颇具代表性的是迪士尼。迪士尼是在美国经济最困难的时候，也就是在1932—1933年之间活跃起来的。这家公司成立于20世纪20年代，当时并没有赢得太多的关注。20世纪30年代，美国很多人失去了工作，有工作的人工作时间也减短，而电影业是一个低价的娱乐活动，会在经济下行的时候迎来升级。迪士尼所创造的米老鼠成为大萧条时代人们的开心果，米老鼠及相关产品出现井喷式增长，创造了消费奇迹，变成那个时代的标志。在大萧条中崛起的迪士尼公司建立起了自己的品牌形象，成为美国娱乐业和电影业的标志性品牌，并一直持续至今。

繁荣的现代城市消费模式促使品牌大量上市。美国的第二次变革发生在20世纪五六十年代，快速扩大的中产阶级群体、汽车与高速公路的普及、体育与休闲生活模式的变革促进了大众快消品的迅猛发展，标准化快餐连锁产业和大众服装企业迎来了巨大的需求市场。第三次变革始于20世纪90年代，一直延续至今。互联网颠覆了人们的生活、消费、工作模式，促进了又一轮产业与新兴品牌的蓬勃成长。

此外，美国在品牌知识产权保护、创新政策方面也为品牌发展保驾护航。美国的知识产权保护体制非常完善，1870年的商标法及后来的专利法、版权法、反不正当竞争法、互联网法和软件专利法等，构建起知识产权保护完备的法律体系。另一方面，以贝多尔法案为代表，政府投入的知识产权可以合法授予私人部门，以促进其商业化，从而构建起政府—大学—企业的创新体系。同时，美国在国家出口战略、科研创新所得税减免、创新企业贷款资助、就业补贴等方面给予创新产业以支持，提升了企业在国际市场的竞争力。

Ⅵ 国家品牌成长的内在驱动力

国家经济的崛起为品牌繁荣发展提供了条件，而企业和品牌又是产业创新的经济主体。每一个全球知名品牌的背后都是一个成功的大企业。孵化世界知名品牌的大企业无一不对人类社会的科技进步、商业运行模式与文化变革有着独特的贡献。这些贡献总结起来包括"技术创新""管理创新"和"文化创新"，三者构成了品牌发展的内在驱动力。

技术创新

在人类历次技术革命的进程中，大企业都承担了技术创新、产业创新的重要使命。美国的知名品牌是企业引领科技革命的成功例证。

GE（美国通用电气公司）的品牌发展史就是一部技术创新发展史，其技术发明涵盖人类社会的广泛领域，包括 X 射线成像仪、高频交流发电机、日光灯、隐形玻璃、第一家电视台、涡轮旋桨发动机、飞机自动导航系统、民用雷达、双门电冰箱和第一家核电厂等，这也使 GE 成为全球第一个达到 50 000 个专利拥有量的组织。

IBM 则是"电子时代"的领航者，1951 年，IBM 开发的第一款商用计算机，使人类进入"电子时代"；1981 年推出个人计算机，让计算机可以进入每个家庭；1987 年，在美国国家科学基金会（ASF）的支持下，IBM 与 Merit、MCI 公司联合开发 NFSnet，将 200 所美国大学与 6 个美国超级计算机中心连接起来，为现代互联网绘制了蓝图。

与此同时，借助于 IBM-PC 机编写操作系统软件 MS-DOS 的历史机遇，微软开启了计算机的"软件时代"，一跃发展为全球最大的计算机软件提供商；20 世纪 90 年代，微软又首次全面集成了 Internet 标准，为更多家庭与个人能够接入互联网铺平了道路。

进入 21 世纪之后，以硅谷为代表的新兴高科技公司群体成为引领新技术革命的先锋。苹果公司在 2007 年推出的智能手机 iPhone，兼备流动计算机和网络娱乐工具的功能，颠覆了手机的定义，成为"移动互联网"时代的明星。而特斯拉用 IT 理念来制造汽车，改变了传统汽车的生产制造理念。Google 是当今互联网技术创新的先锋，它占据了"搜索引擎时代"的高峰，并在 2006 年首次提出"云计算"概念，这是服务器时代之后的又一次技术巨变。2016—2017 年，Google 在多个品牌价值榜上蝉联世界第一位，并继续在人工智能、量子计算等未来领域引领着技术潮流。

管理创新

除了技术创新之外，管理创新也是美国知名品牌的核心竞争力。

早在机器大生产时代，泰勒制、福特制[1]成就了美国早期汽车产业的辉煌岁月。快速消费品品牌宝洁则是"品牌经理制度"的首倡者，这项管理创新使产品的研发、生产、营销统筹于统一的品牌战略，极大地提升了品牌运营效率。

麦当劳在 1948 年创建的"快速服务系统"则开辟了标准化连锁快餐业的新模式。它从 20 世纪 60 年代开始布局国际化战略，以特许经营模式实现了海外市场的快速扩张，遍布世界各地的金拱门成为美式生活方式的象征之一。

沃尔玛从 20 世纪 50 年代的平价商店起家，在 20 世纪 90 年代发展为全球连锁商业企业，将先进的信息技术与优秀的商业模式结合起来，创建了信息化物流配送系统，开创了仓储式经营、一站式购物的购物消费模式，沃尔玛至今仍居于各大世界品牌价值榜前三位。

在电子商务时代，亚马逊的商业蓝图从"地球上最大的书店"发展成"最大的综合网络零售商"，今天更是以客户为中心，全力推进"移动第一、按需提供服务"的电子商务模式。

科技巨头 IBM 不但致力于技术革命，还聚焦于商业战略的创新。20 世纪 90 年代末，IBM 利用其在大型机、交易和网络领域的优势，从计算机硬件产品转向综合商业解决方案，"让我们的地球越来越小"，实现了蓝色巨人在互联网时代的重要转型。2008 年，IBM 发布了"智慧地球"战略，旨在利用信息化的智慧系统推动国家和地区实现经济增长、近期效率、持续发展和社会进步。以 Facebook、Twitter 为代表的新兴互联网企业，将分享、共创的概念和商业模式引入互联网产业，开创了以社交网络为中心的 Web 2.0 新时代。

---

[1] 20 世纪初，泰勒创建了科学管理理论体系，被人称为"泰勒制"。福特创立了全世界第一条汽车流水装配线。这种流水作业法后来被称为"福特制"。

文化创新

国家品牌的一个重要功能是承载和传播品牌来源国的文化。美国品牌成功的另一内在驱动力是文化创新，美国软实力的塑造、美式生活方式的输出，对品牌的发展有着举足轻重的作用。

从学术发展的角度来看，美国是现代营销学、现代传播学、现代广告学、创造学等学科的发源地，美国学界和企业界从"品牌"这一概念进入学术领域之初，就非常重视品牌文化和信息传播的作用。

1886年诞生的可口可乐，最早是用秘而不宣的配方来渲染符号的魔力。"二战"时期，可口可乐随着美国大兵进入海外市场，从20世纪70年代开始进行全球品牌文化传播，随后可口可乐成为世界各地年轻人的快乐之源。

迪士尼在美国大萧条时期崛起，在低迷的经济氛围下为人们带来一些欢乐，可爱的米老鼠形象直击消费者柔软的童心，自此，迪士尼伴随着几代人的成长，成为美国文化产业品牌的典范。

耐克的诞生和盛行很大程度归功于美国休闲生活方式的变革。该品牌顺应时代的变化，不但为运动鞋工艺技术带来突破，而且通过"Just do it"的持续宣传，激励着全世界的运动员和年轻人自强不息、坚持不懈。

1971年正式成立的星巴克，在近20年时间里一跃成为巨型连锁咖啡集团。星巴克定位于白领阶层，为中产阶级打造一个舒适自在的"第三生活空间"。除了品质把控之外，独特的文化体验和营销美学也是星巴克成功的秘诀。

综上所述，国家的工业化进程、社会经济模式转型与居民消费升级是品牌发展的外在条件，而品牌的最终成功还取决于品牌内在驱动力和核心竞争力，即能否顺应国家迅猛的工业化进程，锻造企业的核心技术竞争力，为世界的产业技术革命做出独特贡献；能否抓住社会经济崛起的契机，开拓新的商业模式和经营战略，为国家经济转型提供企业的宝贵经验；能否敏锐感知人们消费需求的变化与趋势，创造新的生活方式和文化内涵，为人类的物质与精神视野拓展边界。

从各工业大国品牌成长的路径看，世界著名品牌的出现，首先依赖于先进生产力基础上的社会分工与技术进步，产品能够被大批生产，而且质量与性能有所保证，这是品牌广为流传的重要物质基础。其次，要有广阔的市场来接纳品牌，以形成品牌认知和品牌联想，从而扩大品牌的知名度。大市场是产生大品牌的土壤，大品牌是大市场发展的结果。

国家品牌：工业化后期的发展契机

真正的品牌概念从工业化开始。工业化形成的大规模专业化生产客观上让企业掌握了商品的定价权，也增强了生产商通过将产品品牌化以区别于其他企业产品的迫切性。

当前，中国已经成为世界公认的经济大国、工业制造大国和消费大国，中国40多年的发展浓缩了发达国家上百年的历程。中国的转型期既有美国20世纪初走向现代化工业国家的特点，也有其20世纪五六十年代走向全球化的前奏，国民经济中的少数行业，如航天、通信、高铁等，已能够与当今发达国家站在同一竞技场上。

在幅员辽阔的国土上，中国不平衡的经济发展状况更是兼容了中等发达国家、发展中国家的经济特征和消费需求。从这些外部环境因素来看，中国企业正面临着难能可贵的历史机遇，这种机遇亟须通过打造世界级品牌来把握。

对比中美两个大国的工业化过程，有助于我们清醒地判断中国企业品牌打造的趋势和未来。

1866年，左宗棠在福州马尾开办船务，成立中国第一家现代学校和第一家现代工厂，这标志着洋务运动的开始。这是中国工业化的开端。从辛亥革命到20世纪30年代，中国经济经历了黄金10年的快速发展。1949年以后，中国的工业化过程进入快速发展时期，从156个苏联援建工程开始到1959年，这10年，中国的城市化率迅速上升。截至1979年，中国工业化早期进程结束。

从城市化率来看，1979年，中国的城市化率为19.99%，2014年上升到54.77%；而美国城市化率在1865—1929年间，从20%上升到55%。也就是说，中国用35年时间走完了美国60年的工业化中期路程。[1]

那么，中国经济现在遭遇的是什么问题呢？是全面的生产过剩问题。过剩的产品从钢材、粮食、煤炭、水泥、电解铝，到造船、汽车、住宅、计算机，再到服装、鞋帽、家具、玩具、食品，几乎涵盖了中国制造业的绝大多数门类。

---

[1] 刘戈. 在危机中崛起：美国如何成功实现经济转型 [M]. 北京：中信出版社，2016.

中国经济遇到的问题，与美国在经历了"柯立芝繁荣"之后遇到的经济危机有一定的相似性。虽然各项正在推进的改革措施在一定程度上促进了创业、创新热情，对于经济增长起到了一定的促进作用，但这种经济活力的释放不可能完全对冲周期性的大面积经济过剩。真正能够产生对冲作用的只能是时间。

在美国经历过的经济结构大调整中，众多传统行业的企业被清洗出局，而如麦当劳、迪士尼等消费类企业不断崛起。美国的经历证明，在整个工业化中期，结束的是以钢铁、水泥、煤炭为代表的重化工业经济，这一时期是向提高生活品质的消费经济转型的过程。

如果说美国在 20 世纪初的消费革命与城市化进程密切相关，那么 20 世纪 50—70 年代的经济繁荣则离不开中产阶级规模的快速扩大。这恰好是中国所亟待解决的关键的社会经济问题。党的十九大报告指出，新时代我国社会主要矛盾是人民日益增长的美好生活需要和不平衡不充分的发展之间的矛盾，这是关系全局的历史性变化。

中国社会收入差距自 20 世纪 80 年代开始迅速增大，基尼系数逐年上升，1994 年超过 0.4 的警戒线，2008 年达到 0.491 的峰值。随着一系列缩小贫富差距的措施出台，包括农业税减免、社会保障制度建立和完善等，基尼系数开始缓慢下降，出现可喜的变化。2017 年，全年全国居民人均可支配收入为 25 974 元，扣除价格因素，实际增长 7.3%，跑赢国内生产总值（GDP）7% 的增速，最终消费支出对 GDP 增长的贡献率为 58.8%，成为经济增长的主动力。

随着国民可支配收入的增长，如果能在发展中切实提升普通大众的消费能力，那么民用品牌的发展必将迎来爆发期。

应当说，中国品牌发展正面临一个史无前例的历史契机，应当迎来一个迅猛发展的繁荣时期。但是，中国品牌的影响力与国民经济发展存在显著不匹配的现象：具有全球知名度的中国品牌较少，品牌竞争力较弱。其原因是多方面的，其中，企业在科技、运营和文化上的核心竞争力短板是制约中国品牌发展的主要因素。尾随经济大势、模仿他山之石并不能自然而然地成就品牌，只有那些能够在科技创新、商业创新、文化创新上对世界有所贡献的企业才能培育出成功的品牌。因此，在更复杂多变的国际环境下，中国品牌必须直面挑战，在创新中赢得生存与发展。

从 20 世纪 30 年代到 20 世纪 70 年代，美国完成了工业化后期的进程。

工业化后期的突出特点是，科技创新和无形消费成为经济发展的主要驱动力。现在，中国经济正在经历从工业化中期向工业化后期的过渡，在未来的20—30年的时间里，中国将最终成为一个完全实现工业化的现代化强国。

由于工业化早期和工业化中期在全球性品牌上的"欠账"，中国国家品牌有极大可能在工业化后期厚积薄发，出现井喷式增长。从后发国家的成长历程来看，这是有先例的。日本和韩国在工业化的早期和中期几乎没有世界性的品牌，但在进入工业化后期之后，实现了品牌的爆发。

日本的工业化后期是从20世纪60年开始的，此时日本基本完成了战后重建，工业的发展模式从军工、重化工业向家电、汽车等行业转型，从总量驱动转型为技术驱动。品牌的集体爆发出现在1964年的东京奥运会之后，丰田、松下、东芝、索尼、日产、夏普、精工、三菱等众多家电、汽车企业从本土品牌跃升为全球品牌。韩国的情况与此类似，在1988年的汉城奥运会前后，以三星、现代、LG、起亚等企业为代表的电子、汽车等产品从本土品牌跃升为全球品牌。

Ⅵ 补短板，加快品牌全球化的进程

要想真正实现中国全球化品牌的爆发，中国企业需要在以下几方面弥补短板，加快品牌全球化的进程。

促进科技创新，锻造企业的核心竞争力

在工业化后期，科技创新成为经济发展的最重要动力，它是提高全要素生产率的关键，也是全球化品牌成长的主要路径。

中国科学院科技战略咨询研究院和科睿唯安公司等机构发布的《2016研究前沿》报告指出，在国际180个热点前沿和新兴前沿中，中国表现卓越的研究前沿有30个。中国已成为仅次于美国的世界第二研发大国，在研发投入、科技论文产出、高技术制造增加值等重要指标方面已居世界第二位。近10年来，中国的研究与试验发展经费支出以高出国内生产总值增速的速

度增长，占全球研发支出的 20% 以上。

中国利用后发优势和庞大的市场规模，在引进、消化、吸收的基础上再创新，产业技术含量不断提高，中国高技术产品世界占比已超过 27%。在科技人才方面，科技人力资源超过 8 000 万人，工程师数量占全世界的 1/4。

但从企业角度看，中国企业的创新能力与国际先进企业相比，还有明显差距。总体上看，我国自主创新特别是原始创新能力不强，关键领域核心技术受制于人的局面没有发生根本改变，具有自主知识产权的核心技术不足，这些是我国传统产业转型升级、新兴产业培育发展的短板和软肋。

更多企业成为技术创新的主体，更多拥有自主技术的企业崛起，是国家品牌实现跃升的前提。

提升企业文化影响，讲好品牌故事和中国故事

品牌定位、品牌精神和价值观塑造、品牌传播与管理是一项系统工程，打造中国企业品牌不能仅局限于销售目标和企业规模，还要进行全方位的品牌文化运营和创新。

文化差异在品牌全球化过程中的地位至关重要。文化差异体现在文化构成要素的各个层面，包括特定社会的意识形态、组织结构及制度等，其中最主要的是意识形态方面，即政治、法律、艺术、道德、哲学、宗教等。能否适应不同国家的文化氛围，是品牌全球化成败的关键。

文化对品牌全球化的影响是潜移默化的，在信息技术飞速发展的今天，世界变得越来越小，不同文化背景的人之间的交流越来越多，客观上为中国品牌国际化的拓展提供了更为便捷的条件。适应本地文化、传播中国文化是中国企业品牌全球化需要面对的一个问题的两面。

适应国际规则，角力全球竞争

品牌出海是由少数企业完成的，他们在开拓国际市场时，首先要适应国际规则，之后再逐步参与制定国际规则，这也是国家品牌的使命与职责所在。中国企业每进入一个新的市场，必须遵循国际规则，遵循商业逻辑，不仅做市场主体中的经营者，而且要做社会责任的承担者、当地经济和法律秩序的维护者。从一些失败的案例来看，中国企业品牌国际化过程的一个共性

错误就是没有透彻掌握国际规则，以国内的经验办国外的事。

在打造国际品牌的过程中，中国政府也需要主动参与构建更加公平合理的商标领域国际规则体系，主动参与商标领域国际规则制定，指导企业建立商标海外侵权预警和应对制度，提升海外风险防控能力，提升中介机构商标海外维权法律服务水平。国家需要出台多项措施助力中国品牌走向世界舞台。

04 章

通往国家品牌路径探索之缔造神话——华为

> 高科技企业以往的成功，往往是失败之母，在这瞬息万变的信息社会，唯有惶者才能生存。
>
> ——任正非

品牌
印象

作为极少数真正实现全球化的中国企业代表,华为品牌凝结了向死而生的英雄气概和执着坚韧的东方品格。它的成长史被缔造成某种神话,这种神话和这家企业的发展一起发酵,向着全球顶级品牌稳步迈进。

华为获得的业界及民间正向评价令人咋舌,无论是其公司形象,抑或智能手机产品,都获得了远超绝大部分中国本土品牌所能够获得的赞誉。华为品牌发展与其他中国企业迥然不同的成长路径,也为中国企业的全球化创造了最佳范例,成为中国国家崛起历程的有力注脚。

华为智能手机在全球市场的品牌塑造,更是实现了质量、技术和品位的高度统一,是近年来全球顶级消费电子品牌打造的极少数的成功案例之一。其品牌定位高度和成长速度在通信行业首屈一指,甚至在全球时尚、奢侈品、快速消费品领域也毫不逊色。

这家由十几个人、两万元起家的中国民营企业,顺应中国改革开放的大潮,经过30多年的发展,成为一家有18万名员工、服务全球170多个国家、年销售收入超5 000亿元的巨无霸公司。

它从一家早年在国内代销电信设备的无名小卒,发展成为全球最大的电信设备制造商,并利用其在通信设备领域积累的品牌形象成功进入消费品市场,成为全球第二、国内第一的智能手机生产商。

它"以客户为中心,以奋斗者为本,长期艰苦奋斗"的企业文化,把"秀才"造就成具有同一价值观和统一意志的"战士",同时又避免将"战士"扭曲成"奴才"。

它自进入快速扩张期以来就争议不断,随其而来的"狼性文化""床垫文化""不上市""不接受采访""超高工资""灰度管理"等关键词成了业界内外持续探讨的话题。

自诞生之日起,华为品牌就屡次遭遇生死难关,但总能化险为夷;面对层层壁垒,也能涉险过关。这些严酷的经历并没有让它倒下,反而铸就了它超强的生命力,使它跨越了空间界限、能力界限,甚至基因界限,并不断超越自我。

虽然是一家纯粹的民营企业,但无论是在中国还是美国,华为都不约而同地被当作中国国家实力和国家形象的代言人。在进入美国市场的过程中,华为不断受到莫须有的罪名的刁难。华为在5G技术上的全面领先,更让其成为美国打压的对象,美国对华为进行了前所未有的制裁。品牌形象与国家形象的高度捆绑,对华为来说是一把双刃剑,它既为华为在国内赢得了广泛的市场接受度和品牌忠诚度,又造成了其在进军发达国家市场时无法摆脱的一种困扰。

深圳华为基地的黄昏

品牌
档案

"华为"的诞生：信手拈来的品牌名

任正非下海经商的经历，民间流传着多个版本。华为官方至今也没有"钦定"过这段历史。但在各种或传奇或平淡的版本中，以下事实没有疑义：1983 年，副团级干部任正非因裁军而转业来到深圳，当时他已年近 40。

1987 年 9 月，43 岁的任正非创办了自己的公司，公司的业务是代销香港产的电话交换机。

这是改革开放后第一代中国企业家集体成长的时代。现有的众多中国民营制造企业都是在那个时候初创的，如华为、联想、海尔、万科、万达、TCL 等中国著名品牌，都从那个时候迈出了企业成长和品牌锻造的第一步。这批经历若干周期生存下来并不断发展壮大的企业经历了中国工业化中期的全过程。

时隔多年之后，任正非在接受外国媒体的一次采访中解释了"华为"名字的来历。当初注册公司时想不出名字，任正非看着墙上"中华有为"的标语，觉得响亮，就拿来为公司取名字了。后来他一直认为，"华为"这个名字取得并不好，因为"华为"的发音是闭口音，发音不响亮，是品牌起名的大忌。"所以十几年来我们内部一直在争议要不要改掉'华为'这个名字，最近我们确定不改了。我们要教一下外国人怎么发这个音，不要老念成'夏威夷'。"

任正非决定不改"华为"的名字，恰好是在华为退出美国市场之后。在经历了无数的以"国家安全"为名的怀疑和刁难之后，华为决定不再谋求美国市场的发展。但"华为"的名字也因这一挫折被赋予了更多内涵。"华为"的名字、背景、愿景、价值观高度整合在一起，与中国国家崛起的背景更加紧密地联结在一起，"华为"也成为最能代表中国的企业品牌。

与狼共舞:"农村包围城市"杀出一条血路

中国人对"改革开放"最真实的感受是从一件件家用电器进入家庭开始的。家里装电话,曾经是绝大部分中国家庭做梦都不敢奢望的事情,人们只是在电影里的高级干部和高级知识分子家里看到过。20世纪90年代初,一些富裕家庭开始给家里安装座机。到90年代中期,电话初装费下调了近一半。到了2001年,收取了20年的电话初装费一夜之间全部取消,座机电话真正"飞入寻常百姓家"。

为了适应电话进入家庭的消费大潮,20世纪90年代初,邮电部开始大批引进国外的先进技术和设备,世界电信业巨头西门子、阿尔卡特、诺基亚、摩托罗拉、爱立信和北电网络等陆续进入我国。这些跨国巨头,每一家都有显赫的历史和雄厚的技术实力。

爱立信公司1876年在瑞典创立,主营修理电报机和电器仪表业务,不久推出电话机。20世纪90年代,得益于中国通信行业爆炸式的高速增长,爱立信保持了连续10年年均35%以上的增长速度,长期占据通信设备世界第一的位置。

诺基亚公司创立于1865年,19世纪末开始经营电信业务。20世纪80年代中期,诺基亚进入全球市场。从1996年开始,诺基亚手机连续15年占据手机市场第一的位置。

阿尔卡特公司成立于1898年,阿尔卡特在20世纪80年代初进入中国市场,建立合资企业。朗讯公司的前身是电话发明人贝尔于1877年创建的美国贝尔电话公司。2005年,阿尔卡特与朗讯合并。

这些国际巨头以不同的方式进入中国之后,虽然受限于当时的电信政策,但依然凭借强大的设备优势征服了中国的运营商,占据了绝大多数的市场份额。在中国各大城市和沿海发达地区,跨国公司的业务一统天下。

此时的华为,正投资亿元研发自有知识产权的C&C08交换机。自主研发需要大量资金,在资金严重缺乏的境况下,华为只能通过向大企业借高利贷来渡难关。

资金的短缺,加上市场被国际巨头占据,华为一时陷入险境。但天无绝人之路,按照当时的政策规定,所有省份的通信部门都必须从至少两家设备供应商处采购设备。这无疑为华为创造了发展空间,使其有机会进入内陆省份和县城市场。华为采取了"农村包围城市"的战略,转战电信巨头无暇顾及的中西部县城和乡镇，开拓生存空间。

在基层市场，华为在自身产品还不是很完善的情况下，使出了"人海战术"，长年驻守基层，一直深入各个县局，积极争取每一个项目。

华为在业界的口碑就是从那时开始形成的。设备一旦出现问题，服务人员一小时之内到达；如果无法解决，研发人员会乘坐最快的航班到达，通宵达旦进行处理。另外就是免费换，新设备免费替换有故障的设备。"人心都是肉长的，大部分客户被华为的这种精神感动了，虽然设备还存在瑕疵，但总体感受是，华为是一个可靠的供应商。"一名华为的老员工如此评价当时"人海战术"的效果。

事实证明，在严酷的市场环境中，华为采用"农村包围城市"的战略是合理的，它由此躲过了被国际电信巨头扼杀在摇篮中的危险，并在行业内积累了口碑，为后来的品牌成长奠定了基础。

中国电信行业高速成长的势头过去之后，跨国巨头组织臃肿、运营成本居高不下的劣势越来越明显。到了21世纪初，西门子基本退出了中国的电信业务；诺基亚在全球范围内收购了阿尔卡特和朗讯合并后的公司；爱立信有心无力，只能通过与思科在全球范围内合作来重整旗鼓。对此，有外国研究报告得出结论："西方电信设备制造商为打进具有利润潜力的中国市场而做的努力，实际上在帮助中国的电信设备新贵大举进军西方市场。"

在这场长达近20年的竞赛中，华为从一家小型设备经销商做起，成为唯一一个依靠市场力量打败众多强大对手，从而后来居上的中国企业。

华为在中国国内市场分得一杯羹后，开始在全球市场范围与各家巨头正面开战，并最终促使全球电信市场洗牌，独占鳌头，成为现今唯一一家在通信设备和智能手机领域同时处于领先地位的企业。华为的成功也印证了华为人自己认定的"品牌是打出来的"信条。

在华为公司的展厅里，我们并没有发现它与这些巨头多年鏖战的任何图片或资料，讲解员熟练的讲解也基本都与华为正在开拓的新业务有关，如城市管理、企业服务、通信设备等。不过，在展厅入口处的书架上，整齐地摆放着与华为有关的一些出版物，其中《枪林弹雨中成长》《黄沙百战穿金甲》等书籍的名称，让我们不禁联想到了那段"狼烟滚滚"的岁月。

"搅局"全球：从"华为的冬天"开始

华为开拓海外市场之初，全球主流的通信设备商主要有8家，包括爱立信、诺基亚、西门子、阿尔卡特、朗讯、北电、摩托罗拉、中兴。

巨头们热衷于研发尖端技术，然后再以高价把整套产品卖给那些规模迅速扩张的电信运营商。与他们的做法不同，华为采用低价策略，并乐于同小客户合作。它还研发了体积更小、更省电的移动电信基站，来帮助运营商削减电费和租金。

2000年，互联网泡沫破裂。不少人认为这是电信行业的发展机遇。任正非却于2001年公开发表了《华为的冬天》一文。文章的最后，他写道："网络股的暴跌，必将对二、三年后的建设预期产生影响，那时制造业就惯性地进入收缩。眼前的繁荣是前几年网络股大涨的惯性结果。记住一句话，物极必反，这一场网络设备供应的冬天，也会像它热得人们不理解一样，冷得出奇。没有预见，没有预防，就会冻死。那时，谁有棉衣，谁就活下来了。"

市场印证了任正非的预言，2002年成为世界通信行业十多年来挑战最为严峻的一年，国内电信业停滞不前，电信投资连续两年出现下滑。华为最大的客户中国电信，由于业务分拆而投资萎缩。受此影响，正处于高速扩张期的华为，当年的销售额出现了负增长。但因为未雨绸缪，华为的海外业务却在这一年大幅增长。

华为公司一方面抽调优秀员工到海外迅速抢占发展中国家市场，另一方面大规模招聘人才，在研发上向高端路由器和无线通信网络领域发起冲击，以期用性能价格比的优势在国外市场打击寒流中的竞争对手，进而弥补国内市场的萎缩，维持企业的高速发展。

如果任正非没有在两年前察觉到迹象，并发表《华为的冬天》来警示内部员工，华为可能不会这么机敏地在危机之中调转船头，向海外加速行驶。这篇文章被媒体和业界广为传颂，也成为华为品牌成长史中的经典事件。

"新丝绸之路"计划：用国家效应带动华为品牌影响力

2002年，华为开始挺进西欧、北美市场，并把欧洲地区部的中心设在了巴黎。

一名开拓过欧洲市场的华为员工回忆："刚开始的确艰难，华为欧洲地区部仅有的两个人,连运营商的门都进不去。因为欧洲人认为中国只能生产廉价的鞋子,对中国人能生产高科技产品这样的事闻所未闻。前些年华为参加戛纳电信展,法国电视台的报道题目竟然是'中国居然也有3G技术?',报道中充满了怀疑和不屑。"

为此,公司改变了市场策略。对于普通客户,特别是客户方的维护工程师,华为组织了用户大会,在参加电信展会时,把他们召集起来一起交流维护华为设备的心得,给华为设备提意见,这使他们迅速成为华为的忠实粉丝。

受西班牙电信运营商需求的启发,华为还组织高层峰会来回答对方提出的问题,比如"华为未来几年要做什么?""怎么帮客户成功?"等。事实证明,这种做法有助于双方确认未来几年的发展承诺。这种方式被华为当作品牌传播的一种有效形式。

华为还策划并推出"新丝绸之路"计划。通过各种渠道把高端客户邀请到国内,安排参观北京、上海、深圳等城市,向客户展示中国改革开放后的巨大变化,以及华为的规模和实力等。

诸如此类的方法逐步改变了欧美国家客户对华为的认识,在提升设备采购量的同时,也使华为的品牌得以逐步在欧美市场显现。法国的电信公司首次采购华为的设备后,当地的媒体觉得不可思议,要求到华为采访。结果,其中一位记者采访完成后,连夜回国赶写了一篇文章,告诫欧洲的电信制造企业:"你们将会受到这家中国企业的严峻挑战!"可见当时外国媒体眼中的华为已非等闲之辈。

华为在市场开拓中很早就认识到,中国企业在拓展海外市场期间不单单是创建公司品牌,更要通过国家为品牌形象背书。在一个陌生的国家,面对陌生的客户,你只是一个"中国企业",中国在他们眼中是什么形象,中国公司在他们眼中就是什么形象。华为把国家品牌和公司品牌有机地结合起来,精心策划了独特的访问线路,取得了预期的效果。这些活动在提升国家品牌形象的同时,也提升了企业的品牌形象,对后期的营销工作起到了非常大的推动作用。

交锋思科:国际官司扩大华为全球影响力

华为在海外市场上敢打敢拼,在面对海外电信巨头的技术壁垒和多次发难时,亦是兵来将挡,水来土掩,尽显智慧,而这也在无形中为它的品牌形象添色不少。

随着华为在国际市场的迅速崛起，国际巨头们意识到这支力量的巨大威胁，开始对华为进行强力阻击。华为一度四面受敌，但它没有退让，而是选择了正面回击。其中最精彩的就是和思科的正面交锋。

自从 1999 年华为推出自己的接入服务器开始，思科就盯上了华为。随着华为在国际市场的壮大，思科越来越焦虑。2002 年秋天的亚特兰大通信博览会上，思科的 CEO（首席执行官）钱伯斯悄然光顾了华为的站台，一言未发又悄然离去。之后不久，思科便在公司内部组织成立了专门用来打击华为的特别小组。

2003 年 1 月 22 日，农历腊月二十一，思科正式提起华为侵犯其知识产权的法律诉讼。面对国际巨头的发难和国内外媒体汹涌而至的报道，一向对新闻界保持低调的华为发表了一份简短声明，表明华为一贯尊重知识产权的态度。随后，在律师团队的指导下，华为向美国法院提交了一份 18 页的答辩词，对思科提起反诉。同时，华为公布了思科的不正当竞争手段，指出思科的目的是阻止华为进入美国市场。而华为与另一家美国公司 3Com 的合作，向外界传递出一个明确的信息，华为在数据方面的知识产权没有问题。

2004 年 7 月 28 日，思科与华为最终达成和解。对此，《中国企业家》在其封面报道中如此评价：这不是中国企业第一次遇到国际知识产权诉讼纠纷，但在中国企业卷入的国际商业纠纷中，很少有中国企业能将官司打得如此酣畅淋漓，很少有中国企业能够动用这么多国内外资源去迎战一家来者不善的全球 500 强企业并最终议和。

敢与巨头企业打官司的勇气和对自己各方面能力的自信，是华为获得与思科最终和解的决定性因素。不管怎样，这场官司以华为和思科的和解结束，显然超越了任正非的目标——小输就是大赢。

即使思科内部也承认，华为在这场官司中获得了比思科更多的商业利益和品牌影响力。之后，富士通和摩托罗拉又于 2004 年和 2010 年先后向华为发难，但富士通诉讼的只是竞争手段，最终不了了之；摩托罗拉最终也与华为和解。如此看来，这些诉讼不但没有影响华为的品牌形象，反而扩大了其全球知名度，它似乎在告诉大家，华为已经成为这几家电信巨头在全球市场上的强劲对手。

经过十多年的不懈努力，华为实现了从国内电信巨头向全球电信巨头的华丽转身。2013 年，华为更是首超爱立信，成为全球第一大电信设备商。

手机新贵：激活华为消费者业务

智能手机时代的到来，完全颠覆了世界手机产业的原有格局。诺基亚、摩托罗拉、索尼等传统手机厂商全面陨落，苹果、三星等成为市场的绝对主导。

2003 年 7 月，华为成立手机业务部。2004 年，作为中国第一款 WCDMA 手机制造商，华为参加法国戛纳 3GSM 大会并进行现场演示。2009 年，在西班牙移动世界大会上，华为展示了首款 Android 智能手机，并宣布与 T-mobile 进行合作推广。

有媒体称，华为转向消费者业务是被逼的，因为其开发的通信系统没有合适的手机来匹配。这种猜测源于后来任正非的一次内部谈话："当年我们没想过做终端，我们是被逼迫上马的，因为我们的 3G 系统卖不出去，没有配套手机。"

华为的新业务有可能是诸多因素综合作用的结果，这些因素包括华为多年来在通信设备领域积累的品牌生存力和良好商誉，以及任正非个人的战略预判能力。

华为从电信设备市场转向大众消费市场，也是用户需求导向的结果。这种转变绝非一蹴而就，华为的技术和产品为此做了近 10 年的沉淀。基于在电信设备领域积累的良好商誉和品牌优势，加之认准了智能手机的发展大势，华为研发生产自己的手机，在国内迅速超越了小米、联想、中兴等一众手机品牌，并且很快在全球范围内甩开了难舍旧梦、在各种手机操作系统之间徘徊不定的诺基亚，以及被买来买去的摩托罗拉。

品牌绝不是短期之内可以成就的，然而品牌一旦形成，其力量是无穷的，可以跨行业、跨空间发挥作用，甚至其效应会成倍增长，华为用自己的行动在全球范围内诠释了这一切。

华为公司的手提袋上印着一句话："不在非战略机会点上消耗战略竞争力量。"这句话的灵感源自非洲瓦格尼亚人的捕鱼瞬间：一个瓦格尼亚人手持巨大的锥形木篮，站在巨浪翻滚的刚果博约马瀑布激流中。只有在适当位置使用恰当力量，他才能顺应河流之势将鱼冲进篮子里，同时确保自己不会被河水卷走……

手机双品牌时代：华为手机品牌开始登堂入室

业界公认的华为手机品牌开始脱颖而出，源自华为荣耀于 2013 年 12 月正式成为一个独立的手机品牌。华为与荣耀在技术专利平台共享的前提下，是相互独立的两个品牌。荣耀用的是互联网方式构建销售和营销体系，而华为品牌则完全定位为和苹果竞争的顶级品牌。

最初，人们并不看好华为进入消费品市场，媒体上充斥着各种怀疑的声音。当时正值智能机超越功能机的时间节点，诺基亚和摩托罗拉等功能机时代的翘楚已无法形成气候，三星和苹果是名气最大的智能手机品牌。三星实现了城乡消费层级全覆盖，苹果则主打高端市场，在一二线城市气势火热。

经过几年的学习，华为已深谙大众化品牌营销的方法，并赶上了一个从创新走向成熟的智能手机市场，加之自产处理器给它带来了更低的成本，凡此种种有利因素的组合，使华为手机开始发力，实现了对诸多手机品牌的迅速超越，成为国内手机界的老大。2015 年 12 月底，华为宣布其终端智能手机发货量突破 1 亿台，它也由此成为仅次于三星、苹果的全球第三大手机厂商。

在品牌营销方面，华为走的是全球化路线。在中国本土，华为从产品研发到营销均以消费个性化的新一代年轻人为目标群体。在推出了 nova 系列之后，华为选择了年轻群体喜欢的明星张艺兴、关晓彤作为代言人，并赞助浙江卫视大型综艺节目《梦想的声音》，通过他们的参与、互动，拉近与年轻消费者的距离。

在欧洲市场，华为主推体育营销。针对西欧市场，它先后赞助了五大足球联赛中诸多的传统强队，包括多特蒙德、AC 米兰、马竞、阿森纳、巴黎圣日耳曼等。另外，华为还签约了足球明星莱万多夫斯基作为品牌代言人，以期在波兰、东北欧地区提升品牌认知度。

华为 2016 年发布的旗舰机 P9 成为跨界合作的成功产品，发布仅 8 个月，P9 的全球销量就达到 1 000 万部。在当年年末，随着第二代徕卡双摄像头的推出，跨界品牌合作的潜在营销效应凸显出来。华为与保时捷设计的合作，也将品牌的高端基因显现了出来。

华为发布的 2018 年上半年度经营业绩显示，华为已实现销售收入 3 257 亿元人民币，同比增长 15%。华为消费者业务凭借技术创新不断给消费者创造价值。基于在摄影和人工智能领域的创新，HUAWEI P20 系列将智能手机摄影再次带入全新高度，提升了用户体验。在 PC 领域，华为发布的首款全面屏笔记本电脑 HUAWEI MateBook X Pro，凭借多项创新广受媒体和消费者好评，在 PC 市场树立起高端品牌形象。

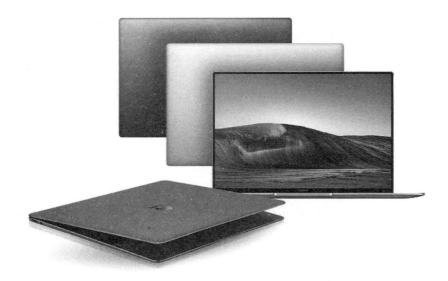

华为首款全面屏笔记本电脑 HUAWEI MateBook X Pro

任正非的邮件

华为进入迅速扩张期之后，任正非养成了一个不定期签发自己邮件的习惯，而华为也形成了扩散这些邮件的传统。据不完全统计，自1994年开始，任正非通过这种方式发布的文章达50篇以上，它们对华为的品牌传播起到了"点睛"作用。这些广为流传的邮件，不仅体现了任正非高超的企业发展战略，更有价值的是丰富了华为品牌的内涵，其"居安思危"的危机意识成为华为品牌重要的一部分。

回望华为走过的30多年，几乎每一个重要的发展节点它都没有按照大多数中国企业的套路出牌。它总是能在大家深陷竞争漩涡之中难以自拔之时调转船头，独辟蹊径，从而化险为夷，获得宝贵的生存机会，并开辟出新天地。那些不定期签发的电子邮件，也总是在公司发展最关键的时刻散发到员工手里。华为的德国顾问、戴姆勒—奔驰公司的前高管曾提到："德国能有今天，就是因为我们民族总有危机意识，华为跟我们很像。"

1998年，任正非签发《华为的红旗到底能打多久》之时，正值华为迅速扩张的时期。此文向外界表明，华为一定会成为国际性大公司，同时提醒内部，华为的管理方法与管理手段方面还缺乏足够的准备，需要认真对待。这封邮件让华为远离自我膨胀，让华为人的心态重新回到起点，寻找自身不足，继续努力和奋进。

2001年，任正非签发的邮件《我的父亲母亲》，因文笔生动、感情真切而在业界获得高度评价，并广为流传。任正非在邮件中忏悔，因为一心扑在华为上而失去了孝敬父母的机会。他在文中真情告白："回顾我自己走过的历史，扪心自问，我一生无愧于祖国，无愧于人民，无愧于事业与员工，无愧于朋友，唯一有愧的是父母，没条件时没有照顾他们，有条件时也没有照顾他们……"

此邮件的签发正值华为大规模进军海外市场之时，他本人的艰辛成长写照感染了广大华为员工，为他们的艰苦奋斗吹响了精神号角。

2011年，任正非签发的《一江春水向东流》，被视为稳定军心之作。他用推心置腹的文字回忆了华为的来之不易，并明确了面对未来的心态："我们既要有信心，也不要盲目相信未来。历史的灾难，都是我们的前车之鉴。我们对未来的无知是无法解决的问题，但我们可以通过归纳找到方向，并使自己处在合理组织结构及优良的进取状态中，以此来预防未来。死亡是会到来的，这是历史规律，我们的责任应是不断延长我们的生命。"

此时，华为的全球化发展已渐入佳境。华为根据实际情况适时推出了CEO轮班制度，用以应对棘手的管理者接班问题和企业发展问题。这篇文章慰藉了中高层管理人员的心，并通过动之以情、晓之以理的方式阐明了轮班制度的合理性，确定管理层的终极责任。这一邮件对华为的稳定发展起到了举足轻重的作用，从某种程度上成了华为后来发展的行动纲领。

华为从来不追热潮，很多决策在当时看来"标新立异"，但从长远来看，正是这些决策为华为指出了正确的方向。任正非深谋远虑，在任何时刻都能异常清醒。他的创造性思维就像一泓有源头的溪水，无时无刻不在朝前流动，带领着华为越过一个又一个坎：由创始之初的代销转为宁可付出巨大代价也要研发自己的产品；为扭转在一线市场的被动局面，转而采取"农村包围城市"的战略；为摆脱国内电信大环境低迷的影响，把大量资源投向了海外市场……

"狼性文化"

在华为大学教学楼大厅醒目的位置贴着"健壮体魄、坚强意志、不折毅力、乐观精神、顽强学习、团结协作、积极奉献"28字校训，这似乎很好地诠释了"品牌是打出来的"信条。

华为的"狼性文化"不是宣传出来的，而是打出来的。有外媒曾在报道中转引过华为员工的事迹："支撑新兴市场开拓行动的，是华为员工的顽强精神。很多人都有在公司睡觉的睡袋。2010年左右，有10万员工的华为，号称每天都有1 400名员工乘坐飞机。"

有多名华为员工因飞机失事而以身殉职。2005年尼日利亚客机失事，三名华为的外籍员工不幸遇难。2007年肯尼亚客机坠毁，机上有一名华为员工。2009年法航客机失踪，机上有一名华为员工。2014年马航失联，机上有两名华为员工。

一名当年开拓过非洲市场的员工回忆："1998年，我一个人频繁跨国出差，那年在肯尼亚，居然两个月没讲过汉语。几年下来，飞机坐了不知道多少趟，光护照就用掉了三本。"

华为的"狼性"文化绝不止这些，还体现在其他很多方面。创业初期，华为的技术水平不是最好的，但他们通过铁打的"一小时抵达现场"服务来进行补救，从那时起，"睡袋文化"成了华为的一道风景。

华为员工风雪中抢修线路

《日本经济新闻》在对华为的报道中确认，"2011年3月发生日本大地震之后，就在其他海外企业纷纷撤走派驻员工时，华为却不断向日本派出干部和技术人员，紧急修复灾区设备"。利比亚内战发生的时候，仍是华为员工不顾危险，驻守岗位，保障了通信。

在一次华为内部讨论会上，任正非解释道："我们永远都是狼文化。可能有人把'狼'歪曲理解了，并不是我们拟人化的原意。第一，狼嗅觉很灵敏，闻到机会拼命往前冲；第二，狼从来都是一群狼去奋斗，不是个人英雄主义；第三，可能吃到肉有困难，但狼是不屈不挠的。"

由此可见，"狼性"不是残忍的代名词，反而是智慧的结晶，华为则因将这一文化发展到了极致而载誉全球。

《华为基本法》提升企业内部凝聚力

1995年,华为请来了彭剑锋等几名国内企业人力资源和战略管理方面的知名教授,由他们组成小组,驻扎华为公司,与华为人一起研究起草华为的管理大纲。华为管理大纲在发布之前易名为《华为基本法》,其第四讨论稿刊登在1996年12月26日出版的第45期《华为人》报上,并于1998年3月定稿。

《华为基本法》是将任正非的管理思想用统一的语言集中进行梳理,是中国企业第一个完整系统地总结自己价值观的范本,内容包括公司宗旨、基本组织政策、基本经营政策、基本人力资源政策、基本控制政策,乃至接班人政策等。

《华为基本法》规定:"华为的核心价值追求是在电子信息领域实现顾客的梦想,并依靠点点滴滴、锲而不舍的艰苦追求,使我们成为世界级领先企业。""华为的社会责任是以产业报国和科教兴国为己任,以公司的发展为所在社区做出贡献。为伟大祖国的繁荣昌盛,为中华民族的振兴,为自己和家人的幸福而不懈努力。""华为的核心技术目标是发展拥有自主知识产权的世界领先的电子和信息技术支撑体系。""华为的市场定位是业界最佳设备供应商,而品牌、营销网络、服务和市场份额是支撑市场地位的关键要素……"

《华为基本法》在管理界引发的剧烈震动,让华为品牌在白领阶层广泛传播,这也为华为公司的品牌形象增加了"思维超前、管理领先"的因素。彭剑锋认为,《华为基本法》在统一思想、凝聚员工等方面的作用不可估量,也给华为带来了巨大的品牌价值。它出台后,成为国内外企业界竞相追捧、学习的范本,大大增加了华为的社会知名度和客户对华为品牌的认同感。

有专家估计,《华为基本法》至少为华为带来了10亿元人民币的品牌价值。

"全员持股"留住人才

虽然华为官方对"全员持股"的具体内容鲜有介绍,但不同公开渠道披露的信息都有一个大致相同的结论,那就是在华为公司18万多名员工中,持股的员工最起码在 8 万人以上。

据称,华为员工的持股传统从公司创办后不久就开始了,当时公司鼓励员工以每股 1 元的价格购入公司的股票,每个持股员工手中都有华为所发的股权证书,并盖有华为公司资金计划部的红色印章。这种华为特色的内部股权激励机制持续到 2001 年,不但帮助华为在获取银行融资较为困难的初期渡过了难关,而且留住了人才,加速了华为品牌的成长。

后来,虽然华为公司的股票实现了虚实转换,其治理结构也从一家"全员持股"公司变成由两个实体股东所控制的公司,但这种"全员持股"的传统激励方式却保留了下来。

华为消费者业务品牌部的相关人士透露,华为员工持股的依据是"看贡献",而不是论职位。另外,任正非的持股比仅占百分之一点几。由此可见,华为这种"全员持股"的主人翁意识,早已深入每名员工的内心之中,成了品牌成长的动力之一。

除"全员持股"外,让华为吸引并留住人才的,还有其超高的工资。据称,到 1996 年,华为员工的工资已是内地同类公司工资的 10 倍多。2001 年,华为到全国著名高校招聘最优秀的学生,一下子招聘了 5 000 多人。此次招聘被媒体誉为"万人招聘"。"超高工资"给应聘者留下的良好印象,确保了"万人招聘"的成功,使华为有了源源不断的人才给养。

"超高工资"不仅为公司吸引了大量优秀员工,而且与"全员持股"一起激发了华为员工的"狼性",极大地提升了华为的企业品牌。

自主研发,置之死地而后生

1992 年,华为的销售额过亿,利润上千万。按理来说,继续"顺势"发展,将获得更大回报,可以顺利实现创始人的"下海"目标。但任正非当时却做了个不可思议的决定:投资亿元研发自有知识产权的 C&C08 交换机。

那个时候的中国通信市场虽然需求旺盛,发展迅速,但国内企业的自主研发能力很弱,根本无法和海外厂商竞争,国外产品长期占据着市场主体地位。越来越多的公司进入交换机代理市场,利润逐渐被摊薄,继续做代理不是长久之计。如果想要继续生存,就必须有自己的产品,有自主研发的能力。中国有很多的交换机生产厂家,各自为政,很难使国产交换机的整体水平提高,而中国的通信工业正处在一个非常发展时期。任正非敏锐地发现,

"在中国电子工业中，唯有程控交换机有可能成为中国的拳头产品"。

就这样，任正非带领着华为走上了自主研发之路。研发不是一蹴而就的，巨额的研发投入让华为捉襟见肘。无奈之下，华为只能通过向大企业借高利贷来渡难关。根据当事人回忆，任正非对华为的干部们说："这次研发如果失败了，我只有从楼上跳下去，你们还可以另谋出路。"由此可见当时任正非的决心之大，可以说是孤注一掷。次年，C&C08机研发成功，并有了第一单业务。

此后，华为自主研发的信念从来没有动摇过，也从来没有因为任何外部环境的变化而削减研发费用。华为重视研发投入众所周知。发达国家企业用于自主创新的研发投入在销售额中的比重通常占到3%～5%，高科技企业一般是10%，有的甚至高达20%，而中国企业这一比重一直处于较低水平。但华为的研发投入常年在15%左右，这一比例即使在国际最著名的高科技公司中也毫不逊色。

事实上，研发投入有利于企业品牌价值的提升。技术创新，可以增强产品竞争力，进而提升品牌价值；反过来，企业品牌价值又让企业在激烈的市场竞争中保持优势，获得高额利润后再次投入研发，华为也由此实现了研发投入和品牌价值的正向循环。

"润物细无声"的顶级品牌营销

进入大众消费市场之后，华为的品牌积淀开始显现溢出效应。无论是企业品牌形象，还是产品形象，均沿袭了它在设备领域创造的商誉，其励志、正向、高端、感人的内涵被不断彰显。

2014年6月5日以来，包括《人民日报》《参考消息》《中国青年报》《21世纪经济报道》《第一财经日报》在内的多家报纸刊出一则华为公司的广告，广告构图非常简单，左边配图是当年4月下旬红遍网络的"扫地僧"院士李小文。他蓄着胡子，身穿黑衣黑鞋，坐在中国科学院大学讲台前低头念稿。图旁有醒目的两行红字："华为坚持什么精神？就是真心向李小文学习。"

2015年1月，李小文去世之后，华为的品牌广告改为美国摄影艺术家亨利·路特威勒的摄影作品《芭蕾脚》。影像中，一只穿着舞鞋的脚优雅光鲜，另一只赤裸的脚却伤痕累累，触目惊心。图中的广告语是："我们的人生，痛，并快乐着。"

华为用学术和艺术的方式，致敬了所有默默付出的人，同时也告诉华为员工，没有人会忘记那些默默的付出。这种品牌传播的方式可谓是灵魂级的，极易产生共鸣，甚至让人觉得这不是广告。它是一种精准的概括，更像是华为的一种自白：做不到极致的品牌不是品牌。

正如著名品牌专家沃尔夫冈·谢弗在他的《品牌思维——世界一线品牌的7大不败奥秘》一书中所言：顶级品牌的市场营销一定要表现得"不屑于营销"。它们必须对自己的品牌展示出足够的爱意，才能引发消费者的崇拜情绪。

"华为形象是由点滴树立起来的，公共关系要从框架开始，渗透到各个环节的细节中去，春雨润物细无声。"2016年6月，一份任正非亲自签发的题为《华为价值观搭载与传播策划》的电子邮件将他的这种思路进行了细致梳理。

华为将如此详尽的操作套路披露给公众，其品牌传播方式已是公开的秘密，然而华为品牌的成长路径很难复制。

华为品牌的形成过程始终符合顶级品牌的调性和规律。谦虚且有节制地进行传播，不对自己的品牌进行过度包装，更不通过贬低别的品牌来提升自己在客户心目中的地位。

按照谢弗的顶级品牌理论，"品牌必须有自己的立场，以建立自己与消费者之间的联系，并最终实现引导消费者的目的，甚至在生活上对消费者起引领作用。顶级品牌建立在优秀的想法之上，甚至有时建立在品牌愿景之上，他们就是在这样的推动下，砥砺前行，不断创造神话"。

顶级品牌必须超越消费者，给消费者以启迪。顶级品牌不仅仅是消费者的朋友，还是消费者的向导。和另外一些全球顶级品牌一样，无论是在B2B时代，还是进入B2C时代，华为品牌始终秉承这样的使命感：敢想敢做，遵从自己的内心，勇往直前，让自己在通往顶级品牌的道路上不断前进。

打死不上市，给品牌成长创造自由空间

业界流行着这么一句话："永不上市三大家，华为顺丰老干妈。"华为的不上市，已经成为其标志性的特征。

政府在电信体制改革的基础上，于1999年先后采取措施进行两个阶段的电信拆分重组，并逐步形成了"5+1"竞争格局。借此良机，华为的业绩节节攀升，到2000年，销售收入达到了220亿元。业绩如此之好，又承受

着资金压力,"上市"既合理又不刻意,更何况还能对品牌的提升起到推波助澜的作用。不过,华为却没有上市的打算。不知是任正非意识到当时的股市泡沫,还是他本能地忌惮它,总之,他是谈"股"色变,多次婉拒了国内相关金融部门的上市邀请。

也正是因为华为打死都不上市,善于炮制猎奇猛料的媒体开始盯住华为不放,捕风捉影的文章时常见诸报端。华为并不问责,只是轻描淡写地辟谣,偶尔还在一些公开场合主动向媒体披露公司对资本市场的看法。

一时间众说纷纭,"华为太有钱了,视上市为浮云!""华为真厉害啊,有钱都不去圈!"

对于华为而言,上市本身可能是个大困难。首先,公司的股权过于分散,任正非手中仅持有1.4%的股份,剩下的都在数以万计的华为员工手中。其次,目前任正非在华为拥有绝对话语权,这点在上市以后却不能保证。再者,引用华为员工的话来说,上市会造就一大批富豪员工,老板怕他们太有钱,不继续艰苦奋斗,"猪养肥了懒得哼哼"。更何况,如果上市了,讨好的对象就不是客户,而变成了股东。这会让华为的核心竞争力大大减弱,这也是任正非不希望看到的。

现在看来,不上市为华为品牌带来了诸多好处:一举一动无须暴露在竞争对手的眼皮子底下,随时可以出奇制胜;复杂的股权结构不会彻底暴露,被并购的危险不会发生;不会出现公司骨干一夜暴富之后拍屁股走人的尴尬局面。

至今,华为的上市问题依然是悬而未决之谜,也是媒体和业界津津乐道的话题之一。不管华为的不上市是错失良机、有苦难言,还是欲擒故纵,总之这件事吊足了大家的胃口,这也在无形中为华为的品牌传播起到了推波助澜的作用。

做出品牌温度

根据 IDC 公布的数据，2018 年第二季度，华为手机以 5 420 万台的出货量、15.8% 的市场份额超过苹果公司，仅次于三星，首次成为全球第二大手机厂商。以此业绩来看，超越三星，坐上全球手机第一的宝座只是时间问题，这也是华为消费者业务 CEO 余承东早就预料到了的事情。

除了不断提升实力，华为手机开始强调品牌温度，他们认为做产品既要有高度，也要有温度。华为曾提出，"要么不进入，一旦进入一个领域，就要成为该领域的王者"。与之同样重要的是，华为强调要将科技转化成消费者内心最真实的诉求，用更人性化的方式通过产品、设计、服务等各个环节充分表达华为的形象内涵，让大家真正感知到华为始终在以消费者为中心创造价值。

2018 年，华为手机继续加强"华为"和"荣耀"双品牌建设。"荣耀"致力于打造年轻一代最喜爱的极致科技潮品，力求在电商销售和移动互联网手机市场闯出更大的天地，成为年轻人最喜爱的互联网手机品牌；"华为"以极致创新和卓越体验为追求，争取在高端市场获取更高份额，服务更广泛人群，为消费者打造最高品质的体验。在所有消费者的触点，如产品设计、线上线下购买、售后服务等每一个流程细节上，都要保证用户体验的一致性。

"未来，我们将以体验为核心，重点抓品牌营销等短板，同步在线上线下几个关键领域发力，逐步提升华为品牌一致性的用户体验。"余承东在 2018 年新年致辞中如此描述。

构建万物互联的智能世界

2017 年是华为公司成立 30 周年，以此为契机，华为的愿景和使命悄然发生了变化。2017 年 12 月，华为总裁办公开发布了任正非签发的电邮讲话，邮件正文的第一句开宗明义："华为立志把数字世界带入每个人、每个家庭、每个组织，构建万物互联的智能世界。"

这标志着华为从通信公司转型为网络公司、数字公司，人们对华为品牌的未来有了更多期许。

邮件正文通过三个部分对"智能世界"进行了解读。第一部分强调，依然以"以客户为中心"作为华为的核心价值观。第二部分认为，只有实现数字技术的突破，才能带给客户更好的产品和服务，从而把数字世界带入人们的生活和工作中。第三部分表明，要从数字世界走向智能世界——数字世界是散的、虚拟的，智能世界是凝结的、现实的。要把散的东西凝结起来，华为就是中间的桥梁，也是连通万物的"黑土地"。"做平台是我们的优势，我们要使优势更优势。"任正非在邮件中说道。

做智能社会的开拓者

华为轮值董事长徐直军在2018年4月举办的华为全球分析师大会上复盘了2017年确定华为愿景和使命时的一些思考，并表明实现这一愿景的战略："基于确定的愿景和使命，华为的战略是聚焦ICT基础设施和智能终端，做智能社会的开拓者。"

具体来说，面向个人场景，持续投资智能终端，提升每个人的工作、生活和运动体验，把数字世界带入每一个人。

面向家庭情景，华为会持续投资宽带和家庭网络，让人们在生活、教育或娱乐的过程中，能够通过家里的智能终端触及整个数字世界，体验数字世界带来的健康、乐趣和便利，把数字世界带入每一个家庭。

面向组织场景，华为投资网络、云计算、大数据、IOT等，持续推进和提升整个行业的数字化水平，让所有的企业和政府都实现数字化、智能化，把数字世界带入每一个组织。

徐直军说："我们还会持续投资，连接一切未连接，通过人工智能让数字世界和物理世界连为一体，激发潜能，孕育智慧，构建万物互联的智能世界。"

如今，华为品牌已然走过了全球迅速扩张的阶段。不过，任正非并不认为已万事大吉，反而对其前途表示了担忧。在他看来，华为正在本行业逐步攻入无人区，处于无人领航、无既定规则，也无人跟随的困境。对此，他给华为开出了"坚持科技创新，追求重大创新"的药方。

05 章

通往国家品牌路径探索之跨界创新——云南白药

> 传承不泥古,创新不离宗。
> ——云南白药集团

品牌印象

每一个时代,都会诞生多个民众喜爱的品牌,但能够上百年来持续释放市场动能的品牌却极少。在经历半个世纪战乱、工业化起步较晚的中国,这种既能够保持经典,又能够抵御经济周期的"年长"品牌更是凤毛麟角,而身处边陲的云南白药,称得上是其中的佼佼者。

云南白药的药方曾被指定为国家机密,它的名字也被用来构建一个药物的品类,而如今它的品牌内涵更是超越了历史沉淀,在大部分中国传统中医药品牌走向老化、消亡的时候,云南白药一方面不断擦亮传统,让白药的传统价值延伸到每一个产品身上;另一方面不断创新,创造出传统中医药品牌跨界颠覆的奇迹。

和其他中药品牌一样,云南白药也一直承受着中医药是否科学的争论困扰,但其疗效是回应各种质疑的最好武器。云南白药在品牌定位上更将这一点发挥到了极致,牢牢抓住"止血愈伤"这一白药的核心价值,并创造性地将其介质和使用方式扩大到日化领域。

云南白药早已不是一家传统意义上的中药企业,他们生产的创可贴后来居上,超越邦迪成为市场第一品牌;他们进军行业壁垒极高的日化行业,成为最受欢迎的牙膏品牌之一。如今,云南白药更是涉及多个产业,向着大健康泛生态链进发。

云南白药显然是传统中药领域中的一朵奇葩,在吃着绝密配方的"老本"的同时,也不断跟随时代积极转型,成为中国企业品牌转型升级的典范。

05章 通往国家品牌路径探索之跨界创新——云南白药

品牌
档案

炮火中发芽

中国的近代史充满了硝烟和战火,曾经无比辉煌的中国商业版图被枪炮和子弹击得支离破碎,数不清的中国品牌泯灭在一场又一场的战火中。然而,就是在这样的时代,却诞生了一个在炮火中生根发芽,在铁与血的淬炼下日渐茁壮的品牌——云南白药。

清光绪二十八年(1902年),云南省江川县伤科中医曲焕章以彝族民间用药为基础,吸取马帮行医时的用药经验,结合中国传统医学知识,经过反复试制、改进,创制出了云南白药的前身——万应百宝丹。

在万应百宝丹问世后的十余年里,虽然其口碑好,但受地理条件所限,销量一直不大。一个偶然的机会,"万应百宝丹"成了滇军的标配。抗战来临,在著名的"台儿庄战役"中,头戴法式钢盔、脚踏剪刀口布鞋的滇军也登上了战场,他们携带的白色粉末成为战场上的神药。自此,"万应百宝丹"在抗日热潮中名声大振,迅速成为军方、民间还有海外供不应求的畅销品,这让曲焕章等来了腾飞的东风。

云南白药创始人曲焕章

正当事业如日中天之时,一场灾难使万应百宝丹的发展急转直下,更让曲焕章丢了性命。根据当时的传闻,有一天,曲焕章接到国民党行政院副院长焦易堂的邀请,到重庆担任新成立的中国国医馆馆长之职。焦易堂把曲焕章请到重庆后,却要求曲焕章交出白药药方,由焦易堂私人控股的中华制药厂进行生产。曲焕章拒不答应,于是被软禁起来,最终患上暑痢,悲愤而死。如果到此结束,或许就不会有云南白药后来的发展了。

新中国重生

事情还得从头说起。去重庆前曲焕章就知此行必然凶多吉少，临行前，他将白药的秘方交给了妻子缪兰英保管。当曲焕章去世的噩耗传来时，缪兰英自知原委，怕再被纠缠索取秘方，干脆以守孝为名关门歇业。当她躲过风头再开业时，却发现假冒白药猖獗，真正的云南白药在失去创始人后，已打不开市场，很难立足了。

中华人民共和国成立后，陷入经营惨淡泥潭的缪兰英得到了人民政府的帮助，不仅生产被恢复了，而且她自己也得到了白药传人的身份正名。

1955年10月，年事已高的缪兰英将"曲焕章万应百宝丹"秘方和技术全部贡献给了国家，昆明市政府特别为缪兰英召开了表彰大会，昆明制药厂正式接收百宝丹药方，投入批量生产。与此同时，"曲焕章万应百宝丹"也迎来了它全新的品牌名——云南白药。

"云南白药"一经问世，迅速得到市场的认可，年产量恢复到35万瓶。而云南白药的药方，也成了国家中医药保护的"最高机密"——"最高国家机密"这种似是而非的民间表述，被广泛传播并接受，成为云南白药品牌的重要基因。

20世纪70年代，在周恩来总理的关怀下，更大生产规模的药厂正式建成并投产，云南白药进入现代化生产阶段，年产量达到1 000万瓶。云南白药也飞入中国千千万万的寻常百姓家，成了每个普通老百姓家中必备的外伤药物，就像碘伏、酒精般常见。正是从那个时候开始，云南白药成为唯一一种用品牌名构建品类的中药药品。

绝地反击："含药"的创可贴

改革开放以后，中国面向世界的大门打开，一大批舶来品争先恐后地涌入中国，中医药产业首当其冲，众多风靡全国的中医药品牌在竞争中败下阵来。

年销售散剂6 000多万瓶的云南白药也没有逃过这个浪潮。20世纪90年代后期，伤药的市场份额整体急剧缩水，云南白药的销量也遭遇了断崖式下跌，甚至在1999年，云南白药的销量仅有600多万瓶。这个曾经名满天下的著名中医药品牌，似乎被逼进了历史的死角。

这时候，具有丰富销售背景的王明辉临危受命，就任云南白药总经理。他走马上任的第一件事，就是为云南白药做一份市场调查。调查显示，云南白药这些年积攒下来的品牌声誉正在逐渐消失,在30岁以下的消费者中,品牌知名度已然跌过50%的红线。

其中,"在发生小创伤时,您会选择什么?"这个问题的答案让整个云南白药团队最为震惊。在被调查的消费者中,平均23个人中会有22人选择创可贴,仅有一人选择云南白药。

"做市场调查的时候,我们发现对这个行业的颠覆是从其他行业来的。"多年以后在接受"中国国家品牌"项目组采访时,王明辉对当时的结果记忆犹新,"云南白药的满意度来自小伤口护理,如果小伤口护理市场丢掉了,那么云南白药这个品牌自身的价值也就丧失了。所以,我们必须拿回属于云南白药小伤口护理中的市场地位和产品满意度。"

当时的云南白药,不论从体制上、经营管理上还是文化意识上,都还留有浓郁的计划经济色彩。因此,调研后的第一步就是按市场化的方式对企业进行全面重组和架构,王明辉把这个过程叫作"企业再造"。

同时,他们对原有的产品进行了大规模的形象调整。其中,年轻消费人群更容易接受的气雾剂被当成了重点改造对象。2000年,云南白药团队对气雾剂进行二次研发;2001年,推出双瓶双效气雾剂,起用年轻运动员代言,选择中央电视台为主要投放平台,为品牌注入年轻活力……在一系列营销动作下,云南白药的市场占有率开始触底反弹。

接着,他们又将目光投向创可贴市场。王明辉说:"不管你愿意不愿意,都必须做这个选择。传统的云南白药一瓶6元,还要用纱布、胶布,使用不方便,一次成本太高。创可贴就比较简单,一片一毛多,贴上去就能解决问题了。你说消费者会选谁?"

此时,强生旗下的邦迪凭借对创可贴的教育普及,已占领了中国市场,占有率甚至一度高达70%。在中国消费者的认知里,创可贴就是邦迪,邦迪就是创可贴。而云南白药还是门外汉,如果从正面突围,白药几乎没有抗衡邦迪的可能。

既然难以在正面战场上获胜,摆在白药面前的唯一出路就是另辟蹊径,在产品上寻找突破口。王明辉发现,邦迪创可贴严格来说不是药,仅等同于一块应急的小胶布。创可贴只是一块胶布,这是一个致命的漏洞!胶布不能消毒杀菌,不能促进伤口愈合,云南白药找到了抗衡邦迪的机会:为胶布加点白药。邦迪是无药的胶布,而云南白药是有药的,核心差异马上建立了起来。

云南白药创可贴的"含药"定位，从实质上清晰地区分了胶布和药，依靠这个重新构建出来的创可贴新品类，云南白药完全绕开了邦迪主导的游戏规则。

7 年鏖战

凭借更具功能性的定位优势，云南白药迅速在创可贴市场立稳了脚跟，紧接着，他们在北京市场发起了强大的攻势。那时的北京市民突然发现，北京二环路沿线街边，是邦迪"跷着手指"路牌广告的天下；而在环线地铁车厢里，云南白药创可贴的广告也铺天盖地。

"有白药好得更快些！"这是云南白药创可贴的标语。被赋予了"治愈"能力的云南白药创可贴很快赢得了消费者的"芳心"。

云南白药初战胜利，让坐在老大位置上的强生嗅到了威胁。于是，强生采取了外资企业在中国市场的常用手段——和亲。强生开出的条件是：双方可以使用"邦迪云南白药创可贴"这个名字，也可以用"云南白药邦迪创可贴"这个名字，合作后给予云南白药 40% 的市场份额。

在对手强大的资金、品牌优势和看似颇有诚意的条件面前，云南白药并未像很多其他国内品牌那样愉快地接受"招安"，而是婉拒了这门"国际婚姻"。强生开出的条件激活了整个团队做创可贴的自信。随着云南白药公司管理创新与市场营销终端体系的完善，他们开始将产品的优势带向终端，在各大售卖点掀起了大规模的攻势。

在云南白药的攻势下，强生的创可贴生意多线告急，仅仅两年多，邦迪在中国的市场占有率就下滑了近 1/3。强生意识到自己遇到了真正的对手，决定再次"和亲"。这一次，强生给出的市场份额提高到了 49%，并愿意分享自己在全球的市场渠道……"彩礼"规格达到了前所未有的高度，然而云南白药仍没有被打动。王明辉认为，白药创可贴生产技术已经取得了国家专利，已成为云南白药集团的主导产品，云南白药完全不需要同强生合作。

云南白药的再度拒绝，将创可贴的战斗推向了白热化。面对邦迪强有力的阻击，云南白药成功开发出含药防水创可贴，这款创可贴在防水的同时，还能透气，在产品功能上保持了对对手的完全压制。

对邦迪的反阻击成功，似乎挑起了白药更大的竞争欲。2006 年，白药又打出了一套组合拳，将"含药"的优势进一步夯实。

首先，将云南白药创可贴的"药字号"与邦迪的"械字号"对标，在

CCTV-1、CCTV-5 等强势媒体上展开广告攻势，让消费者明白其功效。

紧接着，白药又连珠炮似的在国内主要经济类媒体上，用第三视角巧妙地告诉消费者这样一个事实：云南白药是含药的创可贴。这样的宣传从根本上动摇了消费者对邦迪的信任。这一年，白药创可贴成功突围，销售提升了 50% 以上，与邦迪分庭抗礼。

产品和定位优势在手，云南白药在创可贴市场越打越自信。又过了两年，云南白药在中国的小创伤护理品市场上完成了对"邦迪"这个品类统治者的颠覆。2008 年 12 月，云南白药创可贴正式超越了邦迪创可贴，成为国内第一大创可贴品牌。

转战快消：定位致胜，冲破 50 亿天花板

就在云南白药和强生如火如荼地进行"创可贴"之战的同时，王明辉带领着云南白药的团队，制订了面向未来十年的品牌战略——稳中央、突两翼。

稳中央，是指强化以白药系列为主的专业治疗药物在企业的核心、主体地位，包括白药散剂、白药胶囊、气雾剂和宫血宁四大中央产品。突两翼，是指在两条全新的战线大展拳脚，一"翼"是以创可贴为代表的透皮产品，另一"翼"则是以牙膏为代表的日化产品。

"中国小伤口护理市场全拿走也就 50 亿元，但是全拿走的可能性是多少？没有！"行业天花板太低，于是王明辉决定开拓全新的盈利产业，而牙膏正是其走出小伤口护理市场最具代表性的一步。

王明辉向项目组讲起了白药做牙膏的初衷："生产牙膏的念头来自一次很偶然的机会。听一位领导提起，他牙龈常出血，便尝试着把云南白药放在牙上，效果挺好。说者无意，听者有心，我就想为什么不把它直接做成牙膏呢？"

在云南白药进军牙膏市场之前，国内牙膏品牌已经与国外品牌进行了多轮拼杀，众多历史悠久的国产品牌败下阵来。在国产品牌大溃败的市场形势下，王明辉做牙膏的想法自然遭到了很多人的反对："我印象特别深的是开股东会的时候，有股东明确反对。你做药可以做得很好，但快销品的渠道不一样，管理模式不一样，经营的思路也不一样。进入快消能不能成功，大家不是特别看好。"

面对严重的内部分歧，王明辉又一次用起了他的"独门秘籍"——市场调查。经过走访，云南白药得到两大市场发现：一是中国 90% 的成年人

都有不同程度的口腔问题。而这些口腔"小问题"不足以去医院,但又困扰着人们,人们有快速解决的心理和生理需求。二是传统牙膏解决的大多是牙齿的防蛀和清洁问题,而成年人口腔问题大多是牙龈等综合问题,这些问题是传统牙膏不能解决的,但消费群体对比存在着巨大的潜在需求。

"云南白药在止血、消炎、愈伤三个领域都是非常出色的。与牙膏嫁接之后,对口腔溃疡、牙龈出血都有非常好的效果。云南白药牙膏是药和快消品的结合,把牙膏从原来的口腔清洁剂变成了口腔护理产品。"王明辉这样定位云南白药牙膏。

药物牙膏并非云南白药开创的品类,早在它之前,芳草、两面针、六必治等品牌已经打响了"药物牙膏"的概念,但这些药物牙膏效果不明显。

于是,云南白药牙膏锁定了两个重点,第一是品质,第二是功效。据云南白药副总经理兼健康产品事业部总经理秦皖民回忆,由于多了"去药味""白药提纯"等工序,云南白药牙膏仅生产成本就是当时中端牙膏零售价的好几倍。

当时,市场上牙膏的价格基本在1元到5元之间,即便是最贵的舶来品,定价也不超过14元,而云南白药牙膏至少要卖20元以上,这使得很多深谙日化的专家都不看好云南白药牙膏的前景。

"我们这个班子组建的时候,都是做医药的,不懂日化,不懂这个行业的品牌,更不懂这个行业的营销,为此,我们吃了很多亏!但也幸亏我们不是做日化的,所以我们没有被日化的条条框框限制住!"在秦皖民看来,无知者无畏,只有一个完全跨界的团队,才能打出一场别具一格的品牌营销战役。

2004年,云南白药牙膏正式上市,成本上的硬指标注定了他们的策略方向——以"高价值、高价格、高端形象"的"三高"抢占高端市场。在他们看来,白药是伤科领域的旗帜性产品,其衍生产品注定不能走低端路线,否则有可能危及云南白药自身的品牌定位和价值。

"牙龈出血、牙龈肿痛、口腔溃疡,用云南白药牙膏又快又好!"这是当时云南白药牙膏在央视亮相的宣言,至今仍被云南白药团队视为牙膏品牌的基础。

"我们沾了老祖宗的光!我们只需告诉老百姓云南白药出牙膏了,能不能止血,老百姓不会怀疑,因为白药就是止血的。"品牌宣传必须具备两点——认同度和认知度,其中认同度是最难沟通且最为重要的一个属性。云南白药牙膏完全承接了母品牌在认同度上的资产——将止血这一功效轻松送进了消费者的心里。

第一拨口腔有小问题的高端消费者迅速成为云南白药牙膏的初始用户，良好的功效为其赚取了大量的原始口碑。很快，云南白药就进入市场快车道。

良好的市场反馈为这支跨界团队注入了强心剂，他们把更多品牌推广手段大胆地使用起来。如，快消品一般没有说明书，但云南白药把药品标配的说明书装进了牙膏盒里，小小一张纸却更有效地说明了产品的功能性，进一步加快了民众对白药牙膏的接受速度。

在日化领域站住脚之后，云南白药也学会了日化品牌的推广模式，为配合其"高价值、高价格"的产品定位，他们选择公众形象极佳的著名演员濮存昕作为代言人。2008年1月，新产品广告开始在中央电视台频繁出现，云南白药牙膏从众多国产品牌中脱颖而出，率先在销量上冲破了海外巨头的包围圈。2012—2016年牙膏品牌TOP 8渗透率与市场占有率复合增长情况如下图所示。

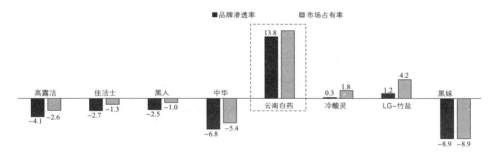

数据来源：CNRS中国城市居民数据库

2012—2016年牙膏品牌TOP 8渗透率与市场占有率复合增长情况（%）

白药牙膏上市期间，是中国消费刚刚开始升级的时候，人们有了更好产品的消费能力与欲望。而在那个时期，牙膏的高端市场一片空白，这给了云南白药极大的腾飞空间。搭乘着KA卖场[1]这个快速扩张的便车，云南白药牙膏2017年销售额高达50亿元，仅用13年，云南白药就成为国内牙膏市场的顶级品牌，而50亿元小伤口护理市场的天花板，不知不觉中就被牙膏这个单品冲破了。

下图所示为2017年我国市场上主要牙膏品牌的关注度情况，可以看出

---

[1] KA卖场：KA即key Account的缩写，意为"重要客户"。对于企业来说，KA卖场即营业面积、客流量和发展潜力三大方面的大终端、大卖场。

云南白药的关注度最高。

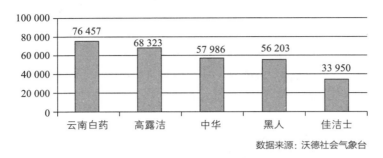

2017 年主要牙膏品牌关注度

打造生态链，拥抱大健康

中央产品的稳固，创可贴和牙膏的双线飘红，不仅让云南白药完美地完成了"稳中央、突两翼"的战略任务，更使白药在较短时间内迅速壮大，从一个单纯的传统中药企业逐步转变为一个拥有丰富产品线、横跨制药和个人护理产品领域的专业公司。

在拥有充足的资金流和渠道资源后，云南白药开始谋划下一个十年。2011年，云南白药正式启动了"新白药、大健康"的生态布局，将战略由产品生产转向了整个健康产业。

"2010年，我们关注到整个医药系统悄然发生了新的变化，也就是整个大的生态系统从结构上模糊了医药和快消品的界限，并产生了新的价值重构。"王明辉回忆道。

在新战略的驱动下，云南白药开始了多项并购重组和资本运作，并根据这一战略，大幅度调整了自身的产业和产品结构。

首先，依托核心业务板块夯实已有的业务优势，通过产品延伸与特色药品开发拓宽自身的发展空间。一时间，云南白药旗下的产业呈现出百花齐放的局面。在原有系列产品稳步增长的同时，又培育了养元青、日子等系列产品，经营范围覆盖医药制品、医疗器械、日化用品、茶业等多个领域。

同时，在产业链上下游通过对外合作、兼并、收购，将全产业链牢牢抓在自己的手里，为安全和品质提供强有力的保证。为此，一个与药品、日化并列的事业部出现在云南白药的队列当中——中药资源事业部，从种子挑选开始,到种植,到药材的贸易,包括加工贸易、植物提取,都是这个事业部的专项业务。

"中医中药面临的问题,很多都在种植环节,涉及一些核心品种的药材。我们希望将管控体系抓在自己的手里,为白药、为社会提供一个全过程可以追诉的终端产品。"云南白药总经理尹品耀在介绍自己分管的中药资源事业部时这样说,其言语中透露着习惯性的严谨。据他介绍,以药材为核心的独立品牌在大健康战略的加持下陆续孵化,仅一个叫豹七的三七饮片品牌,刚进入市场,销售量就破了亿元。

此外,云南白药更借助外围研发创新能力较强的科研院所及先进的现代新兴生物技术,开始频繁"跨界"。他们不仅通过入股的形式在全球范围构建研发团队,同时还开始购买更多新药的专利和授权。

"我代理的药品事业部曾经完成公司 80% 以上的销售,贡献 90% 以上的利润,但是今天我们的利润贡献率已经降到了 50% 以下。"云南白药集团副总经理兼云南省医药有限公司总经理王锦感叹道。云南白药依然占据着伤科市场的绝对领导地位,但在整个白药集团的地位却在悄然下降。随着"新白药、大健康"战略的铺开,云南白药从伤科品牌到健康品牌的华丽转身已初见成效。

"新白药、大健康"的品牌战略,不仅给云南白药带来盈利能力的提升,而且为云南白药品牌注入了更多稳定的基因——多元化的产品生态,让这个 116 岁的品牌保持着年轻活力,使其稳定壮大、稳定增长。而在这持续的稳定之下,云南白药在数次行业危机中屹立不倒。

边陲地域的"王"者气度

"中药,是我们国人的名词。从世界范围来看,没有这个分类方法,药就是药,功能是治病,就是这么简单。人为地把自己框定在(中药)一个很小的框架内,我觉得完全没有必要。"

这是王明辉在闲聊时不经意间说出的一段话,却给项目组留下了特别深刻的印象,甚至一度让我们觉得,这才是云南白药在当下商业环境中不断壮大的关键所在——这是大多数品牌所不具备的王者气度。

作为当下市值最高的中药品牌,王明辉领导下的云南白药并没有像大多数人想象中的那样,做"守护中医传承""捍卫中药文化"的卫道士,而是更为开放,主动与更多现代技术结合,通过不断创新,做出创可贴、气雾剂、牙膏等产品,让云南白药的配方辗转腾挪,让白药在现代社会有了更好的生存空间,也拓宽了云南白药的发展格局。

在王明辉看来,在全球医学飞速发展的今天,传统的看病方式、传统的医药研究日渐式微,新技术革命为整个医疗产业带来的颠覆,让他们深刻地意识到,中国的医药产业需要汲取更多的养分,故步自封只会在全球的长跑中越落越远。

《通往国家品牌之路》研究的案例里,有这样一个规律——成功打造品牌的企业,不管是国企还是民企,都有一个长时间在位的掌门人。

1999年,年仅37岁的王明辉接过了云南白药的担子。在执掌云南白药的19年间,他以极具前瞻性的战略眼光,与管理团队一起把云南白药的销售收入从1.2亿元提升至200多亿元,更把这家西南地区的传统国企打造成极具竞争力的现代医药企业。

在军队长大的王明辉骨子里有军人基因,他把这种强悍的凝聚力和执行力赋予了团队,让团队具有了不灭的韧劲——做创可贴时如是,做牙膏时也如是……即便隔行如隔山,即便遇到再多困难,云南白药的团队也始终保持着向前的势头，在众多强大的外资品牌面前，它从未被压弯过脊梁。

王明辉还为云南白药带来了极强的改革基因。他执掌白药的第一仗就是改革整个组织的框架。在王明辉看来，改革的成功源自"倒逼"的力量。最初，公司一线员工人浮于事、全无斗志，他力主引入创业模式和淘汰机制，打造合理的竞争平台，让销售人员竞标上岗，以销售需求倒逼研发、生产和内部改造，最终形成新的产品线和产品族群。

这样的市场化改革，王明辉一直没有停止过，甚至他还把改革引到了自己身上。云南白药混改后，王明辉不再保留省属国有企业领导人员身份和相关待遇，改由云南白药控股有限公司董事会聘任，担任公司总裁兼CEO。

这意味着，王明辉脱离体制，由国企领导人彻底转变为职业经理人。他的伙伴们也纷纷选择了放弃相关身份和待遇，让云南白药管理层实现了从"行政任命"到"市场选聘"的全面转变。

传承不泥古，创新不离宗

受限于配方创新难度大的残酷现实，一直以来，大多数的中药品牌都抱着一份"靠着配方吃饭"的传统，注重配方的保密性和传承的完整性。

而云南白药的传承，却并未拘泥在这方寸之间——它的品牌传承一直以来都伴随着创新，即为自己的配方塑造一个又一个更能够接近消费者的搭载平台。"药粉不方便，可用气雾剂"，"创口不算大，可用创可贴"，"牙龈出了血，直接用牙膏"……弹指间，云南白药的药方伴随着不同介质，全面介入人们的生活。

历史上，云南白药有很多传奇故事，但在王明辉看来，当时中国处在内乱当中，青霉素还没有普及使用，一个人受伤之后有药可以消炎、止血、愈伤，大家自然奉之为神药。一瓶云南白药可以卖到24个大洋，有着极强的时代背景。如果意识不到产品的时代背景和使用的局限性，躺在历史上吃老本，终有一天会陷入困境。

正是因为认识到这一点，云南白药开始打造"泛白药效应"。通过品牌策划、推广、维护，从药品品牌延伸到大健康品牌（牙膏、洗护产品），实现了云南白药从传统中药品牌向现代健康消费品牌的跨越，成功实现品牌跨界延伸。"传承"一词，也在云南白药身上演绎出了全新的境界。

云南白药的成功离不开百年品牌的积淀，更离不开顺应时代发展而做出的内部创新。云南白药在保持传统的前提下，开创出更多元化的领域，让其在每一个大时代都能及时转身，并保持了自己的特色。

对比云南白药的辉煌，昔日曾占据国产牙膏领军地位的两面针的衰落让人十分唏嘘。2004年，当云南白药开始售卖第一支牙膏时，两面针牙膏已经功成名就，成功上市，并在2006年达到销量巅峰，牙膏业务营收3.12亿元。上市之后，两面针不满足于牙膏市场的这块"蛋糕"，陆续开辟了口腔护理用品产业、洗涤用品产业、旅游用品产业、生活纸品产业、医药产业、精细化工产业、制浆造纸产业和房地产等业务板块。但是，多元化并没有让两面针做大、做强，反而拖累了主业。从2007年开始，扣除经常性损益净利润后，两面针处于亏损状态。

同样，曾经业绩惊人的另一个国产中药牙膏田七，也在多元化后沉寂了。这两大中药牙膏品牌衰落的原因非常简单，就是在多元化的过程中没有守住自己的"宗"。而云南白药在扩张过程中始终围绕着云南白药的功用进行创新，使多年形成的品牌优势始终能够最大限度地为新产品背书，使消费者能够以最快的速度对其新产品产生认知并获得信任。云南白药虽然多次跨界，但始终守住了"宗"，在创新发展的路上事半功倍，让品牌价值实现了最大化。

"十年份"战略驱动力

从"稳中央、突两翼"到"新白药、大健康"，云南白药的战略布局成为业内的经典案例。以对行业情景精准的预判为前提，云南白药每一次战略布局都横跨近十年，每一次战略布局也都取得了巨大的成功。纵观中国诸多顶级品牌，云南白药的战略布局能力算得上首屈一指。

最值得称道的是，云南白药有着超强的执行力，在每一个战略周期内，所有团队都会为其战略服务，不达成目标，绝不改弦更张。

"稳中央，突两翼"的战略花了整整十年时间来执行，云南白药不仅把主线产品做到了业内无法撼动，更是把两翼产品做成了新行业的排头兵。在第一份战略驱动力之下，云南白药成功塑造了三块重点产品，为品牌建设奠定了一个最为牢固的三角形底座。

2011年，"新白药、大健康"为云南白药注入了第二份"驱动力"，在这个战略之下，云南白药从产品型品牌成功转变成集团型品牌，一时间云南白药开拓了多个健康领域,甚至云南的几块最知名的茶产地上,也出现了云南白药的 LOGO。

在功利、浮躁的商业环境中,这两个主导了云南白药品牌升级的十年战略显得尤为可贵,也许是百年品牌的底蕴给予了这两个战略足够的底气,让云南白药如此顺畅地走下去。这也给更多立志成为"百年品牌"的中国企业一个更为成熟的启示:对品牌建设而言,有时候"抬头看路"比"埋头走路"更重要。

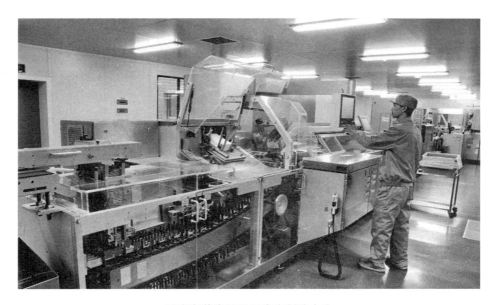

云南白药集团呈贡生产制造中心

价值重构下的再布局

"新白药、大健康"的战略还在稳步前行,而擅长为未来十年做规划的云南白药,对自己的明天已有了清晰的认知。

"我们正在积极创造条件,希望几年之后能进入新的赛道。"王明辉表示,在互联网、大数据给所有行业带来巨大冲击的当下,医药或者说是医疗产业正在发生重大的价值重构,围绕医疗端重新构建一个全新的生态系统,将是云南白药在下一个阶段最重要的课题。

随着中国逐步进入老龄化社会、居民收入提高、消费结构升级,中国的医疗健康产业已经发展成为规模高达 4 万亿的巨大市场。云南白药的未来战略布局明显锁定了这个发展机遇,"搭建一个全新医疗平台"成为他们构建新商业模式的一个重要组成部分。他们向项目组抛出了一个设想:"云南白药可以在云南白药骨伤科专业医院上进行品牌延伸。"

发力大数据,打造新模式医院

在具体的操作过程中,云南白药非常重视中医药和世界现代医学的结合,他们把这一现象称为"中药融入现代生活"。他们选择骨伤科作为接下来的发力点之一,很大因素就在于在骨伤领域中,中医药有非常多的方式和经验,也有很多传承下来的东西,可以发挥非常大的作用。

云南白药的骨伤科专业医院并不仅仅是一个传统医院,更是一个研究性医院。医院是一个前店,整个工业和技术是后场。在云南白药的计划里,他们的医院将是一个平台系统,在大数据的支撑下,云南白药的工业和技术将为更多的患者提供更深入的解决方案。

选择这个领域,是云南白药将传统平台与现代社会相融合后给出的一套答案——是在颠覆自己的同时,也遵守了"传承不泥古、创新不离宗"的法则,依旧是依托于自身的产品特色,构建新机遇中的独有竞争力。与在创可贴、牙膏这样介质上的延伸不同,这一次,云南白药将开启在"大数据医院"上的扩展。王明辉深信,只要能抓住这个"别人很难模仿、很难超越"的特色,云南白药的创新就一定能发挥自己的优势。

跨过中西医"分界线",云南白药的科技展望

在云南白药看来,如果将云南白药的立足点放在产品层面,那么公司的竞争力、发展速度必然会受到很大的影响。

"医药,最重要的核心是怎样来治病救人!不是说西医代表现代医学,中医代表传统。如果我们像清朝的时候那样闭关锁国,最后面对强大竞争的时候,我们必然没有力量反抗。"在云南白药领导层的眼中,把现代医学的科技发展成果拿来与传统中医药有机结合,是大幅提升云南白药科技含量和竞争力的关键所在,门户之见完全没必要成为自己前行的枷锁。

云南白药的计划已经进入倒计时阶段,期待这个不断擦亮传统、颠覆自我、越做越年轻的百年老品牌再度上演一出"跨界"的奇迹!

云南白药集团办公楼

06 章

通往国家品牌路径探索之金刚变形——苏宁

> 我们将以智慧零售为支撑，深化技术创新，不断做大做强，助推国家高质量发展，服务人民美好生活，为中国经济发展再添力。
>
> ——张近东

品牌
印象

　　苏宁的转型从内部感受到的是撕心裂肺，从外部远观却是风轻云淡。

　　也许因为"连锁家电"这一品牌烙印过于强大，消费者的认知有些跟不上苏宁品牌的成长速度。现在的苏宁已经不仅是家电连锁企业，它将自己定位为一家"智慧零售"企业。通过品牌整合，苏宁已经发展成一家以零售为核心业务的多产业整合集团，并且通过进入体育、文娱、地产等领域，让人们感知到其更为多样的品牌印记。

　　在相当长的一段时间内，人们普遍认为，因为前20年一直深耕传统零售，苏宁或许会在互联网零售企业的冲击下落败。苏宁的转型成功，在一定程度上颠覆了业界的认知。任何对零售业态的传统定义都无法描述如今的苏宁，苏宁的成功为中国零售业今后的发展提供了新的样本，并重新定义了未来的竞争规则。

　　"买电器，到苏宁。" 20世纪90年代中后期，家电连锁卖场成为人们购买家电的主要渠道，苏宁从南京出发，一路攻城略地，在各大城市黄金地段开设家电连锁卖场，最终形成和国美"两大巨头鼎立"的市场格局。之后，随着国美的衰落，苏宁的发展如日中天。

　　但随着电商在家电领域的发力，苏宁一家独大的市场地位遭到挑战。在经历长达数年的艰苦转型之后，苏宁补上了自己在线上的短板，从当年被普遍不看好的业界"恐龙"脱胎换骨为一家线上线下同步发展的智慧零售科技企业。

　　为适应不同阶段的市场环境，近30年来，苏宁拖着"壮硕的身子"，表现出了强烈的、近乎本能的转型意愿，其品牌也随之不断迭代。

　　1999年开始，苏宁由一家地方电器商场转型为一家全国电器连锁商场，"苏宁电器"深入人心。2009年以后，苏宁开启互联网转型，"苏宁易购"应运而生，其旗下上市公司也从"苏宁电器"进化为"苏宁云商"；之后，它再基于互联网思维赋能线下，融合而成O2O智慧零售模式，将"苏宁易购"升级为企业品牌。

在掌舵人苏宁控股集团董事长张近东看来,"未来的零售企业,不独在线下,也不只在线上,而一定是线上线下完美融合的 O2O 模式"。

和众多在改革开放之初就成立的中国著名企业相比,这家由南京一间空调经销店发展起来的零售企业更像是后起之秀。苏宁在 20 世纪 90 年代初开始创业,自诞生以来就"折腾"不断,连续冲击和改变着零售业的格局和规则。

在不同的发展阶段,苏宁的发展战略都或多或少受到过质疑:因为涉足零售之外的领域而被竞争对手当作失败案例宣讲;因为放弃利润做电商,而一度承受了很大的压力……对此,苏宁忍痛疾行,从不停步,不断自我超越,最终成为中国最大的 O2O 智慧零售品牌。

在大部分时间内,苏宁和其创始人张近东都不是媒体和广告媒介的宠儿,城市黄金地段的店面、别出心裁的服务造就的客户忠诚度才是其建立品牌的最好渠道。

在扩张速度上,苏宁也一直稳扎稳打,没有体现出太强的攻击性,这也让竞争对手低估了其真正的实力。而事实上,苏宁在内部管理和科技水平上的积累早已超越了人们对零售企业的认知,这是苏宁得以顺利转型的真正基础。

苏宁虽不好战,但在品牌成长路上遭遇过多次正面挑战。早年,它以一敌八,从本地国营商场的围攻之中胜出,之后在向全国扩大市场规模的进程中,更是与不同时代的强势企业进行了多次"贴身肉搏战",险象环生,山重水复。不过,在被业界看衰的时候,它专注于修炼内功,蓄势待发;在对手公开叫阵的时候,它沉着应对,伺机破局。正是凭着这股定力,苏宁最终迎来柳暗花明。

如张近东所言,趋势取代优势是任何一个企业都逃脱不了的宿命。正是这样一种内心深处对于商业的洞察,让苏宁总是在恰当的时候开启转型之路,并且坚持下来,最终使其品牌不断被擦亮和赋能。

品牌
档案

以一胜八：奇招托举出地方名牌

20世纪90年代，春兰、华宝、格力、海尔、美的等一批空调企业迅速崛起，但产品依然供不应求，空调销售主要被传统国有商业体系垄断。

1990年年底，张近东以10万元自有资金在南京宁海路租下一间200平方米的门面房，取名为苏宁交家电，专门卖空调，这标志着"苏宁"的诞生。

在苏宁总部的展厅中，还原了创业时这家专营店的布局。几平方米大小的经理办公室放在一进门的地方，这样能让张近东随时了解店里的销售情况，听到顾客的需求。当时，张近东身兼数职，白天采购进货，晚上了解安装和售后服务，甚至广告文案都由他来撰写。好在旺盛的市场需求足以支撑他的干劲儿，苏宁开业的第二年，销售了4 000万元的空调，利润达1 000万元。

苏宁的好日子引起了竞争对手的嫉妒，其他几家商场开始联合控制货源。情急之下，张近东想出了一个"淡季订货，反季节打款"的点子，将一般商家旺季到来之前才向厂家订货的做法，改为一进入销售淡季就向厂家订购下一空调年度的供货，约定好供货的价格，预付资金给工厂。厂家利用这些资金进行生产，在旺季时保证优先将货供给苏宁。

1993年4月，苏宁在《扬子晚报》头版上刊发通栏广告"炎炎烈日无须东奔西跑，买空调只需到此一家"。这张报纸如今也被陈列于苏宁公司总部展厅的醒目位置，即使现在看来，这则广告的诉求表达也是十分精准的。

广告取得了预期效果，苏宁200平方米的店面里人头攒动。苏宁的这种高调"挑衅"让本来都是竞争对手的其他各家零售企业联起手来。两天之后，南京八家商场联手成立"南京家电拓展协调委员会"，宣布"将采取统一压价和停销等经济手段，对损害大多数同行利益的商家展开反击"，同时八大商场将对空调实行统一销售、统一维修服务和统一调换。

"淡季订货，反季节打款"的效应在这个时候显露了出来，苏宁和厂商以诚信为基础的稳固合作关系及专业化的服务，为其在这场价格战中的最终胜出奠定了基础。三洋、春兰等主流厂商明确表示支持苏宁，会在货源和价格上给予充分回报。

弱小的苏宁以一对八，却奇迹般地赢得了这场价格战的胜利，它不仅是一场商战，也是一次成功的品牌营销。在强大的对手毫不知情的情况下，苏宁悄无声息地更换了业内规则，三年之内迅速站了起来，形成了品牌影响力，成为当地市场上崛起的新生力量。

战国美：奠定全国连锁品牌

20世纪90年代末期，城市居民收入水平快速增长，国产空调的价格也进一步下调，空调需求开始爆发式增长，苏宁的发展步伐正好赶上了这个享受增长红利的阶段。

然而，张近东又不满足于只卖空调了。房地产行业爆发式增长，家电迎来了新一轮旺盛的需求。这时候，苏宁选择进入综合电器的全国连锁经营模式。

其实早在1996年，空调批发行业发展的鼎盛时期，创始人张近东就力排众议，毅然砍掉了占苏宁整个业务80%的批发业务，准备转型家电零售。

这一转型遭到了质疑，很多管理人员都不理解这个决定。张近东坚持的理由是，零售、批发同时做，必然会和供应商之间产生利益矛盾。既然看准了今后要向零售方向发展，就要坚决，首鼠两端很可能失掉苏宁向零售企业转型的机会。为此，张近东放出狠话"谁再说要搞批发，就开掉谁"。苏宁最早一批管理层中的很多人在此时选择了离开。

2000年，苏宁以南京为中心，先将整个苏浙皖连成一片；2002年拿下北京、上海、天津等直辖市的市场；到2007年底，全国180多个城市已遍布600多家苏宁连锁店，销售额猛增至1 000亿元。就这样，苏宁只用了不到5年的时间，就完成了全国省会城市的布局。

在发展方式上，苏宁没有选择连锁经营界所形成的由近到远、由易到难的发展模式，而是走了一条看起来风险很高、难度很大的扩张路径：集中资源先抢占大城市和区域中心城市的市场，然后再向低端市场渗透。

受规模效应的影响，加之苏宁于 2007 年率先采用明星为其品牌代言，苏宁的品牌影响力产生了裂变效果，全国消费者都熟记了"买电器，到苏宁"这句广告语，苏宁由此成了最知名的全国连锁零售品牌之一。

当时，苏宁的直接竞争对手是国美。国美电器成立于 1987 年，比苏宁早 3 年。潮汕人黄光裕从北京一家不足 100 平方米经营家用电器的小店起家，经过十几年的时间，把国美打造成了家电连锁行业的巨无霸。

在家电连锁行业，国美是师傅。苏宁在北京开第一家店时，黄光裕对此不以为然，认为苏宁是跟风者，终将被国美并购。2005 年，国美甚至把自己在南京的第一家店开到了苏宁新街口店的对面，唱起了"对台戏"。

和苏宁电器的自主内生式全国连锁扩张之路不同，时任国美电器董事长的黄光裕采取的主要策略是对外并购。国美在 2006 年收购了永乐电器之后，又于次年抢购了大中电器，这使其与苏宁之间迅速拉开差距，在门店数量、销售收入、盈利能力等方面，国美都是苏宁的两倍，占据压倒性优势。

在相继将业内众多区域性家电连锁卖场拿下之后，国美开始向最后一个对手苏宁抛出了橄榄枝。时隔多年之后，张近东在斯坦福大学的一次演讲中透露了那次会面的细节。那是 2006 年，风头正劲的黄光裕包机直奔南京，目标只有一个——收购苏宁。张近东在钟山高尔夫球场迎接了这位盛气凌人的同行，张近东不卑不亢地说："你不要买苏宁，我做不过你就送给你。买，你是买不起的。"

张近东之所以说出这样的硬话，除了骨子里的强势性格，更多的是来自对苏宁实力的自信。

苏宁在开店速度方面下足了功夫，而且成本更低，开单个店只需花费 28 万元，仅为国美的 6%。数据显示，2006 年，苏宁新开店 136 家，2007 年门店总数达到 632 家，两年净增 311 家。据称，苏宁曾创造了一天开 52 家店的行业纪录。而国美在收购永乐电器和大中电器之后，并购来的门店加在一起为 300 家。也就是说，黄光裕两年耗费巨资布下的局，张近东却用更低的成本完成了。

同时，苏宁处变不惊，苦练内功，为其后来的互联网转型及推出"科技苏宁、智慧服务"的品牌定位做了铺垫。

到 2008 年，苏宁的净利润开始大幅领先国美。2008 年 11 月，国美创始人黄光裕获罪入狱，企业经营陷入低潮。苏宁在这场连锁行业领军者地位的商战中完全取胜。由此，苏宁跃升为国内连锁零售的第一品牌。

舍命双线融合，破局零售模式

2008年，全球金融危机爆发，大批零售企业倒闭，苏宁的销售受到一定程度的影响，但依然保持增长态势。2009年，苏宁以1 170亿元的销售额，位居中国连锁百强榜榜首。看起来，苏宁的行业地位固若金汤。

但悄然之间，一股完全在家电连锁行业之外的力量在不知不觉间成长起来。淘宝、京东等电商平台迅速崛起，对家电连锁市场的蚕食使苏宁陷入了焦虑。

"这使得我们更加冷静地去思考苏宁的未来是什么……经历了2000年到2009年的快速发展，苏宁有1 000多家店，销售收入接近1 000亿的规模。客观来讲，我们实现了前10年的目标，但同时也发现自己有很多问题。"苏宁易购集团执行委员会主席任峻在南京总部对项目组回忆道。

2009年3月，苏宁在南京召集高层会议，这次持续了三天三夜的会议提出"营销变革"的战略方向，这种粗犷式的发展不能再持续下去，要进一步加强对信息科技的使用，通过更多的数据应用，使管理更加精细化和高效化。

2009年8月18日，苏宁电器网上商城全新改版升级，并更名为"苏宁易购"，进入试运营阶段。2010年2月1日，"苏宁易购"正式对外发布上线。之后，通过两年的摸索，2011年，苏宁提出了新的10年战略目标——科技苏宁，智慧服务。

这一战略决策代表着互联网转型的方向，而这其中出现的问题则是苏宁完全始料未及的。之前，苏宁每年的利润是几十个亿，为了上线"苏宁易购"，公司一下子把所有的利润都舍弃掉，这使苏宁内部自上而下都感受到了深层的危机。

除此之外，电商和线下实体店的融合问题是另一个棘手的问题。苏宁早期对科技的投入很大，它的互联网研发团队有能力做出苏宁自己的电商网站。但产品上线之后，线上的电商部门和线下的经营部门之间存在诸多融合难题，这无疑使苏宁的互联网转型雪上加霜。

"主要是线上的商品、采购供应链、物流及运营服务，跟线下没有打通。因为当时电商部门属于创业，所以它是独立的。"苏宁易购集团高级副总裁、首席人力资源官孟祥胜给项目组道出了当时问题的关键所在。

虽然问题非常复杂，但有一点是苏宁始终坚守的，那就是无论付出多大代价，也要坚持双线融合。对此，公司高层达成共识，不能因为短期战术上的矛盾和冲突而牺牲长远战略。

苏宁在不断尝试之中，强行推行了三个"统一"，即统一品质、统一价格、统一考核。虽然为此付出了很大代价——作为上市公司，当时苏宁是亏损的，但最终线上线下两套商品供应链体系实现了融合，线上线下的运营实现了融合，苏宁由此把企业名称改为"苏宁云商"。

在一些人看来，"苏宁云商"这个名字有些讨巧，因为从2010年开始，云计算概念在IT业界异军突起，一大批云技术、云产品蜂拥面市。在苏宁后面加持"云商"，多少有些赶时髦的味道。

"当时没有其他路，双线融合这条路是苏宁付出了几百亿的代价探索出来的。很多人可能试一下子，不行就退回去，亏个几千万就不干了。但是张老板（张近东）义无反顾地把原来赚的钱全部砸进去，推动了这次转型。"苏宁易购集团总裁侯恩龙对项目组坦言。

在互联网转型期间，苏宁实体门店增速放缓，电商业务战略性亏损，业绩压力巨大。2013年6月，苏宁推行线上线下同价策略，毛利率受到了很大的冲击，导致2013年归属于上市公司股东的净利润仅有3.67亿元，较2012年大幅下降86.32%；营业收入为1054.34亿元，虽较上年同比小幅增长了7.19%，但毛利率下降至15.21%，较去年同期下降3.48%。

但苏宁看到的希望是，"苏宁易购"的收入已经占到总收入的20.7%，而且仍然在快速增长。

回头来看，苏宁云商只是一个过渡性的品牌名称，它的象征意义似乎更大一些。正是这个承上启下的发展阶段，给苏宁的转型和品牌成长提供了缓冲，为后来苏宁易购的逐步崛起创造了先决条件。

挑战京东："苏宁易购"站了起来

作为一家转型成功的O2O零售品牌，自2014年以来，苏宁保持了明显增长，尤其是服装/鞋包、家居日用品、食品、护肤/化妆、家电、手机/通信等品类的涨幅明显。2017年，苏宁易购线上业务的市场占有率为5.4%，仅次于天猫、淘宝、京东。这说明，随着互联网转型的成功，苏宁易购已经具备了与电商巨头竞争的潜力。

与业界对手的竞争从来都是形成品牌影响力的重要因素。在转型过程中，苏宁与京东的博弈逐渐进入大家的视野。

1999年向综合电器转型时，苏宁并没有选择电商之路，而是选择了实体连锁发展之路。对此，张近东在2015年的弘毅投资年会上演讲时回忆："1999年，在电商刚开始兴起的时候，我去中关村考察了一个星期。在电商和连锁之间，我最后选择了连锁。有两个原因：第一个是硬件的限制；第二个是我们当时还没有形成覆盖全国的网络，东西怎么快捷地送到用户手中，无法解决。"

然而京东的崛起，让苏宁顿生危机感。2005年，京东多媒体网上线，以每年200%以上的速度增长，到2007年，销售额由3 000万元增长至3.6亿元。2008年，京东向综合型电商转型，陆续上线日用百货、服装、图书音像、食品饮料等品类，当年销售额达13亿元。

意识到问题严重性的张近东火力全开，策划了一场价格攻坚战。他马不停蹄地通过各种资本运作为苏宁融资127亿元"粮草"。2012年4月7日，他在南京总部向苏宁易购下达"发动全网总攻"指令，要求"集团上下对易购的发展都必须给予全力的无条件支持"，B2C团队全力冲刺300亿元销售目标。4月16日，苏宁易购发布名为"击穿全网底价，何必东比西淘"（"东"指京东商城、"淘"指淘宝商城）的"战书"，掀起了全网价格战。

京东似乎早已嗅到了硝烟的味道，一直在扩军备战，仅在2012年前两个月，京东就有4 000名新员工入职，销售的商品品类也在疯狂扩张——3月30日推出代购火车票业务，紧接着进军珠宝行业，还试水房地产网购。

伦敦时间2012年8月14日凌晨3点，睡梦中的张近东被急促的电话声吵醒，他被告知，京东创始人刘强东在微博上对苏宁宣战，并声称苏宁的股价不合理。刘强东在微博上"连开3枪"，靶心则是苏宁的起家商品——大家电：

第一，从今天起，京东商城所有大家电将在未来3年内保持零毛利、保证京东所有大家电比国美、苏宁连锁店便宜至少10%以上；

第二，京东将在全国招收5 000名价格情报员，驻店核实大家电价格；

第三，京东大家电配送将在8月底前实现"211"限时送达。

目标精准、措辞明晰、力道硬朗，一看就知道有备而来，因为如果从苏宁易购试运营算起，2012年8月18日是苏宁易购上线3周年纪念日。

果不其然，当天股市开盘没多久，苏宁的股价就应声下跌，这加剧了投资人对苏宁电器前景的担忧。

在看明白刘强东的动机之后，苏宁选择了沉默，但沉默并不意味着不应战。经过冷静思考，身在伦敦的张近东决定用"苏宁易购"应战京东。

2012年8月15日上午9点整，中国互联网上史无前例的家电价格战正式开打。在北京，京东商城成立了"打苏宁指挥部"，6个硕大的黄底大红字横幅高高悬挂在办公室天花板下。室内端坐12人，为了保证京东的大家电产品比苏宁低，他们要负责在线实时修改价格。

在南京，苏宁易购迎来有史以来员工到岗最早的一天。当天，苏宁电器发布公告称，公司第二大股东苏宁电器集团有限公司计划在未来3个月内对公司股票进行增持，增持总金额合计不超过10亿元。受此利好刺激，当天苏宁电器股价大逆转，上午还下跌5%，下午直接拉升到涨停板。

虽然声势凶猛，但由于种种客观原因，这场价格战只持续半天就收场了。

这次对战，"苏宁易购"收获颇丰，除了3亿多元的销售额，还让大量的消费者知道了它的存在。"苏宁易购"网站在Alexa全球的排名由之前的600多位飙升到了第62位。由于浏览量过大，"苏宁易购"网站几近崩溃。此役成为"苏宁易购发展史上关键中的关键"，其作为中国综合电商新生力量的地位凸显出来，拥有了货真价实的存在感。

据苏宁易购年报显示，截至2017年12月，"苏宁易购"App月活跃用户数较年初增长105.73%，App订单数量占线上整体比例提升至89%。"苏宁易购"线上销售规模在其线上线下总规模中的占比达到52.1%，已经不折不扣地占据了半壁江山。

06章 通往国家品牌路径探索之金刚变形——苏宁

张近东的"稳、准、狠"

苏宁掌门人张近东就像一把纯钢铸造的大刀,虽然刀刃并不锋利,但这把大刀稳、准、狠,砍下去的瞬间就是决定结果的时刻。

张近东并不好战,但每次转型之时都会率先出手,他向来是沉着应战,一步步积蓄力量,提高自身实力,然后伺机致命一击。

通过"淡季订货,反季节打款",新生的苏宁不但活了下来,而且打败了来势汹汹的八大国营商场,成为当地知名的品牌;力排众议,在内部的质疑声中砍掉批发业务,在外界的嘲笑声中转型连锁电器商场,并成为全国连锁经营第一品牌;坚守方向,在利润负增长的情况下依然坚持互联网转型,最终实现了双线融合,跃升为中国最大的O2O智慧零售品牌。

很明显,这都是张近东在苏宁品牌发展关键节点上憋出的"大招"。也正是这些"大招",让苏宁不断成长,并屡次成功转型。

在企业内部为了贯彻方向,张近东多次显露出"狠"的一面。对此,孟祥胜回忆起SAP(System Applications and Products 的简称,即企业管理解决方案)第一次全面上线时的情景。当时SAP系统里的流程做得很细,非常强调计划性,如果事先没有配置好系统,后面的流程就走不下去。由于业务部门习惯"先上车后补票",上线之后他们意见很大,认为SAP影响业绩。对此,张近东表态说,"谁再敢讲SAP上线的问题就把谁开了"。事后回忆,孟祥胜不胜唏嘘:"如果那时候张总妥协一下,态度软一软,可能SAP系统就完蛋了。"

在项目组调研期间,苏宁集团高管普遍认为,苏宁转型成功的关键是张近东的坚定,对大方向的长期坚守——如果没有这份定力,苏宁的转型很可能就会半途而废。

2013年张近东在美国斯坦福大学演讲时讲道:"当我们选定一个目标的时候,既要有抵制诱惑的毅力,也要有经受挫折的勇气。很多企业之所以转型不成功,并非没看到趋势,而是无法承受短期的诱惑和压力,从而左右摇摆，瞻前顾后。转型是掌握新工具、获得新能力的学习过程，出现这样或那样的问题都是正常的，需要用时间换空间，这就更需要我们有坚持的精神。"

"1 200工程"人才战略

苏宁看上去一直不像一家传统的零售企业，员工素质高是苏宁区别于绝大多数零售企业的显著特征。苏宁之所以在多次转型之中没有遭遇人才缺乏这种"软肋"的威胁，也是因为苏宁的员工学历整体比较高，这是苏宁品牌成功的重要因素之一。

苏宁内部有一个著名的人才培养体系，名叫"1 200工程"。因为第一批计划是招1 200个大学生，之后人才计划一直延续了下来，最终变成一个品牌。孟祥胜提到："在公司内部不允许给员工打标签，唯独'1 200工程'是允许的，张总（张近东）给'1 200'的定位是'接班人工程'。"

苏宁招聘最高峰的时候是一年招了7 000名大学生，这是苏宁能够进行互联网转型、实现创新、保持活力的很重要的支撑点。2011年，苏宁易购网站正式上线，组建了单独的苏宁易购公司。苏宁易购公司的人才队伍是从苏宁内部各个体系集结而成的，有的是整建制调过来，有的是零散调过来，调来了1 000多人，其中百分之六七十来自"1 200工程"。这些人才是苏宁易购在互联网经营方面的基础。

人才价值在关键时刻发挥了作用，它是资本、舆论、合作之类的因素无法取代的。内部品牌化的"1 200工程"人才战略，成为苏宁品牌构建的重要部分。

"事业经理人"文化

"我们的文化叫事业经理人文化——纯粹靠雇佣军的文化解决一个点的问题有可能成功，但要解决一个长远的发展是不可能的。"苏宁易购集团副董事长孙为民在谈及苏宁的企业文化时，对项目组着重强调了"事业经理人"文化。

"事业经理人"是相对于职业经理人而言的。中国传统的企业自古以来就是老板和打工仔，职业经理人是从外企延伸出来的，苏宁尝试过这两种职场文化，但最后都否定了，因为它们的实际结果与期望不一致。后来，苏宁转向大规模地招聘大学毕业生，自主培养管理阶层。

苏宁把"事业经理人"概括为两个方面:一是立足企业的目标来成就个人的事业,二是立足企业长远的发展来实现个人的利益。这也是"事业经理人"文化的核心。举例来说,在苏宁不同的发展阶段经常会出现新引进人员的薪金待遇比上司高两三倍的情况。作为普通上司,心里不可能平衡。但如果这位上司是"事业经理人",就可能会这么想:"他是我的手下,他都能拿这么高,说不定过两年我就能拿更高。"这么一想,心里就平衡了。

事业经理人是苏宁事业的接班人,他们把企业的管理者当作企业创始者的后代来对待,强调员工和企业之间的感情纽带。也正因为如此,苏宁从部门负责人到核心高管,稳定性非常强。从 2012 年到 2015 年间,苏宁共招进 1 600 名经理级以上人才,超过过去 10 年引入人才的总和,且留存率约为 66%。

稳定的核心团队是品牌成长的基石,苏宁独创的"事业经理人"文化在此期间无疑起到了"压舱石"的作用。

智慧零售,科技为先

苏宁在创业早期就非常重视科技,据企业内部人士透露,苏宁在 20 世纪 90 年代投入的科技研发费用甚至高达 10 亿元。到了第二个发展 10 年,他们的研发侧重在内部管理和进销存方面。而到了第三个 10 年,苏宁重视整个互联网技术的应用,开始全面进入专项经营领域,把苏宁的用户、商品、交易和支付等零售的场景和要素全面数字化了。

从 2005 年起,苏宁投资 8 000 万元打造新的 ERP(Enterprise Resource Planning,即企业资源计划)系统,历时 9 个月,于 2006 年 4 月成功上线。2007 年,苏宁与 IBM 签下 3 亿元信息化大单,全面实现人力、绩效、财务、物流、供应链、客户服务的整合信息化,精确到足以管理每根"毛细血管"。

苏宁易购 IT 总部执行副总裁乔新亮给项目组分享了一个自己的小故事。在加入苏宁易购以前他在 IBM 工作,公司派他来苏宁协作,他不太情愿,答应只去苏宁待 3 个月。来了以后,情节便发生了反转:"我发现苏宁与我想的完全不一样,它对于科技的重视和投入完全出乎我的意料。结果我一待就是 4 年,2015 年干脆正式加入苏宁。"

到了如今的智慧零售阶段,苏宁的科技能力更是显露无遗,结合人工智能和大数据的导购机器人、绑脸支付系统、智慧售货机器人等成了智慧零售新业态门店里的宠儿。

"未来任何企业都是科技企业。这句话反过来讲就是,不是科技企业的企业将会消亡。如果你是个零售企业,但你不是一个科技企业,你就会消亡。"乔新亮这句话表达出了科技对于苏宁的意义,同时也反映出拥有科技所带来的竞争力。

足球+明星代言:打通苏宁品牌经络

转型基本完成之后的苏宁,在企业发展方面变得从容。2015年,其先后与万达集团、阿里巴巴集团签署了战略合作协议。而之前的一年,苏宁在品牌建设方面也有了新的契机——涉足体育领域,尤其是足球。

这是让苏宁品牌实现品质提升的重要一招。

2014年6月5日,苏宁易购高管在微博上发布消息称:"刚通了一个15分钟的越洋电话,中国球迷的好日子要来了。"没多久,市场上便传出了苏宁将与巴萨(巴塞罗那足球俱乐部)合作的消息。2015年12月底,苏宁宣布接手中超劲旅江苏舜天足球队,并将球队名称改为"江苏苏宁足球队"。之后,苏宁再进一步,于2016年6月收购了意甲豪门国际米兰足球队70%的股份,成为其第一大股东。国际米兰不仅历史悠久,青训体系完备,而且战绩辉煌,它和AC米兰的同城德比是意甲每个赛季的最佳看点之一,而苏宁与这家国际顶级俱乐部的"联姻",无疑使其品牌得到背书。

2019年9月17日,苏宁控股集团董事长张近东参观国际米兰足球俱乐部总部

任峻告诉项目组:"苏宁电器的品牌烙印很深,大家提到买电器就能想到苏宁,但这也让用户不容易接受苏宁再卖其他的东西。我们一直在思考如何让用户接受苏宁不仅仅是苏宁电器,后来我们想到了体育,因为它有很多爱好者。如果苏宁能给他们提供了很好的体育服务,通过这个媒介,就有可能把苏宁正在做的事情告诉他们。"

如果说"玩转足球"是苏宁试图拓展其品牌维度的策略之一,那么"明星代言"就是传播苏宁不同发展阶段品牌调性的另一策略,而且苏宁是国内最早采用明星代言策略的零售品牌。

在早期发展阶段,苏宁突出的品牌感受是可以信赖的,让客户有一种信赖感。到了全国连锁的阶段,尤其是经营消费电子、移动数码等方面产品的时候,苏宁品牌由过去偏技术和科技的调性转变为注重时尚元素,注重营造年轻化、时尚化、科技化的形象,于是邀请了有类似气质的潘玮柏和孙俪来代言。如今是苏宁易购全品类的经营阶段,苏宁把生活品质化、时尚化作为品牌调性的新定位,为此邀请了杨洋、江疏影等具有知性范儿的明星做品牌代言。

除此之外,苏宁还赞助浙江卫视音乐选秀节目《中国好声音》,除了硬广告和植入广告,还获得了吴莫愁、李代沫、张玮、吉克隽逸4位最火学员歌手的买断权。《中国好声音》成了现象级节目,这让苏宁易购在品牌认知度传播方面实现了非常好的效果。

"苏宁在扩展品类之时,也开始把握未来消费升级的一些新内涵,我们在视频内容、体育电竞直播等方面的布局,实际上是面向年轻人群的。这方面的布局所用的时间是三到五年,如果坚持下去,相信我们整个品牌的年轻化、时尚化、生活品质化的形象会在年轻人心中更加根深蒂固。"孙为民对苏宁在品牌年轻化方面如此打算。

智慧零售服务美好生活

2017年12月,苏宁推出了"智慧零售大开发"战略,建成"两大(苏宁广场、苏宁易购广场)、一小(苏宁小店)、多专(苏宁易购云店、红孩子、苏鲜生、苏宁体育、苏宁影城、苏宁极物、苏宁易购县镇店、苏宁易购汽车超市)"的智慧零售业态族群。

2018年1月15日,创始人张近东宣布将"苏宁易购"这一渠道品牌名称升级为上市公司的公司名称,取代原来的"苏宁云商"。这对苏宁品牌来说具有里程碑的意义,"统一企业的公司名称与渠道品牌名称,突出智慧零售主业,进一步提高品牌知名度及美誉度"。这意味着苏宁双线融合的智慧零售模式已全面成型。

"线上线下的品牌融合了,我们要回到消费者本身,告诉消费者苏宁的核心是什么——其实就是一个品牌,最核心的品牌就是零售主业,而零售主业的载体是苏宁易购。为此,这是一次回归,要从消费者角度来设计企业的公司名称,甚至企业的股票代码。"任峻解读了将苏宁旗下上市公司的公司名改为原互联网品牌名的内在合理性。

苏宁的智慧零售战略绝非"空中楼阁",而是实实在在地铺开,也的确能让人感受到很多智慧元素。

在南京新街口苏宁易购广场,苏宁易购云店、苏宁极物、苏鲜生、苏宁影城等智慧零售新业态已然成型。在苏宁易购广场,隔一段距离就会有一个辅助购物的智能机器,它们功能各异,可以帮助消费者询价、比价、试衣,甚至了解当时的天气和空气质量等,在满足消费者购物需要的同时,也增添了无限的购物乐趣。在这里购物,只要注册苏宁易购的会员,并完成"绑脸"操作,无须动手支付,"刷脸"支付即可。

苏宁的全数字化无人店

场景互联网

场景互联网是苏宁未来发展的主要方向,苏宁以此建立零售核心资源和核心吸引力,这也是与京东、天猫等零售企业主要的不同之处。

场景互联依赖苏宁所拥有的各种渠道的整合,也就是把电视端、PC 端、移动端、自动售货机、店面、购物中心、社区邻里的小店等各种端口进行多场景贯通,把用户、商品、支付全面数字化。这样,以用户为核心打通之后,全场景对用户来讲可以自由贯通。同时,这也是渠道的融合,通过这种方式,苏宁成为一个场景最丰富的互联网零售企业。

苏宁在推进场景互联网建设的同时,也在不断完善转型之后的品牌新形象建设。从 2017 年开启多场景"智慧零售大开发"战略以来,苏宁易购的线上平台日益丰富经营品种,现在已经营全品类。

场景互联的最后一公里是苏宁小店,苏宁将其定义为承载苏宁全品类产品的代表,更是技术及流量资源的出口和入口。目前,苏宁小店数量超过 1 500 家。苏宁的计划是,到 2020 年将苏宁小店发展成为中国第一的 O2O 社区小店。

"新零售",还是"智慧零售"

苏宁作为不靠收购,只凭转型生成的O2O智慧零售品牌,头顶"智慧零售"招牌,并不完全与"新零售"为伍,在和互联网巨头的新一轮竞争中,苏宁能够立于不败之地吗?

作为零售业新格局中唯一从传统零售业转型过来的苏宁,凭借什么在互联网巨头虎视眈眈的互联网零售业下半场中立足呢?

苏宁副董事长孙为民认为,苏宁转型的收获主要是两个方面:"第一,我们逐步建立起互联网的零售销售模式。第二,我们形成了互联网资源的盈利模式。"传统的零售都是通过产品的规模经营来获利的,而如今的苏宁除了商品的经营之外,还形成了基于互联网服务的一些新收入,如数据服务、社会物流服务、供应链融资及消费信贷互联网金融服务等,这些都是苏宁在过去实体零售时代所没有的。

通过转型,苏宁完全补上了互联网方面的短板,实现线上、线下并行的格局。而对于互联网巨头们来说,线下零售对他们还都是新课题。该是互联网巨头们被怀疑如何弥补"零售基因"欠缺的时候了。

苏宁总部(二期)

07 章

通往国家品牌路径探索之品牌战略家——海尔

> 永远战战兢兢，永远如履薄冰。
> ——张瑞敏

品牌印象

海尔是最早在消费者心目中建立起清晰品牌形象的中国企业之一。其品牌意识发端之早，品牌规划制订之全面，品牌建设落实之持续，在众多的中国制造业企业中，极少有同类的案例。

从张瑞敏怒砸自产不合格冰箱，到海尔兄弟友好相携的可爱形象；从服务人员背着洗衣机送上门，到被洪水淤泥掩埋之后的冰箱插上电源仍可以工作；从海尔维修人员率先执行进门穿鞋套的服务规范，到推出可以洗地瓜的洗衣机……这些近乎戏剧性的场景，构成了人们对海尔品牌的认知，也让海尔品牌在创牌初期就牢牢占据了消费者的心智。

品牌大师菲利普·科特勒认为，品牌不仅具有功能性价值，还具有情感性价值。品牌代表着卖者对交付给买者的产品特征、利益和服务的一贯性承诺，品牌的本质是企业与消费者之间的无形契约。海尔用质量赢得了国内消费者的青睐，其品牌故事也传递出情感承诺。

20 世纪 80 年代中期，海尔作为青岛市一家濒临破产的集体所有制企业起死回生，仅仅用 30 多年时间就成长为世界上最大的白色家电企业。和绝大多数同样背景下成长起来的中国企业不同，海尔品牌并不是企业不断发展壮大后水到渠成的结果，而是掌门人张瑞敏提前布局品牌战略的直接产物。从执掌这家企业的最开始，张瑞敏便为海尔树立了打造国际一流品牌的宏伟愿景，并有计划、分步骤地不断推进。

与同代企业家相比，张瑞敏虽然并不经常参与各类企业家活动，但其一言一行却总是引起从媒体、同行、业界专家到普通消费者的广泛关注，其严谨、从容的个人形象也和海尔品牌高度契合。

作为国内为数不多，在早期发展阶段就把创品牌作为战略目标的制造企业，海尔通过差异化的品牌发展策略，避开了行业恶性竞争，让自己的产品有更高的品牌溢价，始终处于国产家电引领者的地位。通过长期的国际化探索，海尔成为中国人眼中屈指可数的国际品牌。

海尔的发展与中国经济的阶段性发展高度合拍，这也使它的品牌影响力成倍放大。经过30多年的持续发展，海尔已发展成为世界知名家电制造商，成为全球白色家电第一品牌。近些年来，海尔更是运用"本土化"的方式打造世界第一家电品牌集群。

在青岛崂山区海尔工业园的核心区，一幢体型巨大的9层大楼被命名为"海尔创牌中心"，这里集中了海尔研发、市场营销、公关等重要部门，年轻的白领们进进出出，让这里看起来更像是海尔的运转中枢。在中国的著名企业中，这幢大楼是一个特立独行的存在，它的命名和运行彰显着海尔对品牌的态度和认识。

海尔创牌中心

和创牌初期相比，海尔的新闻日渐减少，也不再有大规模的广告露出。即使如收购GEA（GE Appliances的缩写，即美国通用家电）这样具有标志性的大事件也没有大肆传播，没有商战、没有和同行的互掐。掌门人张瑞敏虽然逐渐淡出公众视野，但他创造的"人单合一"模式早已被业界认可。海尔高端品牌的特质却在市场上岿然不动，其市场份额和利润不断增长。

海尔用行动践行着德鲁克的名言：真正卓越的企业，往往是波澜不惊，甚至是枯燥和乏味的。

品牌
档案

怒砸冰箱:"暴力"唤醒品质意识

从20世纪80年代开始,电视机、洗衣机、电冰箱等家用电器陆续进入中国普通家庭。毫不夸张地说,人们是从家电开始真切体会到改革开放的成果的。

与此同时,家电生产企业也自然变得耳熟能详,它们成为效益最好、最令人羡慕,同时也是拥有最高知名度的企业群体。改革开放后,中国第一代知名企业家中,很多人都诞生于这个群体。

在电视机、洗衣机、电冰箱这三大件中,电冰箱是最后一个登堂入室的。科龙、容声、新飞、雪花、中意、美菱阿里斯顿等冰箱品牌的广告相继在央视登台亮相,构成了那个年代中国消费者对于冰箱的集体记忆。"容声,容声,质量的保证""新飞广告做得好,不如新飞冰箱好",这些颇具创意的广告语言犹在耳。而更具影响力的"海尔,真诚到永远",则出自海尔品牌的前身——琴岛—利勃海尔。它的出现伴随着追求品质的佳话,将中国当时的冰箱生产和品牌打造推向了新高度。

1984年,35岁的张瑞敏从政府主管部门出任由两个集体小厂合并成立的"青岛电冰箱总厂"厂长。同样在这一年,中科院干部柳传志带着中科院计算机所的几个科研人员在一个闲置的传达室创建了联想,代理销售国外计算机。此前一年,任正非从部队复员来到深圳,之后创立华为,销售香港生产的电话交换机。

接手亏损企业、体制内创业、单干户白手起家,张瑞敏、柳传志、任正非三人的创业模式代表了改革开放初期中国企业和中国品牌出发的三种典型方式。

和后两者近乎白手起家创业不同的是,原机关干部张瑞敏接手的是一家有几百名员工的工厂,但糟糕的是,这家工厂早已资不抵债,亏空147万元。据张瑞敏回忆:"当时欢迎我的是53张请调报告。工人8点钟来上班,

9 点钟就走，10 点钟随便在大院里扔个手榴弹也炸不死人。外边到厂里只有一条烂泥路，下雨必须用绳子把鞋绑起来，不然鞋子就会被烂泥拖走。"

新官上任三把火。张瑞敏上班的第一件事是发布了《青岛冰箱总厂劳动纪律管理规定》。这张原来用毛笔写在红纸上的告示，其复制品现在陈列在海尔博物馆的醒目之处，里面的内容现在看起来有些让人难以理解。例如，工作时间不准打扑克、下棋、织毛衣、干私活、喝酒、睡觉、赌博，不准在车间大小便、偷工厂里的东西、用棉纱柴油烤火。

在解决完最基本的劳动纪律问题之后，张瑞敏"烧"起了第二把火。在 1985 年的一个上午，他把工人们召集在一起，抡起大锤砸向了存在质量问题的 76 台冰箱。大锤与冰箱撞击的阵阵巨响像警钟，砸在了海尔员工的心里。这把"海尔大锤"记录了早期中国企业改革的艰难步伐和自强决心，2009 年被国家博物馆正式收藏。

这个标志性事件为海尔品牌奠定了基调，在相当长的时间内成为海尔品牌传播的标配故事。

20 世纪 90 年代，在家电市场供不应求的局面下，不少企业采取了以扩大产能为目标的策略。他们自以为抓住了商机，但因为过度追求高速发展而埋下隐患，最后只能被收购或黯然退场。反观海尔，其一直把产品质量当作"名牌战略"的核心要素，没有执着于扩大市场占有率，而是按照自己的节奏稳步成长，成为当初"41 条冰箱生产线"中走得最成功的一条。

海尔兄弟：经典 IP 的诞生

1985 年，青岛电冰箱总厂搭上了最后的班车，获准引进德国利勃海尔公司的先进技术和设备，建成电冰箱生产流水线。这是当时国家批准的 41 条电冰箱生产流水线的最后一条。

和那个时代起家的企业家们略显不同的是，当时的张瑞敏未必能想到企业会做成今天的规模，但他的方向却十分明确——打造国际品牌。在此后一生的工作中，他都在朝着这个方向努力，从来没动摇过。

那个时代，企业的商标设计十分粗糙，普遍是中文加汉语拼音。而海尔冰箱一出世就设计了象征中德儿童的吉祥物"海尔兄弟"，其商标由"琴岛—利勃海尔"文字和海尔图形组成。1993 年，青岛琴岛海尔集团公司将企业名称变更为海尔集团公司，其商标由中文"海尔"、英文"Haier"和海

海尔兄弟形象

尔图形组成。

海尔的商标设计,将企业来源和产品特质结合在一起,将德国工业品的高品质标签浸润于自主品牌之中,堪称品牌案例的经典。

海尔正式改名后不久就推出了以其吉祥物为原型的动画片《海尔兄弟》。《海尔兄弟》共212集,讲述了海尔兄弟的探险经历。这部动画片于1995年、2001年、2016年先后在中央电视台播放,深受少儿喜爱。

至今,海尔依然在持续运营"海尔兄弟"这个IP。2018年情人节,新版"海尔兄弟"亮相纽约时代广场的纳斯达克大屏,进行了全球发布。海尔新媒体认为,"《海尔兄弟》动画片向人们传递科学与人文知识,故事本身具有价值,并且具有无限挖掘、再创造的可能性,又因陪伴观众的童年时光而集聚了用户的热爱。综合种种,海尔兄弟这一IP具有成为世界顶级IP的潜力"。

已诞生20多年的动画片《海尔兄弟》,在国内企业的品牌传播案例中几乎是唯一的存在。这部动画片使海尔品牌形象和文化得到了正向持续传播,成功将"海尔"二字保持在人们的视野范围之内。

真诚到永远:精致服务打动用户

在打好质量牌之后,海尔的服务再一次引发整个家电行业的震动,这些服务的标准甚至超越了那个年代的消费者的期望。

1989年,海尔规定所有上门服务人员不许在客户家抽烟、喝酒、吃饭,不许收受用户礼物,后来规定连用户的水都不能喝。1995年,海尔推出"星级服务"规范,维修人员统一着装,上门服务先套上鞋套,干活时要在地上铺一块垫布,免得弄脏地面。服务结束之后,还要用抹布把电器擦拭干净。

海尔也在不断整理一些堪称经典的服务故事,其中酷暑天背洗衣机步行送货的故事最具代表性。广东潮州用户陈志义给海尔写了一封求购洗衣机的信,总部马上告知其下属销售公司,约好在1995年7月8日上午上门送洗衣机。7月6日深夜,洗衣机由青岛运至广州。7日凌晨,驻广州安装维修人员毛宗良租了一辆车,护送洗衣机赶往潮州。下午两点左右,车因手续不全意外被扣。实在没办法,烈日下,毛宗良背起重约150斤的洗衣机,步行两个多小时,终于到达海丰城,并准时将洗衣机送到了客户家中。

类似的故事为海尔品牌加分不少。海尔后来推出了"海尔,真诚到永远"的广告语,也生动表达出了海尔的服务追求,这些故事成为品牌诉求真实的背书。

海外发展之路:走出去、走进去、走上去

张瑞敏曾这样总结海尔的海外品牌发展之路:"海尔走了一条独特的缝隙市场的道路。我们后来提出'走出去、走进去、走上去'的九字方针,缝隙市场策略属于'走出去'的部分。'走进去'是进入欧美市场的主流销售渠道销售主流产品。最后一步是'走上去',真正创立一个全球知名品牌。"

中国企业第一轮走出去的征程,是从20世纪末开始的。1996年,华为进入独联体市场,在莫斯科与西伯利亚之间铺设了3 000多千米的光纤电缆;海信成立了南非海信;而TCL在越南创建了生产基地和自己的销售网络。

当时,国内的大部分企业即使在国外办厂也是做代工,而海尔决定将自主品牌作为海外战略发展的核心。1999年,海尔投资3 000万美元,在美国南卡罗莱纳州建立海尔美国工业园。这无论是对媒体、行业还是消费者来说都是件新鲜事。批评者的观点是,美国市场饱和度高、人力成本高,而且技术领先,海尔此去必将凶多吉少。

海尔在海外第一个工业园——美国南卡罗莱纳州海尔工厂

刚进入美国市场的时候,由于知名度低,不被主流消费群体所接受,海尔决定先做缝隙产品,比如12英寸和14英寸的小电视。他们还研发了60多升的小冰箱,供大城市单身人士使用。当发现大学生的室内活动空间比较

窄，学生有时会趴在冰箱台面上写东西时，他们便把冰箱的台面改成了适合做桌面的复合板。再后来，海尔又根据需求开发了带电脑桌的冰箱台面。

从"缝隙市场"开始，海尔一步步抓住消费者的需求，赢得了他们对品牌的信任，从小冰箱做到了大冰箱。十几年过去了，海尔品牌的美国"本土化"被时间证明是成功的，海尔正在成为美国本土的品牌。

在欧洲，类似的故事也正在发生。比如，针对法国用户注重产品时尚性、前瞻性及高品质的消费特点，海尔专为法国消费者量身打造了法式一米宽的冰箱。尽管2 990欧元的价格已进入欧洲家电市场的最高区间，但这款高端海尔家电产品仍然在短短半年时间内就销售出2 000多台，受到法国消费者的高度认可。目前，海尔已成功入驻法国前五大主流销售渠道，被法国媒体誉为"值得信赖的中国品牌"。

时至今日，海尔已成功打入亚洲、非洲、欧洲、北美洲和中东等地市场，在全球先后建立起10大研发中心、25个工业园和122个制造中心。

海尔的这种国际化策略与华为的"农村包围城市"、联想的收购其他品牌的发展路径完全不同。海尔"走进去"的过程中，采用制造、研发、营销"三位一体"的本土化运营策略，先进入欧美等发达国家和地区，取得品牌地位后，再进入发展中国家。

近年来，海尔运用本土化的方式加速其全球化扩张，在自产品牌全球扎根的同时，又通过收购海外知名品牌来扩充它的品牌集群。

2010年，海尔收购了日本三洋电机旗下的白电业务，并推出"AQUA"品牌；2012年，收购了新西兰家电品牌斐雪派克（Fisher&Paykel）；2016年，收购了美国通用家电业务（GEA）。收购通用的家电业务，是海尔品牌走上国际更高台阶的重要事件，它让海尔实现了由单一品牌的全球化到多品牌的全球化。2019年，海尔又收购了欧洲领先的家电制造企业Candy，加快了海尔在欧洲的品牌布局。

连续收购之后，海尔采取保留收购的原有品牌，同时在当地发展海尔品牌的双轮驱动策略。在美洲、大洋洲、东南亚、日本等市场上，海尔都有双品牌，每个品牌针对的人群、渠道、消费者都是不同的，但没有主次之分。

自此，海尔在全球范围内形成了七大子品牌，除了四家收购的品牌之外，还有自产的三个品牌：海尔、卡萨帝及统帅。这些品牌相互协作，又各有特色，标志着海尔实现了从"世界第一白电品牌"到"世界第一家电品牌集群"的转变。

张瑞敏，企业哲学家

在张瑞敏数不胜数的荣誉里，他最看重的是"全球五十大管理思想家之一"这一称号。

张瑞敏的国际声望不仅源于他打造了全球最大的白色家电企业，更在于他不断创造新的管理理论和经典管理案例。从"日事日毕、日清日高"的OEC管理法[1]，到每个人都面向市场的市场链管理，再到互联网时代的"人单合一"模式，张瑞敏在企业管理上的不断创新总能获得企业界、管理界和媒体的高度关注。

在中国企业家群体中，张瑞敏创造了最多的管理理论，发表了最多的管理名言，获得了最多的国际管理奖项。无论是同一辈还是下一代企业家，没有第二个人如此痴迷于对管理理论的创新和实践。

张瑞敏既是这些管理理论的创造者，也是实践者。海尔的发展之路验证了这些管理理论的价值，同时海尔品牌也因张瑞敏及其管理理论，凸显了品位感。

基于张瑞敏管理思想形成的海尔文化，使海尔内部的凝聚力和执行力实现了质的飞跃。"激活休克鱼"便是代表案例之一。

被称为"休克鱼"的是青岛红星电器公司。红星电器曾经拥有 3 500 多名员工，1995 年上半年，企业亏损 1 亿多元，资不抵债，陷入绝境。1995 年 7 月，红星电器划归海尔。在划归的第二天，海尔集团常务副总裁杨绵绵便率领海尔企业文化、资产管理等五大部门的负责人来到红星，为新员工传播海尔的企业文化。之后，红星全面引入 OEC 管理模式，采用公开监督、披露信息、学习提高、加强自觉的办法，海尔管理模式得以在红星建立。短短两年时间，红星生产的海尔洗衣机便取得了和海尔冰箱同样的品牌口碑。

20 世纪 90 年代中后期，海尔先后兼并了国内 18 家企业，沿用"激活休克鱼"的方法，18 家企业全都扭亏为盈。

---

[1] OEC 管理法：是海尔根据自身特色改进的管理法。OEC 即 Overall Every Control and Clear 的缩写，简单来说，即每人、每天、每事都执行到位。

1998年3月，张瑞敏应邀到美国哈佛商学院参与MBA的教学活动。张瑞敏将他的"激活休克鱼"观点进行总结和提升，指出"休克鱼"是指硬件条件很好，但管理跟不上的企业。"海尔文化激活休克鱼"案例被写入哈佛商学院案例库，张瑞敏成为第一位登上哈佛讲坛的中国企业家。

张瑞敏也是最早意识到必须走品牌国际化之路的中国企业家之一。早在2000年张瑞敏接受中央电视台采访时就说："加入WTO之后，中国经济就是世界经济中一个非常重要的组成部分。不能只在中国经济这个范畴里，而应该在世界经济这个范畴里进行评比。更重要的是，中国经济应该成为对世界经济发展有影响力的一支力量。"

从最早的名牌战略，到近些年的全球化和网络化战略，张瑞敏给海尔制订了教科书般的品牌进阶攻略，只不过迈上每一个台阶都要通过颠覆式创新来实现。从抡锤砸冰箱到激活休克鱼，再到人单合一"沙拉酱"，张瑞敏和海尔的颠覆式创新历程加速了其规划好的品牌成长之路。

对质量的"偏执"

流传甚广的"张瑞敏怒砸冰箱"事件，在给海尔的产品质量制订红线的同时，也使海尔品牌与高品质紧密联系在了一起。海尔曾获得我国冰箱行业的第一枚金牌，并成为中国驰名商标，这使它的品牌价值不断提升，相应地，其产品价格也水涨船高。

从一开始，海尔产品的价格就高于国内同类产品。即便在市场竞争非常激烈的时候，海尔也从不打价格战，不以降价的方式来扩大市场份额。

在国外，海尔国际化的第一步就是把海尔冰箱卖回德国。德国人很难相信，海尔离开了师父"利勃海尔"，只用短短几年时间，产品的质量就可以达到德国市场的要求。

海尔把所有德国代理商召集起来进行了一场产品对比测试，把不同企业的产品放在同一个展厅里，隐去商标和产地等信息，让代理商把他们认为好的产品划为一组，不好的划为另一组。如果不好的一组里有海尔产品，那海尔就退出德国市场；如果海尔产品在好的一组里，那他们就没有理由拒绝。

结果，海尔产品在好的一组里，经销商这才愿意试销。销售一年，代理商们没有动用过一台备件。就这样，他们慢慢认可了海尔是高质量的代名词。

海尔在国际化发展的过程中，不但不打低价策略，其产品价格反而不断提升。目前，海尔产品已经销往全球100多个国家和地区，成功进入美国前10大连锁渠道和欧洲前15大连锁渠道，海尔在欧洲的产品单价更是从10年前的99欧元升至2 999欧元。

身在传统行业，心有互联网思维

针对海尔是传统企业，可能没有互联网基因的惯常思维，海尔集团总裁周云杰告诉项目组："一个企业是否具有互联网思维，不能用它是传统企业还是互联网企业去界定。企业要具有互联网思维，最重要的是要有用户思维，而海尔在这方面做到了。海尔虽然目前做的是传统行业，但它是一个具有互联网思维的企业。"

如今，在"人单合一"管理模式上发展起来的大量创客和小微公司等，并不掣肘于传统的层级管理机制，它们成了海尔这个庞大平台生态上孵化的各种创新工具，直接面对用户需求，零距离与用户无限次交流，使大大小小、五花八门的个性化生活用品被设计和制造出来，进入用户的日常空间，进而用户也会参与品牌的传播。

"和用户交互"是海尔内部人员频率最高的"口头禅"，这俨然折射了海尔物联网转型的成果。海尔维护着大量的网络社群，很多产品的设计灵感都来自这些社群。而这种以用户为中心的研发设计成了海尔比其他企业反应更快、更容易解决消费者问题的重要因素。

从移动产品层面来看，海尔以"U+智慧生态平台"为开放入口，整合不同品类的产品和服务。用户不再需要为每个家电产品单独下载APP，而借助大数据和人工智能，海尔智慧生态系统将更多地参与人的生活。"U+智慧生态平台"其实是一个庞大的、因用户而生的品牌生态。

据海尔数据显示，目前，已有数百个小微团队在海尔平台上良性运转，它们基本都是物联网属性较强的创新产品，其中还有很多前沿的工业产品设计。

品牌持久战

海尔是中国最早提出品牌战略的企业，30多年来，海尔的品牌战略步伐从来没有间断过，即便面对各种诱惑或质疑，也从未发生改变。这种马拉松式的持久"续航"能力是海尔品牌成功的要素之一。

海尔将自己的品牌成长之路概括为三个阶段：第一阶段是初创到成为中国家电第一品牌，第二阶段是从中国品牌成为世界品牌，第三阶段是从世界品牌成长为具有全球美誉度的品牌。

在初创阶段，张瑞敏砸冰箱开启了海尔品牌由质量做支撑的历史。经过7年的发展，和德国利勃海尔品牌合作的合同到期之后，海尔义无反顾地开始运营自主品牌，并一举发展为国内名牌。

2012年，海尔的国际化基本完成，它开始提升品牌的美誉度和附加值，陆续并购日本、新西兰和美国的企业，进入了品牌发展的第三个阶段。他们不希望把海尔的品牌变成中国在世界各地的品牌，而是希望通过本土化推进国际化。在美国，感觉它是美国的知名品牌；在日本，感觉它是日本的知名品牌，只不过，海尔品牌的根在中国。

人单合一，海尔品牌成长的根本保证

2005年，张瑞敏在海尔全球经理人年会上正式提出了"人单合一"模式，主张"每个员工都是自己的 CEO"，直接面对用户，创造用户价值。它打破了企业内部基于科层制的管理格局，把传统组织颠覆为创业平台。平台上没有领导，只有三类人：平台主、小微主、创客。三类人都变成网络的节点，不是扁平化，而是网络化。每一个节点都可以连接网络上所有的资源自创业。基于此，海尔平台则成了孵化创客和创业家的平台。

张瑞敏主导的这种企业内部组织的革新，直接作用于业务观念的转变，将工厂、工程师、用户、合作伙伴及多方系统之间互联互通，使每个员工都有发挥自身潜能的机会，也使每个用户都获得了参与海尔产品设计和品牌建设的可能。

流行的游戏 PC 品牌"雷神科技"，是海尔"人单合一"最具代表性的成果之一。这家成立于2014年4月的科技品牌，已于2017年9月20日在新三板挂牌。它的三个创始人是原海尔集团智能互联平台笔记本事业部的同事，他们与海尔集团形成了对赌关系，双方合资创立公司，开始创业。

几位创业者从用户痛点入手，在用户对笔记本电脑的三万条抱怨中提炼出13大类问题点，历经十几次交互与打磨，开发出第一代雷神游戏笔记本。首批生产3 000台，一上市，21分钟售罄，而后来迭代开发的911系列产品更是创造出 10 秒钟卖出 3 000 台的成绩。

现在的海尔不再认为自己是家电制造商，而是以智慧家庭为中心的物联网生态圈，用户、供应商甚至社会上的创业团队都可以参与进来。

如今，海尔旗下的智慧社区便民服务平台"日日顺乐家"等，已形成了社区商业生态系统，在全国 100 个城市建立起 4.2 万个社区触点网络，拥有专属社区服务小管家 3.6 万个，通过为用户提供场景化、全流程的服务，吸引着各种创客的不断加入。

"人单合一"模式在协助企业转型方面的作用有目共睹，同时在跨国和跨文化管理时，也是十分有效的。

就以被海尔收购的 GEA 为例，GEA 可以看作是传统管理的样板。海尔把"人单合一"模式输出给了 GEA，把每个团队变成了一个小微公司，原有的三大团队均进行单独核算，变成经营体，成立各自的公司。团队领导由原来三个团队的负责人竞选组成。

除此之外，在新西兰，海尔把兼并的公司斐雪派克变成了 10 个小微公司，每一个小微公司都可以独立创造价值。

目前，谈论"人单合一"的成功与否还为时过早，按照张瑞敏的说法，"人单合一"永远在迭代，没有圆满的那一天。不过，通过海尔自己验证，"人单合一"在两个方面已有成效：一是 71% 的产品不用入库，可以直接配送到用户家里；二是'人单合一'管理模式在健康医疗、纺织机械行业进行了跨行业复制。

"所以，'人单合一'有机会成为继福特制及丰田制之后的第三代管理模式。"海尔总裁周云杰如此评价。

海尔的营销——用户零距离

30 多年来，海尔的品牌形象一直非常正向，营销策略中规中矩，没有与竞争对手的激烈冲突，经营上也没有特别大的起伏。这主要得益于张瑞敏所主张的企业理念——上善若水，水善利万物而不争。

他们认为，一个优秀的企业应该是有序的。虽然大家内心充满激情，但是在外界看来是平静的，这是管理企业的一种境界。为此，海尔的追求就是既可以耐得住寂寞，又能把握时代脉搏，与时俱进。

"基于这种理念，我们的注意力不是关注对手，和对手打架，而是把注意力放在消费者身上。我们认为拉近与消费者的距离就是拉大与对手的距离。所以，海尔很少跟同行吵架，不跟风不炒作，只是研究消费者的需求，与消费者深度交流之后再给他们超出期望值的个性化解决方案，海尔的发展就会越来越健康。"周云杰这样向项目组解释。

海尔新媒体——"80万官微总教头"

海尔的新媒体运营在家电行业独树一帜，其官方微博在2016年更是被称为"80万蓝V总教头"[1]（蓝V即蓝色官方微博），对海尔品牌产生的价值亦难以估量。

海尔新媒体打破了企业官方账号一贯的呆板形象，自2016年以来掀起了官方微博"讲段子、聊天气、帮粉丝表白"等热潮，多次进入微博热搜，吸粉无数，被称为"80万官微总教头"。

海尔官微独辟蹊径，成就了多个热点，越来越"不务正业"。不过，当我们向海尔新媒体团队请教具体的传播理念和策略时，他们的回答却很正式："以海尔官微为例，从蹭热点到造热点，再到自成热点，人格化运营是海尔新媒体非常重要的传播理念之一。人人都在讲贴近用户，但贴近用户不仅是改变与用户的对话语气，而是从更深层次感受用户的需求。海尔新媒体秉承"人单合一"，构建物联网时代下的新媒体生态。"

谈及海尔新媒体与海尔品牌的关系，他们的回答更低调："新媒体传播与海尔品牌的成长是相辅相成的关系，海尔的品牌理念成就了海尔无边界的新媒体；海尔无边无际的新媒体也为海尔品牌的成长添砖加瓦。"在新媒体端，海尔新媒体在探索情景感知、社群共创以及价值共享方面已是分外明显，这无疑为海尔确定的"生态品牌"做了很好的铺垫。

---

[1] 截至2019年11月，海尔官方微博粉丝量超过136万。

创客和创业家的孵化平台

多年以前,海尔会不时传播一些新的品牌故事和形象,但这些年媒体上海尔的广告并不多,海尔的品牌形象似乎在国内消费者的心里模糊了。

对此,周云杰告诉项目组:"实际上,海尔的品牌强化工作并没有减少,只不过广告投入少了,所以很多人会感到品牌露出度低。这些年我们在转型——更加注重和用户之间的交互——从这个意义上来说,我们不但没有弱化与消费者的互动,反而强化了。我们以前靠广告,在互联网时代靠流量,现在靠用户体验及与用户的交互。"

这里所说的转型是指海尔在互联网时代,乃至物联网时代的企业转型。

这些年,海尔通过转型,从过去的传统家电制造企业转为平台化的企业,即从制造家电升级为构建智慧家庭生态。它既是和用户交互共赢的物联网平台,也是工业互联网平台(COSMOPlat)。与以GE为代表的美国工业互联网以及德国的工业4.0相比,以海尔COSMOPlat为代表的中国工业互联网率先把用户导入了平台,而且已与国际标准接轨。因此,COSMOPlat会带动更多的中小企业转型升级,走向海外市场。如今,德国和日本的很多专家都认为应该学习中国模式。

现在海尔已经不再是一个传统企业,它希望自身是一个互联网企业,具体来说,就是成为一个在物联网时代实现引领作用的企业,成为不断孵化出创客和创业家的平台。

"未来,海尔希望在三个方面能有所贡献:一是为全球消费者贡献一个世界级的品牌,让大家可以享受世界级品牌带来的产品和服务;二是为国家贡献一个世界级企业,能够引领更多企业走向世界舞台;三是希望把"人单合一"模式变成一个具有引领性、时代性和普适性的管理模式,带动更多企业转型升级。"

"生活 X.0"

在 2018 年的海尔年会上，张瑞敏提出了"生活 X.0"概念，希望能给消费者定制梦想生活或者需要的生活方式，并借此来升级消费者对海尔的品牌认知。

虽然目前"生活 X.0"的实现还没有具体的时间表，但已经开始启动，在近一两年，消费者应该可以感觉得到"生活 X.0"的具体产品和服务。

在品牌的具体传播方面，海尔认为，品牌本身是消费者的认可，是对品质、品格的一种评价，所以说还应注重消费者的需求。

海尔下一步的品牌传播是通过交互，让消费者参与建设海尔的品牌。现在，很多消费者已经参与了海尔产品的设计和定制，甚至参与了产品起名的过程。"我们意识到，在品牌传播方面，参与者既是使用者也是设计者和传播者，海尔把这个传播从单向变成了多向，把品牌的传播从企业的一种任务变成消费者的一种兴趣，消费者成了产销者。"周云杰说道。

更为纯正的智慧家庭之路

智慧家庭是全球很多科技企业在追求的目标，大家各自都在擅长的领域发力。海尔自信能做出成果，它的理由是：第一，海尔起步早，已经建立了一套具有自主知识产权的标准系统——"u-home 系统"，它在十几年前技术就成型了，只不过消费者的习惯还需要培养；第二，海尔有整套家电硬件制造的平台，在全国有几亿用户，如果通过网器升级以后，这个平台会变成一个连接的入口，这是海尔的用户基础优势；第三，在物联网模式之下，海尔建立了很多使用场景，如厨房场景、客厅场景、酒柜场景等，它们可以带动家居的变化。另外，海尔的产品从电器到网器，再到网站的升级过程之中，已经形成了先发优势。

海尔认为，基于"人单合一"的商业模式和组织结构，顺应物联网时代万物互联的运作逻辑，加之 30 多年的制造业底蕴和品牌战略实施经验，一定能走出一条更为纯正的智慧家庭之路。

"物联网时代，不像传统时代那样大家做一类事，而是从不同的维度出发，看谁能独辟蹊径，谁就能拥有更多的终身用户，建立一个新的生态系统。"周云杰解释道。

物联网时代的生态品牌

随着企业转型的不断推进，海尔的产品观念、品牌策略等都发生了变化：通过与互联网结合，家用电器逐渐成了"网器"，而且"网器"也逐渐朝着网站演化——每台家电都将成为一个生活入口，而这些"入口"一旦互联互通，势必给用户带来极大便利。

海尔将自己定义为智慧家庭生活方案的提供方，其平台上孵化的创客和小微公司，为用户提供各式各样的产品和服务，同时也引导用户参与海尔的产品设计、制造乃至品牌传播。

对于物联网时代的发展战略，张瑞敏有新的认识，他于2018年年初发表在美国期刊《战略与经营》上的一段话，或许能让我们得见一二："今天，世界经济已经到达以互联网为基础的经济阶段。成功的公司不再通过品牌进行竞争。相反，他们通过平台进行竞争。或者换句话说，企业可以通过彼此协作技术和创新型关系形成同盟。"

2018年8月14日，海尔成立了"生态品牌研究中心"。2019年，海尔成为BrandZ全球品牌百强中第一个且唯一一个物联网生态品牌。

"品牌之间的竞争，在物联网时代必将转移到生态体系的竞争上。在这个时代，要么建立一个生态，要么被生态淘汰。海尔在全球范围内第一个提出了构建物联网时代生态品牌的理念。在海尔看来，物联网时代的用户需求更加个性化，所有的数字技术都应该服务于用户个性化体验。"周云杰对此评价道。

海尔没有品牌的终极梦想，它总在为自己的下一个品牌目标提前做准备，然后做引领者。对此，张瑞敏这样评说，"一个企业最重要的不是规模有多大，而是能不能在不同的时代都踏准时代的节拍"。

08 章

通往国家品牌路径探索之创造流行——万达

> 人生追求的最高境界是精神追求,企业经营的最高层次是经营文化。
> ——王健林

品牌印象

　　万达核心业务渐变的过程，是其品牌内涵逐渐固化的过程，这种动态的品牌基因正好符合中国经济转型和社会变迁的大势。

　　足球让万达扬名天下，成为万达品牌1.0版本的标配，那时它还只是一家二线城市的普通房地产开发商。在成为大型全国性地产开发商之后，"万达广场"赋予万达品牌2.0版本独特的差异化内涵。在万达品牌3.0版本阶段，文化娱乐成为万达品牌的核心诉求。在万达广场看电影、购物、社交……万达的品牌效应俨然已经与人们追求的流行生活方式建立起了直接关系。在现在的中国，有没有万达广场，甚至成为衡量一个城市规模和现代化程度的重要指标。

　　万达是在中国乃至世界上为数不多的从房地产起家的"轻量级"流行品牌，在不断让资产变轻的同时，其品牌形象也越来越"轻"——潮流、时尚、前瞻。

　　20多年前，这家房地产企业因为成功赞助中甲劲旅"大连万达队"而名扬天下。之后，万达经历了多次转型，与当初的形象早已相去甚远，并在潜移默化中渗入消费者的生活。在此期间，"万达广场""万达影城""万达百货""万达城"等子品牌，以及不断收购的海外品牌，共同组成了"万达系"品牌集群。如今的万达已发展成为世界上规模最大的不动产企业、最大的文化企业和体育产业公司，同时也是一家很难界定其类别的巨无霸公司。

　　万达创始人王健林一直保持较高的曝光率，常常成为公众的话题人物，同时又善于制造话题。不管是成为中国首富，在央视节目和马云赌电商和实体销售的未来，还是给创业者指点的"小目标"，都曾引发社会的强烈反响。

　　一方面，这些话题的发酵，无疑对万达品牌的持续传播起到了事半功倍之效。另一方面，万达品牌高举高打的成长路径与其他民营企业完全不同，这得益于王健林多年来在实践中总结出的"万达哲学"。事实上，万达的品牌影响力要比其企业实力的实际位次更高一些。

　　多年来，万达于无形中传递出的"有钱任性"的范儿使其一直处于"风口"之上,也因此为其品牌的成长创造了某种奇迹。不过,2017年,政策的突然收紧也曾使万达陷入困境,好在王健林果断出手,以壮士断腕的勇气挽救了企业。而恰逢其时的2018年俄罗斯世界杯给了万达品牌修补的最佳机会。赛场内外万达LOGO的反复呈现,使万达品牌不但为全世界球迷所熟知,更重要的是发出了在国内其业界地位并未动摇的强烈信号。

王健林的雄心是把万达打造成世界领先的文化品牌,在他看来这也是中国最缺的,打造起来最难的。打造文化品牌需要的时间很长,因此需要提早规划。

风波已然过去,回顾过往,展望未来,万达走的是一条发达国家品牌成长从未走过的路,万达品牌能否踏出一条新路,成为有世界影响力的文化品牌企业,还需要经过时间的检验。

北京CBD万达广场

大连万达队：足球让万达家喻户晓

2018年俄罗斯世界杯期间，中文和拼音组成的万达品牌LOGO在热火朝天的赛场直播内频频展现。国际足联的这个顶级合作新伙伴，之前完全不被世界其他国家的球迷所知晓，因此更不可能知道这家企业其实在起家早期就和足球有不解之缘。尤其难以想象的是，在世界杯赛场内外占据大幅优质广告位而风光无限的万达，在30年前仅仅是中国东北的一家小公司。

1988年，大连市西岗区政府办公室主任王健林主动请缨执掌"大连万达"的前身——西岗区住宅开发公司——这家公司当时欠债149万元，濒临破产。王健林上任后的第一件事就是改名字，他觉得"西岗区住宅开发公司"这个名字太土，于是花了2000元在报纸上做征名广告，之后他发现其中一位设计者提出的万达名称和标识含有走向世界的寓意，感觉很好，就采用了。

现在看来，当时就有花2000元登报征名的思路和魄力，不能不说王健林具有极强的品牌意识。"万达"这两个汉字，简洁明快，气势宏大，容易发音、容易理解、容易记忆、容易传播，不受经营范围的限制，即使品牌内涵不断迭代也不会有违和感。巧合的是，即使翻译成英文也具有好发音和易辨识的特点。从品牌命名和传播的角度来看，这2000元可能是性价比最高的公开征名活动。

万达最开始的日子并不好过。为了企业生存，王健林曾多次上门找市政府争取项目，并表态，"不管项目在什么地方，只要有活干、有口饭吃就行。"就这样，万达承接了北京街棚户区改造项目。

这个项目让万达赚了第一桶金——他们通过给房子加装铝合金窗、安装防盗门、设计"明厅"、配备洗手间等局部微创新，让房子"时髦"了起来，也因此获得了近千万元的利润。不得不提的是，万达当时还在营销上进行了创新，王健林在《万达哲学》中回忆道："当时我做了一个大胆的决定，出8万元钱赞助一部40集的港台电视剧，那个年代港台电视剧非常吃香，通过赞助让北京街小区远近闻名。"这很可能是中国最早的房地产电视广告，由此可见，王健林的品牌营销意识的确很超前。

万达自此一发不可收，企业规模迅速扩大。到1992年，万达销售额约20亿元，占整个大连房地产市场的25%。那一年，受之前邓小平南行讲话感召，热血沸腾的王健林南下广州开发房地产。当时政策不允许企业到外地注册公司，虽然他变通地注册了一家分公司，但由于缺乏经验，争取到的项目并没有赚到太多钱。不过，万达因此成为全国房地产行业第一家跨区域发展的企业，为以后的发展开辟了新的思路。

虽说万达实现了跨区域发展，但那毕竟只是理论上的概念，而让万达真正实现全国知名、品牌价值飙升的，并不是房地产，而是足球。1994年，中国足球职业联赛（甲A联赛）诞生，球市作为新生事物开始火爆。职业联赛第一年，一支叫"大连万达"的足球队横空出世，夺得了首届联赛冠军，之后从1996年到1998年获得了联赛三连冠，而且创下了职业联赛55场不败的神话。"大连万达"四个字在全国变得家喻户晓。

庆祝万达队夺冠合影留念

大连足球俱乐部是大连市政府于1992年成立的，是中国历史上第一支职业足球俱乐部。1994年3月8日，大连万达开始赞助这支球队。回头来看，万达与大连万达队的组合，在市场经济刚起步的年代，对万达品牌在全国范围内的传播起到了决定性作用,也为后来万达能够迅速在全国范围内铺开业务打下了坚实的品牌基础。

万达广场 & 万达影城:城市流行生活的标志性符号

2000年5月,万达集团召开了持续三天的董事会会议。会议决定将万达从单纯开发住宅的模式,转型为住宅地产和商业地产并重的模式。这次会议决定了万达的发展方向,也决定了万达品牌后来发展的基本调性。

在做住宅地产最赚钱的时候开始大力发展商业地产,是因为王健林意识到,做住宅地产,有项目才有现金流,项目做完现金流就断了;而且从全世界的实践经验来看,每个国家的城市化进程都只有半个世纪左右,一旦结束,房地产行业就会萎缩。也就是说,住宅地产开发存在着很大的发展瓶颈,品牌难以延续。而商业地产既可以出售,又可以采用出租或其他经营方式获得长期利润回报,具有可持续发展的特性。2002年,全新的万达广场开始进入消费者的视野。

与万达广场模式的主动出击相比,2005年诞生的万达影院则是被逼出世的。万达开始并没有经营院线的计划,只想做房东收租金,但是与他们合作的企业因为更换老板而中断了合作。之后,万达又找了全球最大的文化企业集团时代华纳,时代华纳积极性很高,但中国加入世界贸易组织后,外资企业不能进行影院经营管理,股权投资也不能超过49%,因此,时代华纳也撤出了。

作为外行的万达,接不接手影院经营成为一个难题。王健林在公司董事会上讲了一句话:"做影城再难,难得过搞'两弹一星'吗?"就这样,万达被逼上梁山,成立了自己的院线公司。没想到,万达院线公司成立当年就实现了盈利,而且"一不小心"成了行业老大。

到今天为止,万达已在全国除新疆、西藏、青海、贵州之外的28个省、市、自治区的80多个城市进行投资。"一个万达广场,一个城市中心",万达的发展甚至直接影响着众多中国城市风貌和商业格局的变化。

对于普通消费者来说,最熟悉的莫过于万达广场,以及"内嵌"的万达影城。它们在21世纪初的几年就扎根于城市的繁华地带或居住密集的社区周边,几乎每天都与消费者的日常生活产生直接的关联。久而久之,万达广场和万达影城在很多城市成了"地标"建筑,"万达广场就是城市中心""生活因电影而美好"等宣传语深入人心。万达广场集结了大量时兴商家,各种流行元素在这里汇聚,它们交织产生的炫酷气场使消费者认为,万达广场就是装满流行事物的魔法盒子,万达与流行紧密凝结在一起,这让万达成为各城市争相邀请的对象。

除了万达广场和万达影城,万达集团还于2006年成立了自己的酒店管理公司,并于2007年成立自己的零售品牌"万千百货"(后改名为"万达百货"),丰富了自己的品牌阵列。2008年9月22日,万达集团正式入驻北京,这也标志着万达从一个地方品牌升级为全国品牌。

万达品牌有了国际范儿

万达在国内开辟出自己的一片天地之后,变得更加雄心勃勃,它把目光投向了海外,以收购国外企业的方式来扩大规模和影响力。这种"出海"策略起初是积极响应中国企业"走出去"的国家号召,之后曾一度被误认为是"资本外逃",但万达自己反复强调,"出海"始终是其发展文化娱乐产业品牌目标的一部分。

万达集团2016年的工作总结中有两个亮点,一是文化产业成为公司支柱,二是跨国发展成绩优秀。尤其是后者,王健林在报告中花了很多的笔墨。"现在万达不光是要创造商业成就,还要着力打造民族企业品牌。"前半部分做了很多铺垫之后,王健林在报告的后半部分再次确认了发力的目标。万达打造全球品牌的目标很明确,并不只是简单的尝试。

实际上,万达于2012年就开始了自己的国际化征程,那一年的9月,它以26亿美元收购了美国院线AMC,成为全球规模最大的电影院线运营商,这成为万达向文化产业迈进的第一步。2013年6月,万达集团又投资3.2亿英镑并购英国圣汐游艇公司,投资近7亿英镑在伦敦核心区建设超五星级酒店,并用上了万达自己的品牌。之后,万达的海外发展一气呵成,2016年吞下了十几家海内外企业,这一年也是万达在海外并购最多的年份。

万达控股的美国 AMC 影院公司

对于国际化，万达早有规划，他们在 2009 年就提出了一个设想，希望再用 10 年的时间，也就是 2020 年的时候，能够成为一个跨国企业，打造世界级的中国企业品牌。

万达的国际化大手笔，以及在文化娱乐产业方面的密集布局，使万达找到了新的发展空间和利润增长点，同时也在潜移默化中不断固化消费者对其品牌的认知。王健林的个人影响力也因此飙升，并于 2013 年居于"福布斯中国富豪排行榜"首位，之后又于 2015 年和 2016 年两次当选"首富"。

受此影响，王健林的儿子王思聪也迅速成为"网红"，成为年轻网民群体口中的"国民老公"。虽然万达官方将王思聪的名人效应与万达的品牌效应明确做了切割，但毋庸置疑的是，"首富"造就了"国民老公"，"国民老公"烘托了"首富"，这种娱乐感的互动效应承载着万达品牌在消费者群体中的传播，并产生了独特而复杂的价值。

化解债务——顺势推进品牌转型

2017 年，一直顺风顺水、傲立潮头的万达，遭遇了一场猝不及防的危机。经济大环境导致的政策变化，让万达一直宽松的信贷环境恶化起来，万达果断决定通过大规模售卖资产偿还债务。此前的几十年，中国大型企业极少有过这种举措,万达抛售资产引发了业界、媒体和大众的各种猜想。一些不负责任的自媒体更是添油加醋,一时间谣言满天飞,似乎万达已经处于摇摇欲坠之境。

对于万达多年苦心经营起来的品牌形象而言,这无疑是一次重大的危机。随着最终结果的尘埃落定,尽管依然不时有谣言传播,但越来越多的人相信,万达售卖资产是一次正常的企业经营行为,虽然有被迫的成分,但并不构成对企业生存的直接威胁。

在王健林自己的表述中,他承认万达经历了一场风波,也承受了一些磨难,但他认为出售资产是符合商业逻辑的,卖资产并不等于要破产,"生意是买和卖构成的,世上没有只买的生意,也没有只卖的生意,不管买也好、卖也好,关键看买卖之间能否赚钱。万达过去几年在海外投资了一批项目,现在我们决定清偿海外债务,卖一半资产就能把全部债务清偿,说明我们在买和卖之间赚钱了"。

2017年7月,万达和融创、富力签署了文旅项目、酒店资产转让协议,仅此一项协议减债440亿元,回收现金670亿元,相当于减债1 100亿元。王健林在公司2017年的总结会上说道,"把重资产的文旅项目和酒店卖掉做轻资产,这种只赚不赔的买卖,绝对是上策。社会上的很多人可能都不理解,有些内部同志可能也不理解,但是请大家三年以后再回头来看我们的决定是否正确"。

王健林提到的"轻资产"是指万达自2014年以来开展的轻资产转型,它是万达品牌成长史上4次转型中距今最近的一次,也是波折最大的一次。债务风波期间,虽然外界认为万达的这些调整似乎是痛苦的,但实际上,万达当时属于顺势而为。万达的轻资产转型进展比较缓慢——房地产不太容易摆脱掉——正因为国家政策的调整,才使万达的轻资产转型朝前迈了一大步。

在万达看来,在当时的情况下,如果没有这么一种外力,万达向轻资产转型不会这么快,但不转又不行,外界环境逼迫着必须转型。经此一役,万达的负债率降到了很低的水平,把风险最大的重资产去掉之后,万达的资产安全性极大提高,可以心无旁骛地向文化、体育及娱乐行业进军。

从品牌战略来讲,在遭遇危机时,万达并没有慌乱,而是"以毒攻毒";在经历痛楚时,顺势而为,有效化解了企业长远发展的隐患。经历这一过程之后,万达的新品牌形象无论对内还是对外都更加清晰了。

品牌大师王健林

王健林是军人出身,在他身上不仅有军人的干劲,也有商人的精明,而这两种性格特征的融合,形成了万达的企业文化,也成就了万达的品牌。

"有活儿干,有口饭吃就行",这是 30 年前王健林向大连市政府争取建筑项目时的表态,这句期望值很低的诉求,让万达获取了第一桶金,点燃了"星星之火"。这与当年在货源被垄断的情况下,苏宁创始人张近东想出"淡季订货,反季节打款"的点子以摆脱生存危机有异曲同工之妙。当然,这也会让我们想到华为创始人任正非在公司创业初期面临资金困难时,硬着头皮向大企业借高利贷,从而延续了华为火种的"惨烈"过往。

万达决定做商业地产后,第一个想法就是"傍大款"。因为"大款"不但能收租金,还可以给万达广场带来品牌效应。为了榜上沃尔玛这个"大款",王健林花了很长时间才约到沃尔玛主管发展的副总裁,但对方听完他的想法就很轻蔑地笑了。王健林反复游说对方,最终对方同意先做一个项目试试。之后,王健林亲自去深圳,又数次约见沃尔玛亚太区首席执行官。历时半年多,前后几十次,沃尔玛答应和万达在长春合作第一个万达广场。就这样,直到建成第五个万达广场,沃尔玛终于同意跟万达签订战略合作协议。

渡过了创业的艰辛,近年来,王健林在品牌传播方面的"四两拨千斤"之效,是有目共睹的。比如,万达要做万达城,但没有人知道"万达城"是干什么的,"万达乐园"是干什么的。王健林参加央视的一期《对话》节目时,在节目中谈到了迪士尼。之后,大家全明白了,万达是要建一个和迪士尼乐园类似的东西。他巧借央视的节目,完成了万达的一次品牌营销,在这一点上,很少有企业家能像他这么睿智。

再比如,王健林关于"小目标"的梗,让万达成为近几年的热门话题之一。2016 年,他在《鲁豫有约大咖一日行》中谈到"很多年轻人想当首富"的话题时,表示:"想做世界首富,这个奋斗的方向是对的,但是最好先定一个能达到的小目标，比如先挣1个亿。"这句话撩拨了年轻人的奋斗神经，"小目标"一词更是一举入选教育部、国家语委发布的《中国语言生活状况报告（2017）》的"2016年度十大网络用语"。至今，它依然被频繁使用，并在某种程度上被固化为"网络成语"。

王健林经常出现在媒体上，高调且引领流行，他给万达品牌的塑造带来了极大的附加值。这种持续的高调，绝不仅仅是企业家个人的爱好和习惯，更是一种将个人性格特点和企业发展战略经过深思熟虑后的融合，这一融合充分展示了商人的精明和睿智。

商业模式创新——占据产业优势，形成品牌影响力

商业模式创新是万达品牌的主要成功因素。如果没有商业模式的创新，万达不可能是现在的万达——它俨然已经摆脱了房地产公司的旧有品牌印象，游刃有余地在体育、文化、娱乐、旅游等大众消费市场耕作，创造了多个流行符号。

万达官方认为，把商业模式创新作为企业创新的关键，通过模式创新迅速占据产业优势，可以形成强大的品牌影响力。

在电影产业方面，万达首先占领全球电影终端渠道，然后向电影产业上游制片、发行领域延伸。2012年，万达以26亿美元并购世界排名第二的美国AMC影院公司。2016年，万达通过AMC并购欧洲最大的欧典院线，及美国排名第四的卡麦克院线。万达院线也利用自身在资本市场的优势，并购大洋洲排名第二的澳大利亚HOYTS院线。

现在万达已形成全球最大、分布最广的电影院线网络，在中美两个全球最大的电影院线市场中都占据第一的位置。凭借终端渠道优势，万达2016年出资35亿美元并购美国传奇影业，进入全球电影制片行业。现在万达已成为世界上唯一拥有电影全产业链的企业，对全球电影产业产生着重大影响。

在体育产业领域，万达注重控制世界体育产业上游核心资源，形成领先优势。2015年进入体育产业以来，万达先后并购了瑞士盈方体育传媒、美国世界铁人公司、法国拉加代尔公司，成为全球体育产业收入最多的企业。万达与国际足联、国际篮联、国际冰联、国际羽联等10家国际体育组织达成战略合作，获得世界重要体育项目上游核心资源。同时，万达将世界体育与中国体育相结合，在中国举办世界一流且具有唯一性的国际赛事，推动体

育产业在中国的发展。从 2016 年开始，万达每年在全国多个城市举办"铁人三项"赛事；从 2017 年开始，每年举办一届"中国杯"国际足球锦标赛，邀请世界一流的国家足球队到中国比赛。

"我觉得万达的成功首先在于商业模式，万达一直在创新它的商业模式，以保证它能够与时俱进，永立潮头。"万达品牌总监刘明胜向项目组确认万达商业模式的创新价值时如是说。

"没有不可能"——执行文化是万达的品牌基石

在万达看来，没有什么事情是解决不了的，在他们的字典中没有"不行"二字，而这正是万达执行文化的特点——"没有不可能"。王健林说过，可以承认目标非常困难，讨论怎么办，但绝不能一开始就说不行、干不了，这不是万达的做事风格。

回顾万达 30 年的品牌发展史，从最早期的争取旧城改造项目赚取第一桶金，到后来的邀请沃尔玛入驻万达广场，再到近些年收购多个全球知名文化、旅游企业，"没有不可能"的企业精神贯穿始终。

长白山国际度假区是万达宣传中比较喜欢拿来举例的案例之一。这个项目有 120 万平方米的建筑面积，包括 9 个酒店、亚洲最大的滑雪场、3 个高尔夫球场和旅游小镇等。当时，长白山国际度假区正在申办 2012 年冬季亚运会，项目必须在 2012 年 8 月前建成，否则就无法参与竞争。然而，长白山一年只有 6 个月施工时间，10 月以后就大雪封山，雪深一米多，一脚下去就没到腰，所以冬季一般不施工。但为了抢工期，万达必须克服种种限制，在冬季施工，整个过程非常艰苦。

长白山国际度假区项目花了 26 个月，最终建成开业，创造了速度和质量都达标的奇迹。项目竣工后，王健林亲自到现场召开表彰大会，全集团几百名核心高管也都到项目现场参会，会上给予建设团队、施工单位重奖和很高的荣誉。

"万达的企业文化很强大，就像部队去打仗，别的人攻克不了的难关，一个尖刀连，一个敢死队，一来就成功。它靠的是一种强大的集体文化。美国、日本的一些世界知名企业之所以能发展起来，就是因为它们的文化很强大，并不是某个人或某个领导能干，或是有什么特殊的方法——换别的人到这里来干也行，而是因为这些企业有集体文化。"刘明胜这样向项目组评价道。

万达的高薪酬待遇是这种执行文化的存在基础。从最初的住宅地产转型到商业地产行业，后来又转型到文化旅游行业，万达能多次成功转型，人才的作用是不可忽视的。万达承认，把大量优秀人才吸引进万达还是要靠高工资，而不是王健林的名人效应。

一套行之有效的企业管理方法是万达知行文化的保证。1988年，王健林刚到公司就出台了《加强劳动管理的若干规定》。如今，万达依然在不断完善制度体系，每两年修订一次制度。现在万达各个系统的制度加起来有200多万字，非常详细。在万达，开会迟到和上班不穿正装都是不可思议的事情，所有的员工都必须遵守这些规则，包括王健林本人。然而，万达制度的最大特点是能用、好操作，所有制度为有用而设，不搞形式主义。

足球情结——给万达品牌注入温度

在中国民营企业中，万达与足球的结缘是最早的。从大连万达队到风光世界杯，足球这个流行文化的代名词，为万达构筑起了一道从未中断的"暗线"，让其品牌在全国乃至全球的传播达到事半功倍的效果。它不但让更多的人记住了万达，更重要的是，它为万达由传统房地产品牌向大众品牌的转型提供了支撑。

足球对万达而言，不只是一种品牌媒介，更是一种情怀。从早期的大连万达足球队到如今的国际足联顶级赞助商，万达品牌的成长史也是对足球的"陪跑"史。万达从来没有离开过中国足球，他们即使不做俱乐部的赞助，也仍对中国足球的未来有很多的规划。

虽然没有一线足球队，但万达一直在青少年足球培养上下功夫，每年选30个青少年足球队员去西班牙参加训练，让他们去接受关于足球的先进理念和技法。截止到2018年，这种训练已连续执行了7年，有200多个队员受益。每年30个孩子，哪怕有一两个能够进入欧洲顶级足球俱乐部，都是巨大的收获。万达寄希望于下一届卡塔尔世界杯，可能到了2030年，这些小球员就能够成为国家队真正的栋梁之材。

2016年，万达成为国际足联的顶级赞助商，这并不只是出于品牌传播方面的考量。当时合作的主要目的是发展万达的体育产业，这也是万达国际化的方向之一。万达进军体育产业的决心很大，王健林认为，要进入体育产业，就应该从高端层面进入体育市场。

幸运的是，国际足联提供了机会——原来八个顶级赞助商中有三个退出。在万达看来，成为顶级赞助商有助于让全世界了解万达，是千载难逢的品牌传播机会。这种资源非常稀缺，稍纵即逝，机会难得，万达迅速出手拿下。

2016年3月18日，国际足联与万达集团签订战略合作协议，万达成为中国首个国际足联顶级赞助商，协议有效期达15年。这也是万达集团继并购瑞士盈方体育、世界铁人公司之后，再次在体育方面的大手笔。

就在万达集团大刀阔斧地推进国际化战略之时，2017年，政策风云突变，银监会开始排查授信风险，万达的6个境外项目的融资遭到严格管控，陷入了债务风波。在一些自媒体看来，万达这个带着明星光环的企业突然出现重大债务问题，是极好的炒作素材。一时间，万达大祸临头的坊间传闻甚嚣尘上。

这场风波对万达影响最大的是品牌建设。王健林的一言一行都在镁光灯下，"网红"味儿十足，万达在海外的发展也是顺风顺水。突如其来的风波，让受众和媒体对万达的印象迅速改变，"首负"、大幅裁员、高管被抓等负面新闻和评价滚滚而来。某问答社区中，"你为什么从万达离职？"的帖子甚至成了吐槽万达的公共场所。

不过，随着2018年俄罗斯世界杯开幕，万达LOGO频繁在赛场内展现，从某种程度上来说，俄罗斯世界标对万达品牌的正面影响开始显现。根据国际足联官方数据统计，俄罗斯世界杯小组赛期间，平均每场比赛有8.15亿人次观赛。这意味着，每场小组赛，全球至少有8亿人次看到了场边的"WANDA万达"标语。而全部64场比赛下来，保守估计有超过500亿人次看到了万达的LOGO。

"2017年6月的那场风波对于万达来说确实是巨大的，这个风波是在国家经济转型的过程中遭遇的，这就使万达比较被动。如果单纯从舆情的角度来看，现在基本上已经平息了。但是对一个品牌的损伤来说，它还会延续很长时间。"刘明胜告诉项目组，"针对万达品牌的知名度，我们初步做了一个统计，整个世界杯期间品牌的曝光量大概是在30亿人次到40亿人次的量级，我相信这比其他任何一种形式的宣传都要好。再加上我们没有过度宣传自己，这让万达品牌的美誉度提升了很多。如今，我们在万达广场及酒店做营销活动后，客流量和消费者人数都有很明显的增长。"

成为大型多元化服务公司

王健林曾说,一百年来,全球大型房企无一例转型成功,万达已经改写了商业历史,成功转型为以服务型为主的企业。2017年,万达以成本计资产7 000亿元,同比减少11.5%,国内资产和国外资产的比例为93:7,万达的"去地产化"已经基本实现。

万达所涉足的每个领域体量都很大,是全球最大的不动产公司、全球最大的电影院线、全球最大的体育公司,由于其多元化发展,我们不仅很难给它的企业类别进行界定,也很难给它在国外找到对标企业。就连达沃斯论坛面对这个问题时也感到头疼,因为在达沃斯的整个企业分类系统里就没有万达所属的分类。最终,主办方把万达分到了传媒类,因为万达有电影院线。

刘明胜向项目组介绍道:"可以认为万达是一个大型的多元化服务类公司。这些业务版块看似互不搭界,实际上是相关的,都是从地产行业发展起来的。"

万达是一个多元化的大型服务类企业集团,从长远来看,万达发展的轨迹和脉络是清晰的。在商业地产方面,万达把重资产板块剥离以后,变成了一个管理公司,经营管理万达广场、万达酒店、万达乐园。另外,万达所从事的体育和文化等产业都属于轻资产和服务业领域。

从收入角度也能印证这种界定方式。万达集团2017年的收入中,服务业收入占比约63.4%,同比提高8.4%。服务业收入中,租金收入占比约18%,增速远高于万达其他产业,已经连续多年实现平均超过30%的增长。租金是最长期、最稳定的现金流之一,而且利润比例高,收入占比提高,说明收入含金量增加。对此,王健林在2017年的工作总结会上称,近几年,万达服务业收入每年都会大幅提高,今后还会继续提高。

实现轻资产转型

目前万达的轻资产分为两类：一种是投资类，另一种是合作类。投资类是别人出钱，万达协助找地、设计、建设、招商，竣工后移交给别人，其中有资本化程序。合作类是万达既不出钱，也不出地，只是帮别人建设，建成后租金分成。"第二种是万达力推的模式"，王健林在2017年工作报告中明确表示。

万达广场的建设并没有因为债务危机而减速，相反还在提速。2017年，北京、上海、广州、成都、天津、重庆等一线城市都有万达的轻资产项目开业或签约。轻资产方式让万达的品牌价值得到了最大限度的释放。轻资产战略提出一年内，万达广场开业24个，新发展轻资产项目47个。

万达广场原来的广告词排序依次是"购物的中心""娱乐的中心""社交的中心"。现在，他们把"社交的中心"放到了第一位。在互联网时代，万达广场就是要给人们提供一个真实线下聚集的地方。因此，万达广场首先要是"社交中心"，其次才是"购物中心"和"娱乐中心"。

万达认为，不管哪个年代的人都需要聚集，只不过聚在一起做的事情内容不同，因此轻资产的万达广场还要继续做大。

打造文化品牌

在王健林看来，中国需要商业品牌，更需要文化品牌，因为文化品牌的影响力大、持续时间长——商业品牌很少有做到百年的，而文化品牌影响时间长，能影响几代甚至几十代人。不过，文化品牌的打造需要更长时间，要及早规划。中国特别需要打造具有国际影响力的中国文化品牌。

在万达之前，中国电影在海外没有商业化放映的记录。万达在海外建立起院线后，仅2012年至2016年这5年时间，已累计在海外放映了162部中国电影，约占中国电影海外票房的80%，对于让中国文化"走出去"起到了很好的助推作用。

另外，近年来，万达在文化产业上也取得了明显的收效。2017年，万达文化产业收入占万达集团收入比重升至28.1%，已成为万达另一个支柱产业。尤其是影视产业，新增影城199家，新增屏幕1 585块；累计开业影城1 551家，屏幕数15 932块。万达在全球市场的占有率和影响力进一步扩大，特别是在英语片市场，万达已具有相当大的话语权。

未来，将自己打造成全球化文化品牌，是万达的终极品牌梦想。

09 章

通往国家品牌路径探索之倾心制造——格力

> 今天的成绩已成为过去,当你满足的时候,就是失败的开始。
> ——董明珠

品牌印象

董明珠无疑是这个时代最著名的中国女企业家。几乎在格力的每一张海报上、每一条电视广告中,人们都能看到掌门人董明珠的头像。

从铺天盖地的广告到各种论坛、会议和新闻采访,董明珠及其风格凌厉的快言快语集合形成了"格力就是董明珠,董明珠就是格力"的品牌形象。

从2012年前董事长朱江洪退休之后,被媒体称为"董小姐"的董明珠与格力品牌的捆绑度就越来越紧密,这成为中国品牌的独特现象。业界对此评价不一,但这种捆绑让格力品牌在知名度的传播上取得了事半功倍的效果。

纵观格力电器近30年的发展,除了质量过硬的空调产品之外,最为世人称道的,还有代表格力在不同发展阶段特征的、朗朗上口的品牌口号。从"格力电器,创造良机",到"好空调,格力造",再到"格力,掌握核心科技""让世界爱上中国造",这些广告语既是格力在当时市场环境下对客户的承诺,也是其各个发展阶段的目标,同时还折射出中国制造业的发展进程。

格力电器从进口零部件组装空调起家,在长达20多年的时间里深耕"空调"这一产品,这在中国家电业绝无仅有,其定力、耐力令人赞叹。常年对单一产品的坚持,使格力家用空调产销量自1995年起一直位居中国空调行业第一,格力将其他品牌远远抛在后面,成为无可撼动的单项冠军,从而给消费者留下了"格力就是空调,空调就是格力"的品牌认知。

作为一个起家较晚的地方国有企业,凭借这一看似保守的战略定力,格力积淀和塑造了品牌美誉度,为今后的多元化发展奠定了基础。

"格力"是"快乐"的英文"GLEE"的谐音。据称,这是20世纪90年代末的一天,格力电器原任董事长朱江洪逼着两名副手想出来的。为了避免与国外其他品牌名称重复,他们改了其中的一个字母,最终将格力的英文名确定为"GREE",寓意"快乐、伟大、绿色"。

现在,由4个英文字母组成品牌LOGO的格力已经成为很多国家主要的家用空调品牌。和其他中国空调企业进军海外的路径不同，格力一直坚持在海外市场打造自己的品牌，而不是为其他国家品牌代工。格力连续十多年空调产销量位居世界第一，自主品牌产品销往全球160多个国家和地区，在巴西、俄罗斯、中东、东欧等国家和地区，格力更是成为当地的主流品牌。

在成长的每个阶段，格力都会有一些独特的行为，其影响力甚至延伸到了家电行业之外，在全国产生轰动效应。比如，上世纪末推出的引发行业地震的"六年免费包修"政策，21世纪初因渠道问题与国美电器剑拔弩张，近些年多次在正式场合向竞争对手美的"开炮"等事件，都与董明珠直接相关，而且都恰到好处地在不同时间节点助推了格力品牌的发展。有趣的是，董明珠毫不饶人的快言快语成了业界的一道风景，而被"怼"的对象也很少在公开场合回击。人们似乎已经默认了董明珠的"怼人"特权。

虽然空调产品已是世界第一，但格力并不满足于此，于2014年明确提出多元化发展战略：成立"大松"家用电器公司，介入小家电行业，生产净水器、热水器，制造格力手机，曲线入股银隆电动汽车……不过，这似乎并没有赢得业界的叫好声，反而引发了"格力不再专注"的质疑。

品牌大师艾·里斯说过："品牌就如同一条橡皮筋，延展的产品越多，它就越脆弱。"董明珠深谙此理，虽然她个人在广告中直接"叫卖"大松和晶弘产品，但小家电和冰箱产品并未使用格力品牌。董明珠采用这种若即若离的关联方式继续保持着格力品牌的相对纯粹性，力图使多元化发展战略不损耗格力品牌多年苦心经营起来的市场信誉。

2018年10月，习近平主席视察格力电器之后，中央广播电视总台的王牌评论节目"央视快评"就直接以"让世界爱上中国造"作为评论标题，而这句话，正是格力电器新推出的品牌口号。这一新定位迎合了时代需求，将品牌与家国情怀融为一体，使格力成为中国制造业的代言人。

从最早期的坚守"工业精神"，到近些年的"让世界爱上中国造"；从格力品牌的传播，到董明珠的公开讲话，我们都能从中清晰地感受到一种情感，那就是家国情怀及格力对制造业的执着和热情。这在中国的企业中并不多见，也正是这一点，让格力超越普通工业品，拥有了"国家品牌"的气质。

"创造良机"：精品战略孕育品牌未来

1991年底，珠海特区发展总公司下属的冠雄塑胶厂和海利空调器厂合并，成立格力电器，生产家用空调机。本来同时担任两家企业负责人的朱江洪出任格力电器总经理。

当时，春兰、华宝等国内空调品牌已如日中天，国外品牌诸如日资的三菱、松下、三洋、东芝、日立、夏普和美国的开利等也已抢滩登陆。朱江洪意识到，在这种凶险的市场环境下，唯有大胆革新，杀出一条血路，格力电器才有存活的可能。为此，他下令停产整顿，发动全体员工搜集历年来产品暴露出的质量问题，并成立自任组长的质量监管小组，由于作风严厉，这个小组被员工戏称为"质量宪兵队"。之后，他们召开"诸葛亮会议"，安排解决查出的400多个质量问题，并对解决不力的员工进行处罚。

当时国内的空调生产企业大多都是进口零配件的组装企业，格力电器也不例外，空调压缩机、电机、控制器等部件完全依靠购买。很多空调企业在一些非关键配件上偷工减料，但朱江洪从一开始就在格力内部杜绝了这种现象。虽然都是组装机，但是格力的用料总是比别的企业"厚道"。"在没有确保质量稳定性和可靠性的情况下，擅自改变空调的材料，这本身就是对消费者的不负责任。"对于当时的业界惯例，董明珠向项目组如此评价。

通过停产整顿，格力的产品质量获得了消费者的认可，加之1992年空调行业大发展，格力就此闯过生死关。1994年，朱江洪在公司大会上提出了"精品战略"构思，狠抓产品质量，把国际上最好的空调作为赶超目标，开展科技创新和一系列行之有效的质量活动，把空调"做精、做强、做大。"

1994年，格力空调首次进入欧洲市场，朱江洪出国了解情况时，听到有顾客抱怨噪音太大，像运行中的拖拉机。他让人拆开空调后发现，原来是一段细长的海绵没有粘牢，开机后搅在风机上，产生了杂音。

这让朱江洪深受刺激。回国后，他立即针对生产中容易被忽视的问题，颁布了"总经理十二条禁令",为所有人划出质量红线,号令员工严格遵守工艺流程,违者严惩不贷。曾有几名员工心存侥幸,试图蒙混过关,但最终皆因触犯禁令而被公开除名。之后,朱江洪又在全公司发起了"零缺陷"工程,号召一线员工苦练基本功,熟练掌握各种操作技能,勉励他们要用搞艺术的态度来对待自己的工作,把自己生产的产品看成是一件艺术品,精雕细刻、精益求精,这样才能经得起消费者的评判与检验。

次年,一批空调突然出现了"死机"现象,消费者纷纷投诉。经查,发现是下游厂家提供的电容不合格。一贯对质量问题零容忍的朱江洪想到了成立"筛选分厂"对来料进行全面检查的办法。1995年下半年,一个由300多人组成的筛选分厂宣告成立,它不生产零件,也不装配产品,只负责把买回来的重要零件在上线装配之前进行检验筛选,剔除不合格的零件,退回原厂,并按情节的严重程度给予协作厂一定的经济处罚,这一招迫使协作厂家开始重视产品质量,筛选分厂也成了格力质量管理的一大特色。

在朱江洪的领导下,格力推行精品战略,逐步迈向以质量求生存的正确道路;通过教育,公司从上到下都认识到质量在企业发展中的重要作用。"打造精品企业、制造精品产品、创立精品品牌"成为格力的精神食粮,而当时推出的"格力电器,创造良机"这句品牌口号,巧妙地传递出了格力追求产品高质量的核心理念,成为流传甚广的广告语。

"好空调,格力造":格力模式引领行业风潮

1994年,朱江洪大幅降低销售人员提成,业务骨干集体离职。危难之际,销售能手董明珠坚持留在格力,之后,升为销售经理。

朱江洪是国内家电企业领导人中罕见的老牌大学生,技术出身,为人低调谦和;而董明珠擅长市场营销。两人长期合作,形成了"一个唱红脸,一个唱白脸"的"梦幻组合"。没人否认,正是两个人长期的联手合作造就了格力品牌。

1997年11月,董明珠迎来了大展身手的机会,她被任命为销售副总经理,全面负责格力空调的销售工作。当时,格力采取的是传统的总代理方式,与消费者不直接产生联系。董明珠在湖北调研时发现,格力在当地的4家代理商相互杀价的情况很严重,她觉得这样下去迟早会丢掉市场,便和代理商们商议能否联合起来,以股份形式组成统一的销售公司,利益共享。

朱江洪认为这是防止地区性价格战的好办法，于是在公司的撮合下，1997年底，由湖北几大代理商组成的"湖北格力销售公司"正式挂牌成立。销售公司实行"五个统一"，即统一批发、统一价格、统一渠道、统一管理、统一服务，所得利润按股份分红。实践证明，这个办法行之有效，他们便把湖北的经验逐步推向全国。至2002年年初，大部分省市都相继按此模式成立了格力销售公司。

1997年，格力商标被国家工商行政管理局商标局（现整合为国家知识产权局商标局）认定为"中国驰名商标"，借此契机，格力电器将品牌口号升级为"好空调，格力造"。

这六个字的口号虽然短，却铿锵有力，清晰地传递出格力电器的产品定位，表达出格力只制造空调一个单品的坚定意志。在接受项目组提问时，董明珠说，"那个时候，格力还没有什么核心技术，但表明了要扎扎实实做产品的决心"。

在此之后，格力制订了"整顿工作作风，打造百年企业"的目标，开始深化内部管理，健全完善各种制度，向管理的现代化、科学化、规范化迈进。2003年年初，格力又制订了"争创世界第一，打造国际品牌"的目标。2005年，格力家用空调销量突破1000万台，实现了销量世界第一的目标。

除"好空调，格力造"成了家喻户晓的广告语之外，格力电器于2006年推出的"六年免费包修"政策也成为当时影响广泛的品牌事件。

这个政策的卖点是"六年"和"包修"，前者表明时间够长，后者则表明维修完全免费。而国家的强制性标准只是家用空调整机包修一年，主要零部件包修三年；当时已知的国内外空调品牌中，承诺整机保修期最长的是三年。

"2006年，我们获得了世界名牌的称号，但并不以此为傲，而是以此为起点，我们应该给自己提出更高的要求。"董明珠对项目组如是说。

媒体对格力电器这一政策的评价是，这将促使整个行业走出价格战、口水战等低层次竞争泥潭，再度引领空调业步入全新发展阶段。

2014年，格力电器在"空调整机包修六年"的基础之上再进一步，率先推出家用中央空调也包修六年的政策。格力这项政策的推出，对消费者来说是重大利好，但对于企业而言，可能面临的风险和压力会呈几何倍数增加；对同行来说更是压力，这意味着空调行业要按照格力制订的游戏规则进行，否则就会在竞争中落伍。专家认为此举试图打破行业售后服务的潜规则，或将催生新一轮的行业变革，有望带动整个行业加速提升产品质量与售后服务。

不鸣则已，一鸣惊人，既能对行业产生促进影响，又能在社会上产生好的效应，至此，董明珠敢作敢为的个性和其品牌营销风格已依稀可辨。多年后，她与雷军的 10 亿元赌局，以及提倡的"中国造"，再次呈现出这种风格。

"让世界爱上中国造"：多元化转型拔高品牌段位

在国内保持十几年领先地位，并以空调单品打遍天下之后，格力空调似乎不再满足于只做一家家电企业，于是在掌握核心科技之后，格力走上了智能化与多元化的转型升级之路，力图发展成为一家多品类工业集团。

格力电器的多元化之路始于 2013 年。当时，国人在日本市场抢购电饭煲和马桶盖成为新闻，董明珠对国人的这一行为痛心疾首，并承诺"让国人不再出国买电饭煲"。这一年，格力成立了大松生活电器，主推小家电产品，董明珠是大松电饭煲的"首席推销员"。

之后，热水器、净水器、空气净化器、冰箱等产品纷纷加入格力的产品阵营中，再到后来格力甚至开始做手机，董明珠以个人身份入股新能源汽车公司银隆，格力的多元化之路越走越宽。

与此同时，格力电器推出"让世界爱上中国造"，将使命感、家国情怀等元素融入格力品牌中。董明珠开始成为中国制造业的代言人，在各种公开场合不断传播"中国造"的必要性和紧迫性，促使它成为整个中国制造业的一个追求目标。

2016 年，"董明珠自媒体"上线，这为系统传播"让世界爱上中国造"搭建了平台。董明珠欢迎所有支持"中国造"的人来互动交流，一起为"让世界爱上中国造"建言献策，助力越来越多的"中国造"走向世界。同年 7 月，在第二届中国制造高峰论坛现场，董明珠宣布，格力电器从专业化的空调企业进入了一个多元化的时代。

2018 年 9 月《人民日报》报道，"格力电器通过自主研发制造的智能装备，完成了内部生产线的自动化，每万人拥有机器人超过 240 台，使得整体生产效率大为提升。此外，格力还面向市场提供客户定制化的工业机器人集成应用、大型自动化生产线解决方案，服务于家电、新能源、3C、厨卫、汽车等行业，助力制造业转型升级。据格力2017年年报显示，格力智能装备2017年营收规模同比增长1220.27%。"

格力智能装备六轴工业机器人入选2019年广东省智能制造试点示范项目名单

领导层顺畅衔接，联手助推品牌崛起

与众多知名企业相比，格力电器有个明显的特色，那就是在近30年的品牌发展史上，两位在不同发展时期起到至关重要作用的领导人，难能可贵地搭档默契，联手助推了格力品牌的崛起。

原任格力电器董事长朱江洪是一位偏重技术的掌门人，他树立起了格力空调的质量意识，同时也是格力电器决定研发自主技术的决策者。他提拔了营销能力超强的董明珠，两人优势互补，相得益彰，相互制衡，开启了格力15年以上的"朱董"共治时代。这段时期，他们让格力电器从一个地方品牌扩展到全国乃至海外。

虽然董明珠对外表现得很犀利，但在内部对朱江洪非常尊重。他俩在内部偶尔也会发生激烈争吵，不过都是为了格力电器的发展，并未影响二人的合作关系。董明珠告诉项目组："我跟朱总搭档了十几年，这个过程中，最受益的就是朱总给了我一个平台，使我的很多想法能够落地、能够实现。"

从早期对经销商的处理、干部作风整顿、挑战国美大卖场，到后来开专营店，董明珠的这些决定都得到了朱江洪的支持，而这些事件对格力品牌的成长无疑都起到了促进作用。

在格力发展早期，朱江洪非常重视技术，他使格力空调拥有了核心竞争力，为格力在市场上逐步壮大并成为国内第一打下了坚实的基础。之后，朱江洪和董明珠配合默契，不但保住了格力在市场上的控制权，而且使产品更上一层楼，让格力品牌的发展始终处于稳定轨道之中，为后来走向国际市场保驾护航。

2012年，董明珠接棒格力掌舵人之后，在原有的品牌积累之上，利用格力的优势，积极开展多元化经营，不断拓宽格力品牌的格局。

如果说，格力品牌在2012年以前刻满了朱江洪和董明珠两个人的个性印迹，那么在这之后，格力的品牌就完全被董明珠的个人色彩所覆盖，真正实现了董明珠与格力品牌的合体效应。

"剑胆琴心"董明珠

大多数企业家在处理企业内外事务时，风格都是刚柔并济。比如华为的任正非，在企业内部被视为"暴君"，但在外部却非常温文尔雅；海尔的张瑞敏，对内对外都比较儒雅，但在推行"人单合一"时强调要忽略人性假设……与这些知名企业家相比，董明珠的内外风格都非常硬朗，她对内"三公三讲"立规矩，对外死磕对手不留情。

董明珠荣获 2013 年中国经济年度人物

她是企业家中的"另类"，也正是在她的"枪炮"声中，格力电器获得了更好的发展机遇。按照她的话说："别人认为我是强势，但我认为我是讲原则。作为既得利益者，对企业有伤害，我就要与你斗。"

虽然董明珠不认为消费者心中的格力品牌印象与自己的作风直接相关，但客观上说，她在很大程度上构成了格力的品牌印象——最起码是主要的组成部分。

"三公三讲"

董明珠认为自己对格力电器的一个重要贡献是开展了以讲真话为基础的企业文化建设，并于 2012 年形成了系统的"三公三讲"内部文化，提倡"公平公正、公开透明、公私分明"；"讲真话、干实事，讲原则、办好事，讲奉献、成大事"。

企业文化的形成经历了漫长的过程。董明珠在做经营部长时就给经销商立规矩，解决公平问题；接管广告和售后之后，开始处理维修价格虚高的问题；2001年出任格力电器总经理后，推进干部队伍的"整风运动"，这些都为后来的"三公三讲"做了铺垫。"这些功劳不是我一个人的，只是我推动了企业文化建设，让每个人都要有履职精神。"董明珠这样说。

董明珠提出的"三公三讲"是对朱江洪时代所倡导的"多干实事，少讲空话"企业作风的继承和发展。在"实"的基础之上突出了"真"，凸显出格力品牌在不同时代的发展需要，也反映出了格力品牌的进化痕迹。格力电器在2010年时在出口方面亏了近十亿元，属于恶性事件，公司决定封锁消息。然而董明珠还是在公司大会上讲了出来，当时在公司内部引发了非常大的震动，但董明珠宁肯得罪人也要讲真话。正如董明珠所说："企业在发展过程中，要坚守企业根本性的文化，也要有不同的创新理念，进而挑战自我。"

当被问及她在格力电器是否会形成"一言堂"而影响企业的创新时，她回答道："与我目标一致的，从来不会说我强势，只是会觉得我要求太高。另外，压力需要自己去理解，你不想干，就会觉得是压力，想干就是动力。"

挑战国美

"以前，格力也像其他企业一样，在大商场、家电超市里摆放自己的产品。后来大型家电连锁超市崛起，他们仗着场面大、人气旺、出货快等优势'牛气冲天'，合作条款由他们说了算，产品价格也由他们定，每月还要付给商场促销广告费。个别商场进货不付款，卖完还拖欠。遇到节假日或商场促销，为了打压竞争对手，他们还要求厂家配合，降价促销，而降价的损失则作为厂家对商场的支持。我们与这些商场的矛盾越来越大，以至于2004年3月11日发生了影响全国的'国美事件'。"这是朱江洪在自传中对国美事件的回忆。

当天，正在参加全国"两会"的董明珠发出通知，格力产品从全国所有的国美店撤出，国美随后发文要求其旗下国内的全部卖场下架格力产品。一个是渠道霸主，一个是空调老大，他们之间的公开"斗法"瞬间成为新闻猛料。当时，国美如日中天，依靠其渠道生存的家电厂商宁可隐忍，也不愿自断手脚。格力肯定知道这个规则，但依然率先撤货来叫板国美，这与董明珠的坚持有很大关系。

"2004年，国美事件在全国吵得非常激烈，我坚持一定要退出。当时公司内部有分歧，都很担心如果垮掉怎么办？我说没有问题，如果有问题我负责，结果那年我们销售额增长了30亿。得人心者得天下——为消费者考虑，也为经销商的生存问题考虑，这个选择就不会错。即使吃了亏，也是值得的。"董明珠向项目组复盘了当年做此决策的内因。

董明珠的底气来自格力在经销商方面早有布局，它与众多经销商合作成立公司，自己控股，形成稳定的销售渠道，最终凭此脱离大卖场的桎梏。"国美事件"助推了格力电器在全国范围自建专卖店的行为。2005年10月，格力在珠海召开第一次全国专卖店专题研讨会。会上，朱江洪强调，开设专卖店本身就是品牌的象征，要用格力的企业文化来助力专卖店的建设。

遍布各地的销售公司及全国城乡专卖店成为格力的销售主体，承担着格力90%以上的销售任务，这也使那些"不依靠大卖场，格力的销售必将大幅下滑，最后不得不退出主流品牌"的言论不攻自破，同时，也对格力品牌在全国范围内形成影响力起到了决定性作用。

状告财政局

在2008年广州市政府采购中心组织的一次投标中，格力以最低出价成为"中标候选供应商"，却在之后集中采购机构组织评标委员会进行的"复评"中出局，出价较高的一家供应商反而中标。

"废标"的理由是，格力的标书中错了一个字。董明珠在面对媒体时直言，招标方在审核标书的时候不严谨，而且这个错误不会影响到产品的质量和整个工程，也不应影响格力的投标结果。

格力向广州市番禺区财政局投诉了两次，均被驳回。无奈之下，格力将维持番禺区财政局处理决定的广州市财政局告上了法庭。企业与政府部门对簿公堂，这需要足够的底气与自信，虽然这次诉讼最终以和解告终，但却将董明珠剑走偏锋的"女侠"形象置于媒体视野之中，进而放大了格力的品牌形象。

"我要的是公平！全世界最好的空调就是格力，有什么理由只买外资品牌，不买国内品牌？凭什么外国的品牌可以高价中标，而国内的品牌只能低价中标？"时至今日，董明珠谈及此事时话语仍铿锵有力。

与雷军的对赌

2013年12月12日,CCTV第十四届中国经济年度人物颁奖盛典如期举行。典礼上,董明珠与雷军双双获奖,当主持人提问"在互联网时代,格力和小米,哪个企业的生产模式在转型升级方面更有后劲"时,董明珠当仁不让,表明格力电器更有优势。她冲着作为颁奖嘉宾的马云说,以后传统渠道和电商渠道将都是格力的,自己会将线下和线上全都拿到;而雷军的小米只能拿一半,因为小米只有线上渠道。

闻听此言,雷军无法再淡定,他对董明珠说:"五年之内,如果小米的营业额击败格力的话,董总输我一块钱就行。"董明珠不甘示弱,立即反驳:"第一,你不可能(击败格力);第二,要赌(的话)……我跟你赌10亿。"她还请身边的马云做这个赌局的见证人。

几年来,这件事已经由企业家之间插科打诨的趣谈发酵为大众茶余饭后的谈资,维持着持续的关注力。

"十亿赌局"公开结论的"正日子"——2018年12月12日当天,董明珠在"2018央视财经论坛暨中国上市公司峰会"的现场透露了一组数字:2018年前三季度,格力电器营收达1 487亿元,而小米同期营收为1 304亿元。董明珠宣布:"这场赌局是格力赢了。"2019年8月,董明珠再次与雷军相遇,她表示:"10亿我不要了,但还想跟雷军再赌5年。"这就是董明珠,在任何时候都不放弃利用媒体,为宣传格力品牌而努力。

专注——格力品牌的基石

因为专注,格力电器在巨大的市场诱惑面前没有迷失自己,成了单品世界第一;因为专注,它追求产品质量,给消费者留下了"好空调,格力造"的品牌印象;还是因为专注,它坚持自主创新,由家电企业逐步转型升级为工业集团。

从全球跨国公司发展的整体趋势来看,专注于某一领域的深耕,进而拓展全球范围的市场,是企业发展的主流方式。但对于中国企业来说,不管专注于单品给企业带来多大利益,成长到一定规模后,都很难抗拒多元化的诱惑。一些早期贸然进入多元化发展的企业最后折戟沉沙的案例不胜枚举。与格力电器同时代的知名品牌"春兰"本来是空调行业的老大,曾在中国空调市场占有高达30%的市场份额。1997年,春兰不满足于空调市场,盲目开始了多元化之路，先后进入冰箱、洗衣机、摩托车、房地产、机械制造、商业贸易等多个领域。然而，春兰在这些行业的发展并不如意，同时将其在空调行业积累的品牌价值透支殆尽，从此一蹶不振，再也没有恢复往日的辉煌，结果令人唏嘘。

格力能够取得如今的成就，与其在相当长的时间内坚持专业做空调的战略密不可分。按照格力的判断，空调市场的潜力在中国远未到顶，格力坚守专业做空调，将空调市场的发展红利投入于空调制造研发，培育了专业技术力量，提高了企业的管理水平，更重要的是积累了自身的品牌影响力和美誉度。

董明珠一直倡导和坚持的"工业精神"的核心内涵就是专注。早在2004年，就曾有人问过董明珠，为什么不做房地产？也曾有人问她，为什么不打价格战？面对这些疑问，董明珠提出了"工业精神"的概念。她认为"工业精神"就是一种吃亏的精神，"商人可以不负责任地把产品买进来再转手卖给别人，但是我们作为一个制造商不能这么做。我们把产品卖给消费者之后是要跟踪服务的。我们必须要有工业精神，不能浮躁，不能只图赚钱，要静下心来把产品做扎实。"

如今，在世界范围的空调领域领先多年的格力电器正在进行多元化转型，当谈及这个战略是否会违背专注精神时，董明珠回应："这不叫违背专注精神，空调行业几百家，很多企业都是只做空调，但也关门了。能支撑企业发展的，一个是技术，一个是专注。"

对于专注，她有新的解读："管理水平决定了企业行还是不行。有人问，你做了别的，空调水平会不会就下滑了？错，格力是业界老大，这个位置不会轻易让给别人。竞争是永远存在的，真正的对手不是别人，而是自己。要不断创造新的技术，解决消费者的需求。所以，我们是围绕消费者生活的健康和品质来做产品的，没有理由没有市场。"

掌握核心科技，让品牌拥有话语权

格力电器的自主研发从朱江洪时代就开始了。2002年，朱江洪决定花重金去日本购买"一拖四"多联机技术。他认为，只要价格能够接受，购买技术不失为一条捷径。但令他万万没有想到的是，日本三菱直接拒绝了他们的购买请求。对方称，这是他们用6年时间研发的，是国际最先进的技术，不会轻易出售,更何况他们正在靠这一技术开拓中国市场,给多少钱都不会卖。

花钱买技术却遭如此"打脸",朱江洪心里憋了一口气。回国后,他四处招募高级技术人才,下死任务,必须拿下这一技术。技术人员在成本代价不高的情况下,不到半年就研发了出来,这让朱江洪又惊又喜,下决心自主研发,突破企业发展的技术瓶颈。从2003年起,格力建设自己的科研体系,技术部门从一个扩充到多个,并成立了首个研究院——制冷技术研究院。

2005年,格力拥有了自己研发的压缩机,也顺理成章地成为中国唯一一个自主研发压缩机的家电企业。2007年,格力又成立了家电技术研究院、机电技术研究院。

2010年,格力电器生产的压缩机和其他相关技术已经不输行业内的国际领先企业,于是大胆推出"格力,掌握核心科技"这个品牌新口号。这个口号的提出,不再强调格力只生产空调,而是表达了格力对技术的不懈追求。

2012年,董明珠接任董事长后,加速扩建格力电器的研发队伍,技术领域也从家电向外扩充。从2013年设立自动化技术研究院开始,格力电器新设立了9个研究院,横跨新能源、通信技术、物联网、装备动力等多个领域。

"这得益于我们从各大高校招聘的人才,他们大都来自于西安交大、上海交大、哈工大等国内大学。我们主要靠自己培养人才,至今我们已经培养了一万多人。"董明珠说。

在董明珠看来,企业并购也好,买别人的技术也好,都是"空中楼阁",想要长远发展,应该先把地基扎牢。为了自主研发,格力电器愿意花费很长时间,接受很大的挑战,因为他们希望把格力电器做成一个百年企业,一个真正对社会有价值的企业。

"研发技术主要围绕老百姓的需要。我牢牢记住习近平总书记的一句话,'人民对美好生活的向往,就是我们的奋斗目标'。作为制造业,我们最大的价值是让人们的生活水平得到提高。"

格力拥有自主产权,这让它在国际化进程中也有足够的底气。里约奥运会时,格力电器是唯一以100%自主品牌进驻奥运会的"中国造"产品,唯一一个产品覆盖了比赛场馆、奥运村、媒体村、配套酒店和机场等所有项目类型的品牌,唯一一个家用空调和中央空调均进驻奥运会相关项目的品牌。

"我始终认为,没有科技创新,就没有消费者所青睐的创新产品;没有科技创新,就没有过硬的产品质量;没有科技创新,就没有产品的差异化,就不能拉开与竞争对手的距离;没有科技创新,企业只能永远跟在别人的后面,打价格战,搞恶性竞争。总之,没有科技创新,企业就永远没有出头之日。"朱江洪在自传中对科技创新做了如此解读。

奉献精神——格力品牌的核心文化

格力通过自主创新和转型升级,不断强调中国的文化自信,让"中国造"一步步成为自己的品牌烙印,尤其是在中美贸易摩擦的全球市场大背景之下,"中国造"这几个字显得格外醒目。表面看,这或许只是商业宣传的噱头,但归根结底,这是使命感和责任感在起作用。董明珠说,这叫奉献精神,这是格力电器最核心的品牌文化。

"中国是个制造大国,但曾经出现过很荒谬的事情,就是中国人到国外买电饭煲。问题到底出在哪里?我觉得是信心问题、诚信问题。我们为什么要舍近求远,跑那么远的路,背着个大饭煲往回赶?谁来承担这个责任?谁来解决这个问题?"在谈及格力电器的使命感时,董明珠的反思震撼人心。在她看来,这种现象的出现是企业界的耻辱,企业必须主动担负起改变这种现象的责任。

格力电器从一开始就制订了各种措施,让企业发展有制度保障,但企业真正无穷的力量来自每位员工发自内心的对企业的热爱。"格力电器的9万名员工,在不同的岗位上,都有去奉献的使命感。"

在董明珠看来,这种企业文化不是灌输出来的,而是长期培养出来的。格力电器的人才都是靠自己培养的,企业提供文化和技能的终身教育。另外,创造财富也是希望大家过得更好,未来格力电器所有的员工,哪怕是一线工人,也会有两室一厅的房子,现在这一项目已经在开始建设。

董明珠在接受项目组专访时,有一段话足以表明其家国情怀:"我们一定要有坚守的精神,成为一个世界的创造者、贡献者。若连这些技术产品都不能掌握,还要依赖别人,何谈创造者?何谈贡献者?所以,我们做智能装备,很大程度上是因为觉得国家需要。"

09章 通往国家品牌路径探索之倾心制造——格力

品牌梦想

成为国际一流的多元化制造业企业

当下的格力电器，智能装备制造已渐入佳境，多元化发展也小有成就，那么五年之后，格力电器会是怎样的企业？

对此，董明珠三缄其口，不知是有商业机密方面的考量，还是如她所说，"如果现在不努力，那么对五年后的预言就都是空想"。不过她还是透露，格力电器梦想到 2023 年达到 6 000 亿营业额。这是所有员工的目标，不是做梦就能实现的，而是要脚踏实地去干，"所以，我们现在干的每件事情，都要对企业的发展负责任"。

关于格力电器对自己未来的定位，董明珠称："在我的心目中，它就是一个完美的国际化企业。"在她惜字如金的回答中，我们拼贴出"一流的多元化制造业企业"的愿景。

"企业有自己的定位，外边的评价只观其外，不知内涵，所以我认为都未必正确。"董明珠在最后道明了回答这个问题如此谨慎的原因。

格力电器销售大楼外景

第10章 通往国家品牌路径探索之废墟中重生——君乐宝

让每一个中国孩子都能喝上世界顶级的好奶粉。

——魏立华

品牌印象

很少有品牌真正经历过濒临消亡的挑战。如何在死亡线上力挽狂澜使品牌重获新生？如何将一堆负资产重新调配以寻找发展的空间？如何在致命的信任危机中迎难而上重新赢得消费者的信任？也许，亲身经历过中国乳业震荡并在艰难中重生的君乐宝能够回答这些问题。

如果时间倒退几年，或许不会有人相信，君乐宝——这个诞生于河北石家庄，和三鹿奶粉曾经有过股权关系的地方品牌，不仅没有在2008年"三聚氰胺事件"的震荡中退出历史舞台，反而逆风而行，在废墟中重生，在已经成为负资产的品牌基础上，建立起新的品牌帝国。

中国企业家的初心与中国商业环境及运营规则的特殊性相结合，创造出不可思议的商业奇迹，这在中国过去40年的经济成长中屡见不鲜。儒商一向有着超越功利的终极目标，有对社会发展的崇高责任感，有救世济民的远大抱负和忧患意识。作为中国乳业的资深从业者，君乐宝创始人魏立华因为"三聚氰胺事件"而抬不起头，但在血液中流动的传统儒商的价值观成了魏立华东山再起的重要支撑。

这种情怀所产生的强劲推动力持久而坚韧。在中国乳业经历了前所未有的灾难之后，国人普遍认为国产奶粉"有毒""不安全"，国产奶粉品牌几乎无人问津，整个行业经历了塌方式的品牌信任危机。

君乐宝在中国乳业一蹶不振的时候，主动肩负起"使国产品牌在市场中起主导作用，让祖国的下一代喝上好奶粉"的重任，坚持不改企业名称，不改注册和生产地点，立志做世界顶级的好奶粉。

为了实现这一目标，君乐宝乳业自2014年进入婴幼儿奶粉领域，开始了"优质优价"的发展战略。

定价是企业经营和品牌建立的核心要素，君乐宝在奶粉的定价上剑走偏锋，用低价挑战行业内业已形成的通过高价为质量背书的规则，并且全然不顾因为低价可能给自己戴上低端品牌的帽子，再一次挑战品牌理论。

曾经，"让祖国的下一代喝上好奶粉"的豪言壮语被当作笑料；而现在，君乐宝用事实回应了当初所有的怀疑和嘲讽。君乐宝奶粉先后通过欧盟 BRC 和 IFS 双认证，斩获全球乳业首个欧盟 BRC A+ 顶级认证，就在人们疯抢港澳及国外奶粉的时候，君乐宝把奶粉卖到了香港、澳门。

君乐宝获中国质量奖提名奖，国产奶粉首次赢得质量领域最高荣誉。
图为君乐宝公司总裁魏立华接受荣誉

作为一家传统企业，君乐宝放弃了传统商超渠道铺货、加大规模、广告投放的快消品销售路径，凭借"互联网+"思维，同步发展线上线下的创新渠道，直接在互联网销售平台上构建品牌、市场、销售的一体化推进模式，获得了巨大成功。

纵观 23 年乳业奋斗的历史，从诞生之初至今，君乐宝始终坚持的信条都是做好一件事——保证产品质量。正是"质量第一"这个看似简单的商业基因，成为君乐宝在全行业遭受毁灭性打击的时候挺过难关的法宝，也是魏立华坚持使用君乐宝品牌制造婴幼儿奶粉的重要支撑，更是君乐宝品牌在遭受牵连之后依然存活的价值核心。

酸奶起家：从头把好质量关

回首君乐宝的成长之路，严把产品质量关一直是君乐宝企业和品牌发展的重要基因。

1995年，创办初期的君乐宝还只是一个专门做酸奶的"小厂家"。那时，君乐宝的家当只有三间平房、一台酸奶机、两台人力三轮车。做酸奶看似简单，但是其生产过程却有一番讲究：水质不好，就会导致水乳分离；奶源出了问题，酸奶就不好喝。

在乳业基地石家庄，面对当时40多家乳品厂的激烈竞争，还是小厂家当家人的魏立华给君乐宝做了严格的质量规定：酸奶必须用最干净的蒸馏水和最放心的原奶。从那时起，"质量第一"就成了君乐宝坚守的原则，也使它具备了挺过日后危机的底气和基础。凭借优质的奶源、高质量的制作工艺和出众的口感，君乐宝酸奶成为很多零售店争相代销的"名牌"，且常常供不应求。

1997年，开创只有两个年头的君乐宝销售额突破1 000万元，这引起了当时全国行业"老大"三鹿的关注。三鹿几次伸出橄榄枝，最终以"品牌+70万元现金"的方式入股了君乐宝。

对于一个新生品牌来说，质量是品牌的底线，独立性是品牌的生命线。为了保证产品质量的可控性和品牌的独立性，魏立华坚持与三鹿"约法三章"：君乐宝仍作为独立法人自主经营，其原料、生产、销售完全独立，三鹿只有"分红权"。这份坚持，让君乐宝在中国乳业陷入危机的时刻，逃过了生死一劫。

2000年开始，君乐宝大力拓展省外市场，销售扩展到河南、山东等地。2001年，其袋装活性乳产品的市场占有率位居行业第一。2007年底，君乐宝在全国首个推出"红枣酸奶"。2008年，君乐宝在全国酸奶市场做到了第三名，并开始进军东北市场。

靠着对质量的朴实坚持，君乐宝获得了消费者的认可，在创业初期实现了品牌的飞跃式发展，销售渠道铺向全国各地。

绝地重生：坚持才会胜利

品牌是有生命的，孕育和养护需要很长的时间，但若铤而走险，仅需一刀，便可毙命。2008年9月11日，"三聚氰胺事件"爆发，中国乳业陷入前所未有的大灾难中，君乐宝也被迫宣布停产。

三鹿奶粉的前身是成立于1956年的"幸福乳业生产合作社"，有半个世纪的发展历程，当时的品牌价值达149.07亿元。这样一个大名鼎鼎的奶粉品牌，在事件发生之后，其品牌形象在大众的心中轰然倒塌。

虽然君乐宝一直以酸奶业务为主，独立经营，根本没有生产过奶粉，但还是受到三鹿入股的牵连，停产13天。调查组随后入驻君乐宝，对产品进行全面的质量检查。原本为保证产品质量而实施的"笨办法"，现在成了君乐宝的护身符：君乐宝所有的原料、生产、工艺、营销都是独立运作，产品抽检及再送检，无论在省里还是国家层面，都是合格的。

安全度过了质量检查关，却挡不住中国乳业市场坍塌的余波：石家庄、三鹿、三聚氰胺……所有这些信号汇聚起来，使君乐宝的市场岌岌可危，即使君乐宝将合格的复检报告装到镜框里给经销商一一送去，也无法扭转大厦将倾的市场颓势。

君乐宝连月亏损，资金链断裂，甚至有猎头直接进入君乐宝的办公楼公然挖人。就连对君乐宝进行质量检查的工作人员也建议魏立华解散工人，对君乐宝实施"安乐死"。但是，不服输的魏立华没有放弃，立志要让君乐宝活过来。

三鹿破产后，石家庄乳企几乎全军覆没，很多乳企关停，就此消失。魏立华与员工到处筹措资金，通过拍卖买回了三鹿持有的君乐宝股份，勉强保住了自己的品牌。为了安抚员工，魏立华在资金链紧缩的情况下，依然照常上班发钱，停产不停工，鼓励工人留下来。

经过四处奔走，君乐宝最终得以恢复生产销售。2009年，君乐宝勉强开始盈利；2010年，呈现复苏的迹象，销售额达13亿元；之后引入蒙牛战略投资，使企业发展进入快车道；2012年，销售额达到20亿元。

责任跳板：敢为人所不敢

"三聚氰胺事件"后，国人对国产奶粉的信心一落千丈。魏立华到清华读 EMBA，教授拿着三鹿当反面案例讲课，直接将"河北""石家庄"跟"三鹿""三聚氰胺"画上等号。当时的魏立华颇感屈辱，一气之下放弃了 EMBA 的就读计划。随后，在 2012 年的德国杜塞尔多夫包装业展会上，50 多个参展的中国人疯狂抢购当地奶粉，售货员扯着嗓子高喊："不卖了！不卖了！"却根本挡不住抢红了眼的国人。这一场景再次刺痛了魏立华的神经，"展会 15 天，根本不敢拿出名片，生怕别人知道自己是干乳业的"。

魏立华深知，中国人还没有从三聚氰胺的阴影和伤痛中走出来，中国乳业还在过去的错误和耻辱中挣扎。"奶粉做不好，是中国乳业人的集体耻辱！"

魏立华下定决心要改变这种尴尬的状况，他下决心要让君乐宝"撑起中国婴幼儿奶粉的一片天"。君乐宝要进军婴幼儿奶粉市场，被业界视为一次自杀式的赌博。2008 年中国奶粉进口量为 14 万吨，"三聚氰胺"事件后，2009 年，奶粉进口量激增到 31 万吨。尽管国家相关部门对婴幼儿配方奶粉生产企业采取了严格的生产许可审查，在质量管理、原辅材料质量控制、产品配方、产品追溯等方面全面审核，大大提高行业准入门槛，但消费者的信心依然没有完全恢复。与此形成强烈反差的是，即使海外出台各种对华奶粉限购令，也无法挡住中国消费者在全球买奶粉、海淘奶粉的热潮。在这种情况下，想要在已经霸占了中国 80% 市场份额的洋品牌中突围，其难度可想而知。

根据资深营销专家的企业战略分析法（SWOT）分析，只有"去河北化""去石家庄化"，君乐宝奶粉才有成功的可能性。甚至有"聪明人"给君乐宝推荐"曲线救国"的"好办法"：到国外注册公司，借着"洋牌子"杀回中国市场。但魏立华还是坚定"要给石家庄老百姓一个交代，给河北老百姓一个交代，给中国人一个交代"，坚持奶粉一定要在石家庄做，品牌一定要用"君乐宝"。

其实魏立华自己也明白，君乐宝进军奶粉行业根本无法摆脱"三鹿""三聚氰胺"过去的负面影响——"石家庄连着'三聚氰胺'，君乐宝更是曾和三鹿合作过。两者绑一块儿，不是往火坑里跳吗？"但是魏立华下定了决心"要敢做别人不敢做的事情，敢承担别人不敢承担的责任"。

面对老婆的"离婚"要挟和手下爱将的坚决反对，魏立华用残疾演说家尼克·胡哲的事迹来激励大家："一个没手没脚的人摔倒了谁来帮他？他能成功站起来，靠的是自己顽强的意志。君乐宝跟他一样，我们同样'没手没脚'，但我相信，我们一定能够站起来！"

魏立华一边安抚妻子和员工，稳定内部的军心，一边招兵买马，耗资上亿全面进行技术改造，沿着整个产业链上下游，收草场、买牧场，继续并购加工厂，把种植、养殖、加工一步步掌控在手，开始了婴幼儿奶粉领域的持久战。

创新渠道：以互联网思维打开新局面

奶粉做出来了，第一步是怎么定价。对照主流品牌价格，以稍低的价格进入市场是通行的选择。但魏立华没有让惯性思维指挥自己的大脑，他先是对成本进行了全面测算。

他把全世界顶尖的辅料供应商找来：D90脱盐乳清粉用爱尔兰Kerry集团的，复合维生素用荷兰皇家帝斯曼的，OPO结构油脂用瑞典领先油脂的……结果，把全球最好最贵的辅料营养素都加进去，与其他奶粉的成本价差也并不大。

然而，市场调研的结果却是，以900克的婴幼儿奶粉为例，以人民币计价，英国奶粉均价为89元、荷兰奶粉为90元、南非奶粉为130元、澳大利亚奶粉为136元、日本奶粉为147元。无论发达国家还是欠发达国家，奶粉基本在100元人民币左右；只有中国的奶粉最离谱，定价高达300元。"三聚氰胺事件"之后，中国乳业遭遇灭顶之灾，国外奶粉品牌迅速抢占了中国的奶粉市场，随之而来的就是奶粉价格的畸形上涨。最夸张的时候，一桶进价不到百元的进口奶粉在国内被炒到了500元。

即使把奶粉的奶源、材料及生产流程都按照国际最高标准进行预算，中国市场的奶粉定价也远远超出其应有市场价位，外资奶粉品牌更是针对中国消费者的恐慌心理纷纷抬高定价。经过反复考虑，魏立华决定通过自己的努力把国内市场离谱的高价格打下来，使中国奶粉市场的价位回归正常。

为了保证产品的低价格，魏立华另辟蹊径，不走商超层层加价的"阳关道"，而是改走电话、电商销售的"独木桥"，采取幸运用户赠送的办法，以每罐130元的良心定价进行全国销售和推广。这个推广策略起初并不奏效，君乐宝在广播电台一天播出 30 次广告，打进来一个电话就送一罐奶粉，结果每天只能送出五六罐。从奶粉产品 2014 年 4 月上市一直到当年年底，君乐宝一共亏损了 8 000 多万元，这还不包括固定资产的投入。

电话营销不温不火，君乐宝开始在电商上发力。"买奶粉，不做'冤大头'妈妈！"虽然君乐宝在天猫旗舰店挂上这句口号时，引来了同行的讪笑，但君乐宝奶粉上线一个月，销量就突破了 600 万元，2014 年 6 月 17 日当天，仅在天猫平台销售额就达到了 109 万元。凭借较高的性价比，君乐宝奶粉被不少消费者称为奶粉中的"小米"。

2014 年 9 月，君乐宝奶粉通过欧盟 BRC 和 IFS 双认证。这个消息打消了奶爸奶妈们的顾虑。当年"双十一"，君乐宝单日销售 2 830 万元，成为天猫上第一款超过洋品牌的国产奶粉。"2008 年以来，第一的位置始终被外国品牌占据，这是第一次，我们国产奶粉 6 年来终于扬眉吐气了！"直到现在，魏立华还能回忆起当时激动的心情。

到了 2015 年下半年，由于君乐宝奶粉供不应求，君乐宝开始投产新工厂。

创新与研发：打造酸奶高端子品牌

早在 1996 年，君乐宝就研发了高钙酸奶，一直畅销到今天；2007 年，君乐宝首创"红枣酸奶"，其他品牌纷纷效仿，引发了风靡全国的红枣酸奶热潮；如今，酪爵庄园欧式酸奶酪、纯享高端酸奶等品牌的相继推出，使君乐宝的品牌矩阵愈发壮大。

不同于君乐宝奶粉的"平价"战略，君乐宝纯享酸奶定位于高端享受型酸奶，从瓶身设计、口味选取到价格制订，都精准定位广大"城市中产"，向消费者宣告"更高端的酸奶当然要纯享"，从而在趋于饱和的酸奶市场中找到了差异化发展的道路。

但是，差异化的道路并不是坦途，面对同样走"高端"市场路线却已抢到先机的莫斯利安、纯甄、安慕希等酸奶品牌的强势竞争，纯享想要在其中分得一杯羹绝非易事，除了一如既往地在奶源筛选和口味测评上严格把关之外，君乐宝在纯享品牌的打造过程中，逐渐展露出自己在市场竞争中的相对优势——创新和研发能力。

纯享团队经过两年时间的研发，经过上万次实验分析和人工测评，将抹茶与酸奶融合，获得了抹茶酸奶的专利配方，在高端产品中找到了"口味取胜"的撒手锏。通过创新口感和研发新品在市场上打开消费缺口的君乐宝尝到了创新的甜头。2017年7月，君乐宝在全国范围内推出"涨芝士啦"芝士酸奶，在高端路线中打起"欧美健康养生"牌。芝士（又称奶酪）有"奶黄金"之称，具有营养高、奶香浓、口感细腻等特点，在欧美国家乳制品消费市场中占据半壁江山。虽然我国的芝士需求量逐年上涨，但是与欧美国家对芝士的依赖程度相比还有很大的距离。中国的芝士市场潜力巨大，而芝士酸奶的市场仍是空白！"十斤牛奶才出一斤芝士"，君乐宝瞅准了"芝士营养"中的商机，找到了新产品的突破口。

上市仅两个月，"涨芝士啦"月销售额就突破1 000万元，曾经引领"红枣酸奶"风潮的君乐宝又在全国范围内掀起"芝士新风暴"。目前，"涨芝士啦"在芝士酸奶品类市场中占有率稳居第一。"芝士"创新不仅为君乐宝开辟了巨大的消费市场，也为君乐宝品牌矩阵的打造指明了道路。2018年，因"芝士"大获丰收的君乐宝"故伎重施"，纯享品牌推出更具风味特色的盐花芝士酸奶，让芝士酸奶获得了更醇厚的口感，获得了消费者的喜爱。

"改善国人膳食结构，让更营养、更健康、更美味的食品出现在消费者的餐桌上，是我们的使命与责任。"君乐宝在打造高端子品牌时，努力向"健康养生"靠拢，通过新口味的创新和新产品的研发，满足人们对生活品质的无限期待和对健康日益增长的需求，同时也为品牌形象注入了更多的责任感和正能量，在赢得市场的同时，赢得了口碑。

产品研发创新之外，广告营销战略上的创新也是君乐宝打造品牌形象不可或缺的重要力量。2008年之后，随着网络的普及和自媒体的超速发展，网络大V和网络IP迅速崛起，成为影响甚至主导舆论和市场的重要力量。热点人物、事件及文化现象能瞬间引爆网络流量，流量背后则深藏着巨大的市场，以至于市场竞争在当下几乎可以同流量竞争画等号：掌握了越多IP，就意味着获取了越多的权力和资源；抢占了越多流量，就意味着占据了越大的市场。

基于此，君乐宝快速调整宣传策略，在纯享品牌的打造过程中，放弃请传统明星代言、地面广告投放的老路数，进而转战流量市场。2017年，《欢乐颂2》风靡全国，从预热到热播到后期传播，君乐宝终端结合《欢乐颂2》，展开线下主题活动推广，开启大剧营销模式。纯享品牌因为该剧的流量加持，销量增长了30%。2018年，纯享又"牵手"热播大剧《如懿传》，进行品牌战略合作。在《如懿传》大获好评的同时，纯享知名度、转化率双丰收，市场价值和影响力大大提升。

魏立华：永不停步的马拉松

魏立华能把任何一场谈话都拐到马拉松上来。从 2011 年开始跑马拉松到现在，他不但是个跑者，还成了一个马拉松项目热情的传播者——逢人必讲跑步的好处，绘声绘色，滔滔不绝。因为有亲身经历，他的推广极具煽动性和感召力，很多和他接触过的人都开始喜欢上了跑步，进而喜欢上了马拉松。

魏立华从 2011 年开始尝试跑步，因为他感觉自己的身体越来越差。第一次在小区里跑 200 米就气喘吁吁，用他自己的话说，"肺都快炸了，眼泪也呛了出来"。但多年养成的坚韧性格让他根本没想过放弃，从 200 米、300 米、400 米一路坚持下来，风雨无阻。三年以后，2014 年，魏立华跑下来人生第一个全程马拉松，之后他成为国内外各大马拉松赛事的常客。现在他仍每天跑步 10 千米，雷打不动，每年跑四到五场全程马拉松。即使身体有小伤病，也坚持在家原地慢跑，绝不停步。

魏立华说："任何事都一样，都需要你去努力，去坚持，在达到目标的过程中，肯定有很多辛苦，要付出很多努力。必须咬牙，你才能得到你想要的。我觉得君乐宝最大的特点也是这几点：第一，很朴实、很努力；第二，非常能坚持。只要坚持，所有梦想都能实现。"

有农业机械专业背景的魏立华毕业后被分配到河北省农业厅，做农机具检测仪的老本行。后来他一头扎进乳酸菌饮料的巨大市场，那一年是 1995 年——众多"92 派"企业家下海从商的时代。当时他给这款乳酸菌饮料起了一堆名字，最后父亲拍板选了"君乐宝"这个名字，君乐宝品牌从此诞生。

在品牌创立初期，面对河北省乳制品市场竞争激烈的局面，魏立华坚持只做酸奶，形成了自己的产品特色，让君乐宝在各路乳业群雄的夹击中拼出一块市场。

在中国乳业面临行业地震的时候，君乐宝还是保持了倔强的特性，不关门、不倒闭、不更名、不换洋头衔儿,挺过了中国乳业最艰难的日子,最终在中国市场站稳了脚跟;企业发展蒸蒸日上之时,君乐宝又拿出了执着的轴劲儿,转向中国的婴幼儿奶粉;面对屈辱的对华奶粉限购令,魏立华不服输的性格再一次助推了君乐宝的跳跃式发展,为了打造出符合世界高标准的婴幼儿奶粉,不惜下血本。

马拉松和魏立华的事业与生活完全融在一起。在团队内部,做奶粉最困难的时候,他用跑马拉松激励大家:你不知道前面的路有多远,但只要努力、坚持、突破极限,就一定能成功,而一旦松懈,就会彻底失败。2017年,中国奶业20强峰会在黑龙江省齐齐哈尔开幕,魏立华带着一块奖牌上台,这是他在刚跑过的波士顿马拉松比赛中获得的奖牌。"生活就像跑马拉松,一定要坚持。"他说道。

在魏立华看来,管理企业就如同跑马拉松,最重要的是激发人的潜能:"这几年君乐宝做奶粉,是把君乐宝人的潜能都激发出来了,大家爆发出了一种难以想象的力量。"

马拉松已经从魏立华的个人爱好演变为公司品牌核心价值的一部分,君乐宝近年持续赞助或冠名石家庄、秦皇岛、郑开等马拉松赛事。跑步给身体带来的健康和愉悦感,马拉松运动对耐力和坚持的不断锤炼,马拉松运动不断壮大的群众基础,都让乳业和这项运动有着天然的契合度。而君乐宝掌门人魏立华的身体力行和高度热爱,又让这种契合有了温度和情感的关联。当君乐宝未来的发展之路和马拉松运动深度捆绑之后,很可能构建出其品牌的核心资产,并帮助其成为强势品牌。

品牌背书:世界级标准 & 进军港澳

在企业品牌知名度较低、企业规模不大的前提下,如何尽快创立品牌?让国际标准为自己背书或许可以算一个不错的选择。但越是口碑好的标准,认定难度就越大,而且费用越高。在资金不足、市场前景不明的情况下愿不愿意、能不能够挑战国际标准机构的严苛检验流程,是对企业的考验。

君乐宝选择了对标准认证机构的全面应战。功夫不负有心人,2015年,君乐宝奶粉工厂通过了 IFS 国际食品标准认证和欧盟 BRC 食品安全全球标准的 A+ 顶级认证。A+ 认证检查程序之严格堪称世界之最,认证采用飞行检查方式,随时、随地、随机对产品进行检查,如果检查不合格,连原有的A级认证也会被取消,而君乐宝是全球第一家通过A+认证的婴幼儿奶粉企业。

目前,君乐宝旗下所有液态奶工厂全都通过了欧盟BRC全球食品安全标准认证,婴幼儿奶粉通过欧盟IFS认证,并在全球同行业中通过BRC A+顶级认证。这成为君乐宝品牌质量的有力背书,它不仅打消了国内市场对品牌的质疑,也获得了全球范围的认可和赞誉。

这些具有多年实证口碑的国际标准,虽然价格昂贵、条件苛刻,但拿下这些标准的过程就是企业质量自我检验和提升的过程。过程虽然痛苦,却能同时产生两个巨大的成果——产品质量把控体系的真正成熟和品牌上的强力背书。

品牌的口碑和竞争力不会从天而降,国际荣誉的争取往往能够另辟蹊径,打通市场的出路。从君乐宝的发展历史来看,经历了"三鹿事件"的信任危机,想要重新在婴幼儿奶粉行业获得国内市场的认可非常困难,而君乐宝通过国际荣誉的认证,从外部打开了内部市场的缝隙。这无疑为君乐宝奶粉抢占国内市场份额打开了方便之门。

君乐宝奶粉在获得国际顶尖质量认证之后,也得到了更大范围的认可,先后登陆港澳,为国产婴幼儿配方乳粉恢复出口打下良好的基础。

君乐宝奶粉登陆香港并不顺利,经历了从质疑到了解再到认可的艰难历程。现在,越来越多的香港消费者通过Facebook等交流平台,为国产奶粉的高品质鼓掌点赞。在2017年8月举办的"香港荷花BB展"(国际婴儿、儿童用品博览)上,君乐宝奶粉展位人气爆棚,超过4 000多名消费者参与活动和争相购买,展位不得不宣布"暂停排队"。澳门则是君乐宝复制香港经验的第二站。澳门对于婴幼儿奶粉的检测标准与香港有所不同,增加了微生物、禁用物、放射性元素等15项检测项目。君乐宝奶粉顺利通过严苛的检测,进入澳门的销售市场,成为唯一一家通行于港澳市场的国产奶粉。

同时,君乐宝婴幼儿奶粉宣布通过"同线同标同质"——三同认证,成为国内首家获得"三同"认证的婴幼儿奶粉。这意味着,通行港澳的君乐宝婴幼儿奶粉与在内地销售的君乐宝奶粉是在同一生产线上,按照同一标准生产,达到同一品质的奶粉。君乐宝奶粉在"三同"的基础上,还增加了"一同"——"同价",实现"同质同价,全国通行",消费者无须再去代购。

突破严格的准入标准,坚决进军港澳,一方面能够在近乎饱和的港澳市场抢占销量,为品牌升值;另一方面,港澳的准入和大卖也反作用于内地市场，成为君乐宝奶粉质量保障和信誉过硬的最好证明，推动内地市场的进一步拓展。港澳市场虽然销售总量并不太大，但其常年形成的对食品药品的高度规范体系成为君乐宝品牌背书的重要环节。

至此，君乐宝奶粉用"四个世界级"作为通行国际的保证，以"三同认证"作为品质承诺，二者结合，不仅确保君乐宝奶粉以国际品质通行所有市场，也证明了国产奶粉在生产、标准、品质方面的实力。

低价战略：改变行业格局

在分析了消费者的实际需求和承受能力后，君乐宝以130元左右的"平民价"问世，远远低于同等品质的洋奶粉价格，引领了国内市场奶粉价格回归的浪潮。跟随君乐宝的脚步，不少知名奶粉企业纷纷跟进，推出百元奶粉产品。原来"只涨不降"、价格坚挺的洋品牌，也开始向这一价格拐点靠近，要么以打折促销的手段变相降价，要么直接推出百元价位产品。有数据统计，上市一年多，君乐宝及相关企业带来的连锁效应已经为中国消费者节约了200亿元的奶粉钱。

低价战略是竞争过程中最常见的手段，但低价往往会给人品牌低端化的印象，在传统的品牌理论中，走低价策略往往是企业品牌战略的大忌。而魏立华在经历了长时间的调研思考之后，居然主动将婴幼儿奶粉进行了低价定位。

魏立华谈起中国奶粉市场的高价现象，非常心痛："我现在卖100多元，毛利50%，已经非常好了。2008年前中国奶粉也就100多元，因为三聚氰胺，消费者不知道怎么选择了，出于恐惧，越涨越买，越买越涨。而且这些奶粉经销商和奶粉厂家也在渲染这种恐惧，奶粉有的时候卖到480元一罐，这太离谱了！这是喝奶吗？这是喝血！"

很多乳业业内人士称魏立华是一个扫兴的"搅局者"，还有人嘲笑他是"三鹿回来了"的阴魂，问起未来是否还会坚持低价，魏立华斩钉截铁地说出了自己的答案："我们有我们的商业准则，第一要合法经营，第二要诚实经营，诚实经营才能长久。君乐宝定价定到100多元，好多人不理解，说我搅局，说我碍事，但这个局我肯定要搅，要不然老百姓太冤了。"

君乐宝奶粉上市的第一年，中国奶粉市场价格下滑了20%。因为君乐宝的低价冲击，1 000亿元中国奶粉市场终于在价格上出现了回落，按照魏立华的说法,这相当于"给中国老百姓省下来200亿元"。

短短4年时间,君乐宝已经从河北婴幼儿奶粉曾经废墟般的基础上重新站起,剑指中国第一奶粉品牌的未来目标,让中国奶粉重新获得家长和孩子的信赖。魏立华深知这份信赖的珍贵和来之不易:"行业的压力是很大,因为当初我们丢失过一次信任——孩子的信任和父母的信任。丢了信任再重建,要花十分、一百分的力气。好在天下没有做不好的奶,只要你肯用最诚的心去做。"

现在看来,当时以为是自寻死路的君乐宝低价战略是明智之举。在婴幼儿奶粉市场上的低价战略既是品牌抢占市场份额的竞争手段,本质上也是对婴幼儿奶粉市场价格健康回归的调整。

品牌基石:以质量为根本

为了保证产品质量,君乐宝努力在生产环节的各个细节做文章。

第一,自建现代化牧场,保证奶粉的奶源质量。这对立志做"最好奶粉"的君乐宝来说是至关重要的第一步。君乐宝成立了牧业事业部,在牧场硬件建设、奶牛品种、科学养殖、管理技术等方面严加管控,确保菌落数指标和体细胞指标都优于世界平均水平。

第二,优选全球顶级供应商,用高质量原辅料做婴幼儿奶粉。作为婴幼儿奶粉领域的初学者,想要保证产品的高质量,最便捷的方式就是进入全球化快车道汲取所需要的生产要素。君乐宝在第一时间与全球一流的奶粉辅料供应商分别签署了长期合作协议:乳清粉来自爱尔兰KERRY集团、维生素来自荷兰皇家帝斯曼、结构油脂来自以色列领先油脂……君乐宝与供应商还共同成立了"优质优价奶粉保障联盟",确保奶粉的品质与安全。

第三,建设全球领先的工厂。君乐宝奶粉按照全球乳粉厂最高标准,同时参照德国相关标准,对工厂进行整线工艺设计和全线设备制造,整个工厂融汇全球10个国家20多项专利,实现了全程智能控制,对包含营养成分和食品安全、涵盖原料到成品的全部关键节点层层把关、批批检验,形成大数据平台,全程可追溯。

第四,引进国际管理体系,用食品安全全球标准做婴幼儿奶粉,严格遵守婴幼儿配方乳粉生产许可审查细则和医药级GMP标准。君乐宝还独创四重检测体系,包括企业自检、行业检验、国家抽检、国际权威的第三方检测，守住从原辅材料到出厂的每一道关。

君乐宝奶粉君源工厂

在君乐宝品牌23年的发展历程中，从三轮车运送的酸奶到打开港澳市场的金牌奶粉，对产品质量的坚守是君乐宝品牌渡过难关、获得信任的基石。

品牌保障：健全的商标管理体系

君乐宝非常注重自身品牌的建设和保护，目前，君乐宝已经拥有注册商标577个，如此数量巨大的品牌群在国内屈指可数。在其起家的酸奶领域，君乐宝针对不同消费群体制订差异化品牌策略，推出各类个性化子品牌，诞生了不少品牌经典案例。

在打造品牌矩阵方面获得成功的君乐宝，截至2018年10月，共申请主商标"君乐宝"43个，重点保护商标"开啡尔""君畅""优致牧场""小小鲁班""纯享""每日活菌""乐畅"共105个。为保证商标战略的顺利实施，君乐宝乳业很早就成立了由企业法务部、品牌部双轨协作的商标管理团队，统一管理商标推广、商标权益维护和使用工作。从专利和版权的角度，君乐宝重视重点品项的包装设计，配合申请外观设计专利和版权登记，并构建了新颖独特的商标内涵体系。

品牌的建立依靠技术的革新、市场的开拓、产品的质量、消费者的口碑和企业的核心竞争力，而品牌的维护则有赖于企业成熟的管理制度和品牌的运营体系。品牌的运营和维护甚至比品牌的创立和推广更需要智慧和耐心。君乐宝品牌价值的不断增长和影响力的不断提高都离不开品牌维护运营体系的成熟运作。

天时地利：重振国产品牌形象

　　2017年1月24日，习近平总书记在君乐宝投资组建的旗帜乳业考察时做出重要指示，要打造具有国际竞争力的乳业产业，培育具有世界知名度的乳业品牌，希望国产品牌在市场中起主导作用，让祖国的下一代喝上好奶粉。

　　早在2013年9月，君乐宝朝着自己的目标埋头奋进的时候，就有相关政策扶持。河北省政府出台了《关于加快全省乳粉业发展的意见》，颁布一系列扶持政策，这对君乐宝来说是一颗定心丸——品牌的发展方向得到了官方的首肯，也是一个压力巨大的重任。在河北乳业的废墟中，只有君乐宝获得新生，这就意味着君乐宝进军奶粉市场的行动不仅仅是一个品牌的发展与改革的举措，也象征着整个河北省乳业振兴的希望。

　　2019年6月3日，蒙牛在香港联交所发布公告，出售所持君乐宝乳业51%的股权，交易后，蒙牛不再拥有君乐宝的股权。君乐宝踏上了更快发展的轨道。

　　君乐宝品牌的跨越发展同国家和河北省重振乳业的战略高度合拍，这无形中在给品牌注入发展动力的同时，也让品牌在发展过程中获得了更高的关注度、更持续的影响力。

　　君乐宝品牌同中国乳企振兴紧密相连，品牌形象因为得到官方支持而不断提升，品牌的口碑也因此得到了最广泛的信任和宣传。这不仅是品牌责任感的体现，也是品牌战略眼光收获的实在成果。

　　对于品牌发展来说，承担越大的责任就能碰到越多的机遇，反之亦然，而获得机遇的能力往往取决于品牌的战略眼光。对于君乐宝来说，正是在乳业逆境中决定进军奶粉行业，这个决定让其自觉肩负起重振河北乳业乃至中国乳业重任的同时，也获得了国家和地方政府的大力支持，从而拥有了难得的发展机遇。

品牌梦想

找准定位，以小博大

2008年，在震惊国人的"三聚氰胺事件"发生之后，国家出台了更为严格的乳业准入政策，伊利和蒙牛上升为乳业巨头，国际乳业巨头相继进入中国市场。

面对伊利、蒙牛等大牌乳企和众多外企品牌的强势竞争，魏立华认为，最重要的问题不是战胜强势的竞争品牌，而是与自我抗争，做到最好。魏立华在对君乐宝的品牌未来进行展望时，提到最多的词是"耐得住性子"，无论是面对蒙牛、伊利的强势竞争，还是面对新媒体环境对传统营销模式的冲击，魏立华都表现得从容淡定，在他看来，决定输赢的不是现在的大小，而是能否打造出符合自身特性的发展战略。

"面对竞争，我们要走差异化道路。一是产品要有差异化，二是市场要有差异化，从差异化慢慢发展。做到与众不同了，你就可能形成在这方面的强大优势，当你形成强大优势了，别人再来跟你竞争可能就处于弱势了。所以说，硬碰硬，没什么意思。君乐宝很小，但小有小的做法，小有小的活法。我们下一步还要开发巴氏奶，把它的营养成分最大限度地保留下来。"

魏立华的远期目标是让君乐宝进入乳业第一梯队。"我觉得与跑马拉松一样，不是跟别人竞争，是在跟自己竞争。君乐宝经历了很多难以克服的困难，现在我们不但要提供好的产品，更要提供好的理念和价值观。我们要成为国产奶粉的代表，我们要做民族品牌振兴的代表。这种定位区别于其他品牌，它给消费者传递了一种信念，重新建立信任，为国人提气。"

做让老百姓看得到的放心奶

君乐宝是中国唯一一家把牧场和生产车间打造成4A级景区的企业，截至2018年7月，君乐宝开放牧场的接待人数已经达到51万。很多旅游团都把君乐宝牧场加入了他们的旅游线路。"如果有一天我们的园区能够吸引100万人来参观游玩，这对君乐宝品牌的提升就会有很大的意义和明显的效果。"魏立华说道。

君乐宝优致牧场

按照魏立华的初衷，开放园区是为了"把我们现在这种先进的养殖方式和文化宣扬出去，让消费者知道我们的养殖已经是国际水平了"，但看着越来越多的参观者，魏立华又有了新的期待和想法："我们要在园区内建一些采摘项目和供儿童攀爬的游乐设施，再加上一些做奶制品的手工车间，告诉大家，最传统的奶酪是怎么制作的、冰激凌是怎么制作的、酸奶是怎么制作的，当作一种科普。"

在技术创新上，君乐宝不断满足消费者多样化的营养需求，上市三年多，已先后完成创新项目150多项，实现成果转化70多项。君乐宝研发团队打破国外技术垄断，开发出具有我国自主知识产权的益生菌菌株N1115，实现了我国功能性乳酸菌的自主化开发和生产。

公司正在筹划一个可以参观的技术中心，可以展示从牧草的种植、奶牛养殖到生产工艺技术的全过程。魏立华把这一思路当成消费者教育的重要环节："如果大家还跑出去买奶粉，买多了还限购，这是对我们的一种侮辱。所以我想把它做好，未来全球奶业大会能够在石家庄开的话，我想向全世界展示中国奶业的先进水平。"

第11章 通往国家品牌路径探索之大道至简——鲁花

鲁花就是花生油。

——孙孟全

品牌印象

鲁花，这个乡土味十足的食用油品牌，一路从山沟里走出来，经过数十年坚持不懈的品牌经营，终于开创出花生油这一细分品类并坐稳头把交椅，成为食用油市场的第三极。

正如著名品牌大师特劳特提出的"定位"理论——在消费者心里，只能保留对最前面几个品牌的记忆。在任何一个行业中都是这样，只有做到了前几位，才有可能被消费者记住。而真正的高手，要么不出手，出手就是第一。高手从来不是从第六做到第五，而是从一个第一走向另一个第一。

鲁花一出世便牢牢地把住了"花生油第一"的位置不放。通过对食用油品类的进一步细分，确立了自己在消费者心中的地位——鲁花就是花生油，花生油就是鲁花。鲁花之所以能够在金龙鱼和福临门两个强势品牌中杀出一条血路，在由益海嘉里和中粮两大巨头把持的中国食用油市场中占有一席之地，就是因为在消费者心中完成了"花生油"这一品类的注册。

炒，是中餐最常用的烹饪方式，炒菜过程中植物油散发出的香味和中国人的嗅觉及情感紧密连接在一起。马丁·林斯特龙在自己的著作《感官品牌》中写道，嗅觉是人体无法关闭的感官，气味具有超凡的"激起回忆"的功能。花生油特别的香味被鲁花反复强化，成为其品牌的独特识别方式。

1997年，鲁花在中央电视台的第一部广告开始渲染和强化"香"的概念。从"滴滴鲁花，香飘万家"到"中国味，鲁花香"，20多年来，香味成就了鲁花的品格。"香"是中国的传统饮食文化，也是鲁花的品牌文化。"香"的味道经由中央电视台、《参考消息》、"CCTV国家品牌计划"等平台进行传播与推广，强化了鲁花的特色，使鲁花迅速走上中国老百姓的餐桌，在成就百姓舌尖美味的同时，也塑造了鲁花品牌的品格。

与不少食用油品牌经常更换包装、改变造型不同，20多年来，鲁花主打产品——5S压榨花生油的外包装基本没变过。一直有人认为鲁花的包装太"土"了，市场部门曾提议将包装改得更时尚一些，结果被孙孟全一句话否定了："搞那些花里胡哨的玩意儿有啥用！多讲究点品质比啥都强!"

这种专注于提升品质的做法，客观上强化了鲁花品牌的辨识度。

在食品制造领域，很多企业都会将产品分出不同等级，定出不同价格，以求覆盖更广泛的人群，占据更大范围的市场。相对于市场占有率更大的菜籽油、葵花籽油和调和油，花生油因原料价格高，定价也就高一些。另外，鲁花的产品从来只分类不分级，因此丧失了不少市场机会，但鲁花高端产品的品牌形象却由此确立了起来。

鲁花创始人孙孟全说过："与其说我关注自己的品牌，倒不如说我关心中国农民的命运。"鲁花电视广告中，一位朴实的农民手握一把刚从土地里拔出来的花生笑逐颜开，这一画面是鲁花品牌的重要组成部分。将品牌与农夫形象紧密结合，是众多国际食品品牌的基本套路，农夫勤劳、忠诚、老实的形象是食品品牌最好的背书。

鲁花花生油电视广告

在展现产品质朴形象的同时，鲁花也将科技感植入品牌中。花生油生产的国家标准制造工艺有两种，一种是压榨工艺，另一种是浸出工艺。这种按制造方式分类的国家标准是鲁花推动的。这一新标准的出台，为鲁花成为压榨花生油的代表奠定了法律基础，鲁花成了真正意义上的行业标准，鲁花也因此获得了食用植物油领域独有的"国家科学技术进步奖"，而"5S物理压榨工艺"成为鲁花区别于其他竞争对手的独占性资本。

"为人民服务"

鲁花已走过30多年的历程，其前身是1986年成立的莱阳鲁花植物油厂。再往前追溯，就得将时间和空间倒回改革开放初期。

在山东莱阳市的姜疃村，还生活着许多曾经或正在鲁花工作的"老人"，他们是从姜疃镇物资站开始就跟随鲁花的。物资站由于经营不善连年亏损，每半年都要换一任站长。1983年，站长换成了孙孟全，也就是后来鲁花集团的创始人。孙孟全愿意接这个烂摊子，纯粹是因为"我就是个不服输的人"。这个不服输的莱阳人接手物资站后，做的第一件事是"重农轻工"——他砍掉水泥、建材等项目，集中精力做农产品的加工出口。理由是，物资站背靠黄土地，应该扎根农村、服务农民，而服务农民最好的办法就是做好农产品。

这种思路给物资站带来了生机。上任第一年，物资站就扭亏为盈。1986年，孙孟全决定成立莱阳鲁花植物油厂。在他的构想中，这个厂就是一根扁担，一头连着消费者，另一头连着种植花生的农民。当物资站变身为鲁花植物油厂时，孙孟全把他的这个想法总结为一句话，并将其写到了工厂的高墙上，作为办厂的指导思想，这句话就是"为人民服务"。

据老人们回忆，当孙孟全把"为人民服务"这句话刻在厂房显眼位置时，很多人都暗笑："一个小油坊，能让这七八个干活的人吃饱饭就不错了，用得着这样高调吗？"

30多年过去了，谁也没想到，一个起步时只有7个人的物资站，如今已经成为中国食用油行业的领跑者。2018年，鲁花的销售额已经超过300亿元，并且带动山东、河北、河南、辽宁、新疆、吉林、湖北、江苏等地发展花生种植基地超过1000万亩，每年为农民创收50多亿元。至今，"为人民服务"这句话仍然刻在鲁花工厂的高墙上。

重新洗牌食用油行业的"5S 物理压榨工艺"

在花生油领域，一直有一个难以解决的问题——黄曲霉素超标，而黄曲霉素是一种致癌物。

如何既能去除黄曲霉素，又能留住花生的浓香和营养，这是个世界性难题。孙孟全决心带领鲁花解决这个难题，解决的办法只有一个，就是自己研发一套新的加工技术。在靠资本说话的食用油行业，与动辄数以十亿元的粮油大鳄相比，鲁花的实力实在太弱。以鲁花当时的资金实力和技术支持，要解决这样的难题简直是痴人说梦，当时所有人都被这个想法吓坏了，反对声一片，"这个连老外都搞不定的问题，你一个山东农民还能做出来？"但孙孟全不信邪，他在厂房下挖了个地下室，带着一帮人披星戴月地研究起来。当时很多人见面打招呼的话都是"孙孟全又去地下室了？"同时，鲁花还广发"英雄帖"，诚邀全国各地的专家莅临指导，不管是谁，只要有技术，能降低黄曲霉素，他们就请来指导，并安排公司的技术人员跟着学习、研究。

经过长达 6 年的攻坚克难，在无数次的挫败后，鲁花人终于创造出了"5S 物理压榨工艺"这一独门绝技。样品出来后，经检测，黄曲霉素含量降低到了"未检出"，而当时的国家标准是≤ 20ppb。ppb 是一个浓度单位，相当于每千克含百万分之一克。不言而喻，"5S 物理压榨工艺"创造了食用油行业的一个奇迹。"5S 物理压榨工艺"由焙炒生香技术、纯物理压榨技术、无水脱磷技术、去除黄曲霉素技术、恒温储存技术五大环节组成，全程无化学添加，也不存在溶剂残留，既去除了黄曲霉素、又留住了花生特有的浓香。

鲁花自主研发的 5S 物理压榨工艺操作室

"5S 物理压榨工艺"出世后，国家有关部门多次组织专家组进行科技成果论证，结论是，该工艺科技含量高，实现了花生油规模化、机械化、现代化生产工艺的创新与变革，填补了国内外空白，引领了我国食用油工艺发展的方向。

凭借这项独门技术，鲁花花生油开创了黄曲霉素"零时代"，引领了人们对花生油的新一轮消费热潮。2013 年，鲁花凭借这一核心工艺，荣获国家科学技术进步奖，再创中国食用油行业的技术新高。

从打造花生油第一品牌，到做中国高端食用油引领者

300 多年前，一位商人从南美洲捎来一撮花生，自此，花生这株具有传奇色彩的豆科植物便登上了中国人的餐桌。最初，花生只进贡给宫廷，善种花生的胶东人给它取了一个寓意深刻的别名——长生果。此后，山东一直是种植花生的重要省份。而在孙孟全这个土生土长的山东人看来，自己创立的企业和品牌，一定要把家乡突出来，"鲁花"因此得名。

手持"长生果"的鲁花，虽然有了"5S 物理压榨工艺"护体，但油的销路仍然是个问题。

有一天，孙孟全和同事拉了几大箱"5S 物理压榨工艺"做出的花生油到一家粮油店推销，但无论如何，对方就是不要，没办法，孙孟全和同事只好把油搬出来，准备打道回府。故事如果就此结束，那就不过是一次小小的推销失败案例而已。可后来又发生了戏剧化的转折——当他们把油搬到大厅准备离开时，不知是有意还是无意，有人手一滑，摔掉了一个油瓶，花生油流了出来，一瞬间香气四溢。接下来，鲁花人津津乐道的一幕上演了：刚刚拒绝他们的那位老板"闻香"而来，让孙孟全再把油抬进去看看。最后，这位老板因为鲁花无法拒绝的"香"，而买下了所有的油。从此，这香味就飘遍了齐鲁大地，济南、烟台等地甚至出现了抢购潮。这故事可与万国博览会智摔茅台酒的故事相媲美。花生油和酒都有独特的香味标识，在品牌推广中，特意去强化和放大"香"的作用是最好的选择。

虽然打开了市场，但由于花生油成本高，定价贵，在 20 世纪 90 年代的国内市场，受众群体并不多。"掺兑"的油卖得好，纯正的花生油却销售惨淡，这让鲁花意识到问题出在品牌上，"不就是因为人家的牌子硬，而我们鲁花的牌子不如人家吗？"

怎样才能建立自己的品牌呢？定位是关键。当时，市场上的食用油种类很多，鲁花的油品质虽然好，但没有品牌效应，完全被淹没了。孙孟全后来总结：如果说原来的企业经营模式是在陆地上盖房子，只要有足够的时间，一砖一瓦地砌总能盖起一栋房子，那么现在就是水中造屋，要往水里扔多少砖头，才能砌成一栋房子？要想走出红海，就必须找到差异化的定位。

对于品牌建设，孙孟全用了这样的比喻：要学会造浪，在短期内聚合足够多的水，往一个方向汇聚，然后把浪打得足够高。鲁花的主打产品是花生油，而这个细分市场还没有领导品牌。因此，他决定将鲁花定位为花生油的第一品牌。为落实这一战略，鲁花无论在包装设计还是广告诉求上，都着重强调自己作为花生油的品牌属性，坚持一个产品、一个品名，甚至多年来都是一个主广告带、主平面。在一则经典的广告中，丰收后的农民用手剥开一粒饱满的花生，一滴油自上而下滴入油桶，溅起油花。伴随着这一画面，鲁花花生油的质朴形象深入人心。

2009年，鲁花又做了一件大事——与山东省农科院花生研究所等单位产学研合作，开始了高油酸花生良种的试验、生产和推广。2017年，这种油酸含量高达75%的新花生油上市了。鲁花人认为，如果说过去的30年的时间，是鲁花由后起之秀追赶成为行业标杆的30年，那么这个高油酸技术，则将带领鲁花成为高端食用油的引领者。现任董事长孙东伟对这个全新的高油酸含量花生油的期许是："未来，家家户户的厨房中都将有鲁花味道。'鲁花香'将成为中国味道中最具活力的基因组成。"

孙孟全的"质量经"

鲁花创始人孙孟全的名字一直以来很少为公众和消费者知晓,但在当地农民中却是家喻户晓。他一生都在为花生这个大产业做实实在在的事,30年前鲁花初创时,孙孟全就提出了"产业报国、惠利民生"的发展理念,并将"严格产品质量管理""带动农民增收致富"等作为经营目标坚持至今。

早年间曾有一次,花生采购部门在汇报时无意中提到,通过做工作降低了花生米收购价。没想到,孙孟全当场拍了桌子:"你把价格压低了,老百姓不好好给你种花生,哪来的好油?"莱阳周边花生种植基地的农民说,30年了,鲁花在收购花生上从来没有给农民打过一张白条。

孙孟全在创办鲁花之初,就把品质放在第一位。当年做物资站时,鲁花和很多企业一样往欧洲出口花生。大多数企业没把质量当回事,孙孟全却小心翼翼,每次都挑最好的花生。别人要求破损率不超过3%,他一个坏的都不许有;别人要求含水量不超过9%,他严格控制在8%以内。后来,欧洲客户点名要他的货,有多少要多少——而其他企业都是有限定配额的。

那一年,他们赚了几百万。这件事更加坚定了孙孟全对品质的追求。

创办鲁花后,他向全厂下达了一道死命令——"绝不让消费者食用一滴不利于健康的油",并将这个命令落实到每一个生产环节中。为了管控品质,鲁花从源头抓起,在各地设置原料信息员,深入田间地头,跟踪花生的长势。他们还斥巨资引进全球最先进的花生综合检测仪,这种仪器全球只有5家企业在用,在中国,独有鲁花一家。进入鲁花的原料,加工时都有详细的跟踪记录,以确保每个批次的产品都可以溯源。在生产过程中,鲁花只榨取第一道花生原汁,生产出来的油还要经过严格检测,每批必检。

在鲁花检测中心,化验室一角的小柜子里整齐地摆放着10余部手机,每部手机对应着一个质检员的名字,原料收购人员无从得知质检自己那批原料的人员是谁,也无法直接联系。这是公司为避免原料收购人员与质检员

"内外勾结"而设置的环节。"所有进厂花生都要抽样送到质检室化验，按品质定价，保证让农民种的好原料能卖个好价钱。"为防止有人钻空子，实验室送检的样品箱是锁死的，走的是专门的封闭通道，样品由计算机随机编号，质检员根本不知道自己的质检样品来自哪里。

鲁花就是花生油，花生油就是鲁花

商业社会，产品要好卖，要么是第一，要么是唯一。说到花生油品牌，很多人首先想到的就是鲁花。

鲁花首先赢在起步上。当时，调和油盛行，而鲁花却没有选择做调和油，而是依托山东半岛独特的原料资源，通过科技创新，走出了一条与当时市场上主流食用油工艺和食用油产品迥异的道路——发展花生油。世界花生在中国，中国花生在山东，山东花生在胶东。但当时的胶东，花生种出来卖不出去，能卖也卖不上好价钱，原因是没有配套的深加工厂，土榨法和浸出法都有缺陷。没有怎么办？孙孟全决定，做一个出来，要研究出更好的工艺，来保留花生的营养和香味，将最好的花生油奉献给消费者，并且带动并引领农民通过种花生来致富。通过对食用油品类的进一步细分，鲁花确立了自己在消费者心中的地位——"鲁花就是花生油"。

在完成"鲁花就是花生油"的消费者认知注册之后，下一步就是强化品牌在消费者心中的地位。鲁花抓住了创立品牌的关键点，同时也是竞争对手的软肋，即消费者对食用油的消费需求点："香"。此前，没有食用油将"香"作为卖点。之后，鲁花的市场营销及时跟进，特别是成为第一家在CCTV做广告的食用油品牌，"滴滴鲁花，香飘万家"，深入消费者心中，成为鲁花最成功的广告案例之一。从攫取花生油第一桶金开始，鲁花不断强化在消费者心中的品牌度认同，一鼓作气将自己推向了中国花生油第一品牌的宝座。

品牌的成功不仅在于品牌自身的定位，更在于消费者对品牌的定位。鲁花之所以能够在金龙鱼和福临门这些强势品牌的夹缝中生存下来并越做越大，就是因为在消费者心中完成了"花生油"这一品类的注册，完成了高档油和浓香这些独特卖点的注册。

紧抓稀缺资源的品牌投放策略

1998年，鲁花从山东走向全国，选择的第一个省外市场是北京，选择的唯一媒体是中央电视台——"在我们看来，央视仍然独步天下。"负责鲁花品牌推广的资深人士如是说。"滴滴鲁花，香飘万家"经由央视传遍全国，鲁花一举成名。从2000年起，鲁花开始角逐中央电视台黄金段位广告招标，市场由北至南迅速推向上海、广州，市场扩大了，但广告仍全部投在央视。

央视最被广泛收看的节目是以《新闻联播》《焦点访谈》为代表的新闻类节目，这些收视对象以男性居多，而食用油购买对象主要是女性，为此鲁花将重心放在了央视电视剧和综艺节目上。鲁花的投放并非平铺直叙，而是抓住了央视每一次频道及其栏目变动的机遇。《东方时空》改版后的广告投放，电视剧《太平天国》第一次片尾植入式广告，新闻频道开播两年随片广告，《健康之路》特约播映，赞助央视二套的"美味中国"和"厨艺大赛"……鲁花皆捷足先登，抢尽先机，占领稀缺资源，收到了很好的收视效果。2006年，鲁花甚至签下了央视一套电视剧全年长单，并指定"倒二"位置，随着《乔家大院》《玉碎》《老娘泪》等精彩电视剧的连播，鲁花历史性地实现了淡季销售强劲增长25%以上。

每天都诵读道德文化——中国传统文化的企业管理

从莱阳的一个小物资站到全国范围内的行业巨头，鲁花自信找到了一条成功之道。但这条成功之道异常简约，简约到只有四个字——大道至简。这四个字来自《道德经》。

在鲁花集团遍布全国30多个省市区的30多个生产基地和200多家分公司里，在会议室、食堂或操场上，在近2万人的员工队伍中，每天重复上演同样的学习场景。读《论语》《道德经》《弟子规》及《鲁花花生之道》，每堂30分钟，全年工作日风雨无阻，这样的企业文化学习晨课在鲁花集团持续了整整19年。他们还聘请享有"中国式管理之父"美誉的台湾师范大学曾仕强教授作为鲁花集团的道统文化总顾问。

面对"你们每天晨读有心里抵触吗？"这样的疑问，鲁花一位46岁、参加晨课整整19年的司机回答："明道多德，利人为公，先爱他人，以德取得。我学历不高，一开始学的时候也不是很明白，但面对工作与生活中的不如意，总是会想到文化课里学的那些内容，慢慢也能悟出一点东西来。"

孙孟全是《道德经》的忠实粉丝。35 年前，他在莱阳小物资站帮当地农民售卖地瓜干的经历，让他无意间找到了企业经营发展的内生动力与文化基因。经营物资站，一年扭亏，两年大赚，大家都纷纷夸他有能力。孙孟全却说："这不是因为能力。谁都知道要为人民服务、抓好质量的道理，但很多人知道却不做，或者做得不够好。我去做了，而且会死心塌地地做好。""先爱他人"的关键在于"先"，所以才有了花生保护价、5S 物理压榨技术、食品安全种植基地管控、高油酸花生育种研发等一系列的主动行为。而"爱"的发心也反向促使着鲁花集团不断地发展壮大，如此循环往复，生生不息。

在经营中，鲁花也一直在《道德经》《易经》中寻觅管理和发展的答案。和众多现代企业尽量避免"裙带关系"的管理理念不同，鲁花有很多一家人都在公司上班的员工。鲁花还欢迎"好马再吃回头草"，有些离开鲁花的员工过段时间又回来了，甚至有员工前后六进五出，公司都欣然接受。为照顾老员工，前几年公司改造自动化生产线时，硬是坚持保留了一条灌装线上的人工岗，但在最辛苦的装卸、码垛环节，则增加了先进的机械手。

酱油，我们也要做最好的

如今，在积极拓展食用油产品线、提高品牌竞争力的同时，鲁花将目光投向了酱油的生产上。在全球范围内，优质酱油市场曾经一度被日本酱油所占据。1999年，孙孟全去日本参观时发出疑问："起源于中国的酱油，为什么会被日本发扬光大？"日本厂商可以不断研发新的酱油技术，孙孟全相信鲁花也可以。

研发花生油"5S物理压榨工艺"，鲁花用了6年；做到"为上帝酿一瓶好酱油"，鲁花用了10年！从培育出独特的珍稀菌种"鲁花酱香菌"到对酱油酿造工艺的升级换代，将"压榨工艺"创新性地运用到酱油的生产中，鲁花坚持在传统工艺上改良与创新，完整保留了酱油头道原汁的自然酱香，而且营养不被破坏，口感更加纯净。

在2017年世界品质评鉴大会上，鲁花"自然鲜酱香"酱油荣获"金奖"，科技创新让鲁花"自然鲜酱香"酱油成了第一个获得此项殊荣的中国酱油。

做中国高端食用油引领者

在采访中，项目组向鲁花集团现任董事长孙东伟提问："鲁花的成功，你觉得最关键是做对了什么？"

孙东伟回答了两个字：品质。

改革开放以来，中国人经历了从"吃饱"到"吃好"的变化，现在，正面临着"吃健康"的问题。如今的食用油不仅质量要安全、口味要浓香，营养还要更加全面，更有益于身体健康。

在花生油领域，鲁花已经做到行业第一，但这并不能让他们满足，因为花生油的油酸还有提升的空间。油酸是一种不饱和脂肪酸，具有天然的抗氧化作用，可有效降低胆固醇，预防心脑血管疾病等，对人体健康非常有益。目前，油酸较高的橄榄油基本靠进口。为了让中国老百姓吃上更加健康且美味的好油，鲁花决定给花生油再来一次创新与变革，把油酸含量提上来。这次的创新与变革需从花生种子开始。

2013 年，为了培育高品质的高油酸花生良种，鲁花专门成立了山东鲁花农业科技推广公司，与国内各大科研院所进行产学研合作，从事花生良种的引育试验、生产示范、经营推广，研发了 10 多个具有高油酸、高产量、高含油，并且适合国内不同地区种植的花生新品种，种植面积达到十几万亩。

"新型高油酸花生"新生产模式试验示范田

从试种情况来看，鲁花高油酸花生的油酸含量已达 80%，而且产量也提高了 30% 以上。2017 年 9 月，鲁花将新研发的高油酸花生油投入生产并销往市场。因其香味浓郁，营养价值更高，深受消费者青睐。这对花生产业来说，是一个革命性的巨变；对中国乃至世界食用油而言，也是一个革命性的变化，一旦普及，极有可能再一次改变未来中国的食用油格局。

鲁花老董事长孙孟全信心满满："不出五年，鲁花还会大变样。"现任董事长孙东伟表示："中国的花生产业要掌握在中国人手中，就必须从种子开始。鲁花的原料花生大都是中国自产的，鲁花的食用油卖得越好，中国的农民收益越多，中国的花生产业就会发展得越好，老百姓的油瓶子也会更加安全。"

第 12 章 通往国家品牌路径探索之忠于自我——茅台

每一瓶茅台酒,都是一件匠品。

——李保芳

品牌
印象

　　白酒之于中国人，不仅仅是一种日常消费品，更是中华文化的重要承载和中国人生活方式的体现，如同葡萄酒之于法国、啤酒之于德国、威士忌之于英国。而茅台酒作为中国白酒无可争议的第一品牌，在国人心目中占有独特的位置，甚至也成为世界认识中国和中国人最直接的媒介。

　　茅台酒的品牌传奇跨越一个多世纪的历史而长盛不衰，其品牌经过几代人的不断积累，产品的溢价远高于国内同类产品。

　　用了30年的时间，茅台酒实现了由计划经济时代评出来的"全国第一"，向市场经济时代自己干出来的"全国第一"的跃升，成为主流消费群体最喜欢的白酒品牌，长期位居白酒品牌的第一梯队，拥有极高的渗透率及品牌知名度。

　　中国经济的迅猛增长和国力的不断增强极大地提升了中国人的文化自信，这也是茅台酒品牌价值不断增加的现实背景。有人用"起于秦汉、熟于唐宋、精于明清、尊于当代"来总结茅台酒的历史，这种成长历史和中国传统文化及中国近代发展史都有着极强的对应，这种对应甚至可以直接转化为酒桌上的话题。

　　茅台酒的社会话题功能由来已久。从100年前巴拿马万国博览会一摔成名，到红军长征路过茅台镇的传奇故事；从几代国家领导人对茅台酒的喜爱和支持，到独特的酒瓶造型和瓶盖上的红丝带；从定价经销方式到酒瓶防伪技术，茅台酒身上聚集着顶级品牌所必备的丰富话题。这些话题的口口相传是茅台品牌价值长盛不衰的内在基因。茅台是中国白酒中少有的真正做到"唯有饮者留其名"的企业——有众多的名人自愿为茅台酒背书，有众多的消费者自愿为茅台进行口碑传播。

　　茅台的品牌价值及其产品的稀缺性，导致其股价自上市起一路飙升，几年的时间里成为中国股市第一股。2018年1月15日，茅台的市值突破万亿人民币，是A股第一个市值破万亿的消费类股票，超过世界著名烈性酒公司帝亚吉欧，成为全球市值最高的烈性酒公司。

茅台酒在股市的表现使其话题性超出酒桌文化和饮酒者范围，成为全民性话题。在项目组联合沃民大数据公司进行的网络品牌影响力和满意度调查中，茅台在所有白酒品牌中高居榜首，并远远高于其他品牌。在网民的相关高频关注度词汇中，"国酒""酱香""白马股"等大量出现，可见茅台酒是当下网民的关注焦点。

除了历史上的传奇故事，茅台品牌传播过程中一直强化其地理气候及独特工艺所形成的品牌壁垒。

茅台酒产地不可替代的地理气候条件构成其品牌基础，也是其极致品质的源头。酿造茅台酒用的是当地的红缨子高粱，其色红、皮厚坚实、糯性高，在当地的紫色砂页岩、砾岩、赭红色黏土等质地的土壤中能得到很好的成长。而酿制茅台酒的用水主要是赤水河的水，无污染，水质好。用这种入口微甜、无溶解杂质的水经过蒸馏酿出的酒味道甘美。

茅台酒的产地茅台镇

2000多年的酿造历史、300多年的品牌历史、100多年知名品牌发展、80年红色情缘，茅台酒因此获得了"国酒"的美誉。

虽然茅台酒尚未成为全球性的酒类品牌，主要市场仍集中在国内和海外华人圈，但因其与国家品牌的密切关联度，在全球的品牌知名度不断攀升。在"全球烈性酒品牌价值50强"排行榜中，茅台高居榜首。

品牌档案

智摔酒瓶

中国是世界上最早酿酒的国家之一,用于制酒的制曲技术和"复式发酵法"被一些西方学者认为可以与"四大发明"相提并论。到了宋代,蒸馏法的发明使白酒成为中国人饮用的主要酒类。

茅台镇一带酿造酒的历史非常悠久,明末清初之时声名鹊起。之后,茅台回沙酱香型白酒逐渐定型。清康熙年间,"茅春""茅台烧春""回沙茅台"等成为中国西南市场的佼佼者。清光绪年间,四川总督丁宝桢再次疏浚赤水河,茅台镇成为川盐入黔的重要口岸,一时间商贾云集,酿酒业空前繁荣,有"家唯储酒卖,船只载盐多"之说。

而让茅台酒走出贵州群山深处,真正名声大振的契机则是参展巴拿马万国博览会。在茅台所有的品牌故事中,"智摔酒瓶"是最具标志性的故事。1915年也因此被看作是当代茅台品牌的正式出发点。

1915年,为庆祝巴拿马运河通航,美国旧金山举办了巴拿马太平洋万国博览会。当时的北洋政府组织各地产品参展,茅台酒是参展产品之一。当博览会的评酒会接近尾声时,中国送展的酒一个也没评上。代表团的工作人员急中生智,拿起一瓶茅台酒佯装失手,掷于地上。浓郁的酒香立刻在展厅中弥散开来,引起了评委的注意。在反复品尝之后,他们一致认为茅台是世界级好酒,但因金奖第一名早已定下,只能把茅台酒排在金奖第二名的位置。

对此,1936年出版的《续遵义府志》有如此记载:"茅台酒,往年携赴巴拿马赛会,得金牌奖,固不特黔人珍之矣。"由于年代久远,且历史记录资料不完整,这段佳话有各种不同的表述方式,但这次参展的确摔出了茅台的知名度,也成为茅台品牌的"锚",把茅台品牌牢牢定位在国际化名酒的坐标上。

结缘红军

1935年,茅台迎来了其品牌成长历程中的又一重要时刻。遵义会议后,毛泽东等中共领导人指挥中央红军声东击西,打乱敌人阵脚。是年3月,红军在茅台镇及其附近地区三渡赤水河。由于缺医少药,红军将士用茅台酒解乏、治伤(擦脚),据称有奇效,根据这段历史还流传下来一首民歌——《茅台为我药》。

这段茅台与红军结缘的故事,出现在聂荣臻、成仿吾、耿飚、王耀南等多位当年亲身经历过此事的老红军的回忆录中。邓颖超也对此有过回忆:"路经茅台,周总理告诉大家,我们不是来喝茅台酒,而是利用茅台酒疗伤(那时茅台酒最高度数有72度)。于是所有茅台酒都用来代替红药水、紫药水给士兵擦伤口……红军能顺利到达延安,茅台酒立了很大功劳。"

这一缘分让国家领导人始终惦记着茅台酒的发展。1951年,茅台镇的三家私营酒坊,即被称为"华茅"的成义烧坊、被称为"王茅"的荣和烧坊,以及被称为"赖茅"的恒兴烧坊先后通过赎买、没收、接管的方式合并,成立国营茅台酒厂,茅台酒从手工作坊的副业产品正式转变为工业消费品。

由于结缘红军,茅台酒还出现在多个重要历史时刻的宴会现场。据原茅台集团总工程师季克良回忆:"1949年,中华人民共和国成立之前(定国名的那天),全国政治协商会议召开之后,周总理请委员们在北京饭店举行宴会,喝的是茅台酒。1949年10月1日,毛主席宣布中华人民共和国成立,晚上的国宴酒主酒也是茅台酒。"

茅台酒还见证了一系列重要的外交事件,如日内瓦会议、中美建交、中日建交、中英会谈、中韩建交等。多位国家领导人亲口夸赞茅台为"国酒",周恩来总理说过,王震副总理在1975年的一次讲话中也提到过。这些历史的记忆和故事的传播,使茅台酒成为不言而喻的"国酒"。

1960年5月,周恩来与到访的胡志明在欢迎宴会上畅饮茅台酒

五夺"中国名酒":评出来的行业老大

作为大众消费品品类,中国白酒品牌的自发式传播即使在计划经济时代也没有中断过。虽然也有个别新品牌异军突起,但20世纪五六十年代政府部门评出的八大名酒品牌,和当今中国白酒的座次也并无太大出入,这在中国消费品品牌中是绝无仅有的现象。

为振兴酿酒工业,由周恩来总理亲自倡导,1952年国家轻工业部在北京举办了第一届评酒会。评酒会从全国103种酒样里评选国家级名酒,并最终根据"品德优良""广受好评""历史悠久""具有酿造特色"等条件,层层甄选出"八大名酒",其中四款白酒荣膺"中国名酒"称号,分别是贵州茅台、泸州老窖、山西汾酒、陕西西凤酒。此次评酒会在全国引起了强烈反响,酒类产品市场销售量大幅提高。

此后,国家又于1963年、1979年、1984年、1989年分别举办了四届评酒会。当时全国评酒会的举办目的是加快技术进步、提高酒的质量,评酒会客观上成为计划经济时代品牌打造和传播的最佳手段。在所有参评的酒中,唯有茅台酒蝉联了全部五届"中国名酒"称号,而且除了第二届之外,茅台酒均获得了"中国名酒"冠军。

在品牌还没有进行市场化运作的计划经济时代,"国酒"美誉与五届评酒会"中国名酒"冠军的称号,使茅台在国内白酒中的声誉达到了无可比肩的高度。它在计划经济时代成为"宠儿"的同时,也给消费者留下了"茅台是中国最好的白酒"这一品牌印象。

生死1998:品牌保卫战

改革开放后,酿酒业是最早进入全面市场竞争的行业。长期形成的中国白酒版图受到市场新力量的全面挑战。一些来自地方集体所有制的白酒企业及民营白酒企业率先与市场全面接轨,按照新的规则、新的思路、新的方法来开辟市场和打造品牌。

广告业的蓬勃发展,央视"标王广告"的出现,让"酒香不怕巷子深"的古训濒临崩溃的边缘。众多之前在市场上知名度不大的酒厂通过投放央视广告,几乎一夜之间成为白酒行业的新贵。白酒新品牌风起云涌,孔府家酒、孔府宴酒、秦池等如雨后春笋般出现在消费者面前。

1996年11月18日，秦池以6 666万元的最高价击败众多对手，勇夺CCTV标王。很短的时间内，绿色玻璃瓶的秦池酒以铺天盖地的气势成为家喻户晓的品牌。而传统名酒由于营销体系和品牌市场意识的落后，大多陷入被动境地。

此时，整个社会都处于品牌启蒙期，企业和公众对品牌的认知十分浅显，知名度成为品牌最主要的甚至是唯一的支撑。而央视广告由于当时无可动摇的传播巨无霸地位，成为企业打造品牌的核心渠道。

新兴品牌的迅速崛起，加上当时国家对白酒行业制定了以调控总量为基础的产业政策和新的税收政策，以及受亚洲金融危机和山西朔州假酒案等因素的多重影响，白酒行业遭到重创。

到1998年，整个白酒产业急剧萎缩，形势空前严峻。茅台酒受此影响，商品价格回落，销量下降，效益降低，经销商骤减，昔日车水马龙的企业顷刻间门可罗雀。1998年1月至7月，茅台酒销量不到700吨，仅为年计划的30%左右。激烈的市场竞争带来的生死考验已近在眼前。

改革要从转变观念和建立营销队伍开始，茅台的新领导班子提出了"以市场为中心，生产围着销售转，销售围着市场转"的营销新思路。

1998年7月，茅台酒厂从89名竞争者中招聘了17名营销人员，组建起茅台历史上第一支营销队伍。短期强化培训后，由公司中层领导亲自带队，深入全国市场，奔赴销售第一线，进行市场调查和市场监控。他们念着"从来就没有救世主"，吼着"到了最危险的时刻"，唱着"敢问路在何方？路就在脚下"，开启了划时代的茅台营销探索征程。他们逐步使市场在一定程度上成为一个可控系统，在市场驾驭上变被动为主动。这一年，茅台终于彻底放下了"酒好不怕巷子深"的架子，开始做广告，其广告文案"国酒茅台，相伴辉煌"一度成了流行广告语。

1998年末，茅台酒完成了年度销售任务，背水一战之后转危为安。在面对危机之时，茅台以壮士断腕的勇气迅速改变自己，并积极寻找对策，这种作风为其品牌增添了浓墨重彩的一笔，并增强了品牌的张力。

市场抗衡20年：重新确立第一品牌

1988年，我国放开了之前一直由国家定价的13种名酒的价格。从此之后，各大名酒之间开始了真正意义上的市场竞争。这其中，茅台和五粮液一直是竞争舞台上的主角。

放开价格的第二年，五粮液率先提价，并先后祭出了多个主打品牌，子品牌更是多得数不胜数。受益于诸多子品牌的覆盖效应，五粮液销量得到了很大提升，在将近20年的时间里发展势头远超茅台，成了白酒行业新的领军企业。

随着经济的快速发展，人们生活水平的不断提升，从2005年开始，白酒行业迎来了新一轮持续高速的增长，中高端白酒更是得到了快速发展，出现了量价齐升的局面。然而，也就是在这一时期，高端白酒的竞争局势开始发生改变：五粮液的收入和利润增长相对停滞，茅台则持续稳定增长。

究其原因，五粮液无限量的品牌扩展与开发使高端品牌定位不断被稀释。20年后的今天，五粮液已不像从前那样具有鲜明的辨识度。而茅台坚守大单品战略，坚持做自己，使飞天茅台逐渐成为消费者心目中唯一的高端品牌，再配合茅台"不增加销量、不增加新经销商、不降低出厂价格"的"三不"原则，因此其业绩趋于理性增长。

制曲车间女工正在踩曲

经过市场20多年的磨炼，茅台品牌变得更为坚韧。这一次的国内"老大"地位不是评出来的，是真正通过自身努力干出来的，这是茅台品牌战略的成功，也是品牌厚积薄发的结果。

红色基因

在古代,酒一直和祭祀、庆典等国家礼仪活动联系在一起,青铜器中最多的器物就是酒器。作为这种传统的延续,在重大活动国宴上,酒仍具有举足轻重的地位。

中华人民共和国成立后,茅台酒在国家重要外交和庆典场合扮演着不可或缺的角色。一些国家领导人和军队将领对茅台酒的喜爱也成为其持续传播的佳话。例如,周恩来总理多年来一直喜爱茅台酒,长期关注茅台酒厂的发展;许世友大将一生酷爱茅台,临终前要家人在灵柩中放两瓶茅台……这些故事一直在民间广泛传播。

追根溯源,这些故事都和红军长征途中与茅台酒的邂逅相关。当时,中央红军刚从国民党几十万大军的围追堵截中获得喘息的机会,茅台镇的百姓和茅台酒在给予红军战士帮助的同时,也让茅台品牌增添了军魂元素,使其超越了寻常意义的商业价值,富有了一种特殊的红色基因。

1954年6月,地方国营茅台酒厂正式为茅台酒注册了商标——"金轮牌"白酒。商标的图案为麦穗环绕着红星,茅台酒的红色基因在商标上得以清晰体现。后来,为了适应外销的需求,茅台酒厂注册了飞天商标,但老的金轮商标并没有被丢弃,而是在某些特殊场合继续使用。

自2001年开始,贵州茅台集团一直在向国家商标局申请注册"国酒茅台"商标,并引发各种争议。2012年7月20日,商标局发布公告称,贵州茅台申请的"国酒茅台"商标通过了初审,这已是茅台酒的第10次申请。消息一出,汾酒、五粮液、杜康等企业纷纷抗议。这些企业的负责人甚至扬言,如果申请通过,他们将采取诉讼手段。

就在"口水仗"愈演愈烈之时,2018年5月25日,当时的商标评审委员会(现整合为国家知识产权局商标局)一锤定音,对茅台提出的"国酒茅台"商标注册申请,复审决定"不予注册"。对此,茅台集团表示,"充分尊重,也乐于接受",决定撤回申请,并向各相关方致歉。此举获得了广泛好评,很多人认为,不论有无"国酒茅台"的注册商标,"国酒茅台"的形象已经深深镌刻在了老百姓的脑海中。

多年来,有关"国酒茅台"商标申请事件的争议,不但没有使茅台品牌受损,反倒使其知名度越来越大。茅台公司通过多种方式重复和强化茅台的"国酒"地位,比如茅台酒企业内部出版的报纸名称叫《国酒茅台》。"茅台即国酒,国酒即茅台"已经逐渐形成社会认同,是否需要国家有关部门授予"国酒"的称号,反倒不再重要。

坚守品牌识别度

品牌专家戴维·阿克认为,"强势品牌必须有一个丰富、清晰的品牌识别,这种品牌识别是策划者们试图创造或保持对一系列与品牌相关的事物和理念的独立性。与品牌形象相比,品牌识别更具有启发性。从根本上说,品牌识别体现了企业希望品牌所要代表的东西"。

茅台品牌识别的清晰及公司一直以来对品牌识别度的坚守,堪称案例典范。

自从1954年确立了三节式短盖土瓷瓶的酒瓶样式,茅台酒瓶的外观基本没有大的变化。每一瓶茅台酒在出厂时的最后一道工序,都是女工们在瓶盖上绑上一条红飘带。按照茅台官方的说法,茅台瓶盖上的这根红飘带象征着红绸舞,它是红色基因的显性特征,也是茅台外包装上长久不变的一个视觉要素。

至今,众所周知的茅台酒依然是53度的飞天茅台,它同时也是高端白酒的代名词。虽然茅台在进入市场经济之后面对很多市场竞争,但它始终坚守着53度飞天茅台的品牌辨识度。为什么要坚守53度?茅台酒对此进行了一番科学研究,发现酒精度在53度的时候,和水之间有着最佳的缔结效应。茅台为"53度"这个很多白酒都使用的常用度数赋予了特殊内涵,这也成为茅台酒的独家特征。

茅台稳扎稳打,把产品线一直聚焦在大单品上,而这也使飞天茅台逐渐成为消费者心目中的高端产品。在市场的巨大诱惑面前,茅台能够一直坚持做自己,修炼内功,理性发展,终成国内白酒第一品牌。

工匠精神:"像爱护自己的眼珠一样爱护茅台酒质量"

曾任茅台集团董事长的季克良先生在《质量,国酒茅台永恒的主题》一文中写道:"为了质量,茅台人拒绝了太多吹糠见米的诱惑,茅台酒必须生产陈放 5 年以上的传统如铁板一块,全无丝毫的松动余地。正是为了质量,茅台人才与急功近利的悲怆无缘。"

茅台酒现在的生产工艺流程堪称中国白酒工艺的活化石。它是世界上工艺最复杂、生产周期最长、资金占用成本最高的烈性酒。"用工不怕繁复、用时不较岁月",从投料到出厂,要历经 30 道工序、165 个工艺环节,前后至少要经历 5 年时间。

茅台酒坚持一年一个生产周期,绝不为追求产量而破例。进入初夏,茅台镇气温、湿度逐渐增高,空气中微生物的数量变得繁多,也越来越活跃。到端午节前后,茅台镇进入一年中气温最高的时节,制曲的最佳时机也就到了。端午制曲正是利用了高温有利于微生物生长这一特性,以新鲜、饱满的小麦为原料,延用人工制曲的传统,踩出中间高、四边低、松紧适宜的"龟背型"酒曲。

茅台酒厂制曲车间里的温度经常高达 60°C 左右。潮湿、闷热的空气中富含微生物,这些微生物混入曲块中,分泌出大量的酶,加速淀粉、蛋白质等转化为糖分。

进入秋天,随着气温的下降和夏季雨季的结束,赤水河又开始变得清澈,水质调整为一年中最佳的状态,此时本地特产的糯高粱也恰好成熟。重阳时节 25°C 左右的气温对下沙酿酒来说非常适宜。温度太高不行,高粱的淀粉含量高,生酸幅度会过大;太低也不行,会影响出酒率和出酒周期。于是,每当重阳节,赤水河正当澄碧时,茅台镇的酒师们就会挑水、下沙、煮新酒。

如今,茅台酒的酿造仍然遵循着"端午制曲、重阳下沙"的自然规律,并严格遵守着"九次蒸馏、八次发酵、七次取酒"的传统工艺。这种生产工艺尊重自然法则,追求"天人合一",已成为人类非物质文化遗产。

项目组在考察茅台时访问了一名制酒车间的工作人员。他说,"工匠精神"是他们内部一直倡导的,每天把工序做彻底是传统,大家为此而骄傲。他还说,前几天,因为要开始新一轮制曲工序,季克良老先生又来他们车间考察,并强调随着气候的变化,茅台酒的酿造会面对很多挑战,为此要更加严格地坚守工序,认真对待每一个操作。

茅台集团新任董事长李保芳在总结茅台酒打造国际知名品牌的感受时提到，从20世纪初，茅台镇酒坊林立、海外摘金，至50年代成义、荣和、恒兴三家烧坊合并成地方国营酒厂，到今天的现代化大型企业集团，茅台在百年传承与创新中，始终坚守两条底线：一是工艺，二是品质。茅台的理念是"崇本守道，坚守工艺，贮足陈酿，不卖新酒"，这在任何时期都没有改变过。现在看来，正是一代又一代茅台人始终如一、一丝不苟的坚守，才成就了茅台的今天。

"九个营销"：造就"茅台现象"

1998年是茅台的营销元年，危机重重的茅台开始转变观念，参与市场博弈。从那一年开始，茅台逐渐提炼出了一整套营销理念，后来又将其演进为"九个营销"理念，包括工程营销、文化营销、事件营销、服务营销、网络营销、个性营销、感情营销、诚信营销、智慧营销。"九个营销"被确立为茅台的营销战略。

从1998年到2008年，10年间，茅台一步步融入了市场经济的大潮，而"九个营销"更是助其实现了持续10年的跨越式发展。从2008年到今天，美国次贷危机、全球金融风暴、限制"三公"消费、行业深度调整等一系列市场变化，促使茅台开展营销创新的变革。

回头看从1998年至今的20年，茅台坚定"九个营销"的思想从未动摇，始终与时代同行，此举将茅台品牌推向了发展的快车道：茅台酒的销售量增长了23倍，销售额增长了128倍，茅台股票更是迈过了万亿元大关。这20年，茅台不断深化品牌战略，以市场和顾客为中心，不断向商务消费、大众消费、家庭消费和休闲消费转型，并大力发展电商、个性化定制，拓展新销售空间。同时，茅台的营销网络日益健全。经销商队伍从1998年146家，发展到现国内经销商、专卖店等客户几千家，营销网络覆盖全国所有地级城市和多数的县级城市，并招募海外代理商，市场覆盖全球66个国家和地区。

在困境中求生存，在变局中求创新，在创新中求发展，是茅台营销的制胜之道。正是这一营销理念，造就了今天的茅台现象。

文化茅台：酒不醉人人自醉

进入21世纪，在经历了新兴品牌昙花一现的辉煌之后，有着深厚历史传统的"八大名酒"逐渐恢复了生机。这些企业几乎不约而同地打起了文化牌，他们从历史的长河中挖掘自己的独特品牌价值，毕竟，几百年的酿造传统是白酒品牌新贵们无法复制与模仿的。历史文化营销潮流渐起。

茅台虽然不是中国白酒文化营销的开创者，他们却顺势而为，成为最大的受益者。茅台将原材料、水源、微生物、气候等自然环境因素和红色基因等人文因素进行了全方位的整合，在品牌传播过程中凸显其强烈的文化印记。

近年来，茅台集团将茅台酒的文化特征通过旅游进行了固化。由于长期的酿造和储存，整个茅台镇都弥漫着茅台酒的酱香味，使远道而来的白酒爱好者和游客处于微醺状态。加之当地风景如画，漫山遍野都是酒库、酿酒车间和酒文化设施，游客极容易产生"酒不醉人人自醉"之感。茅台集团和当地政府通力打造茅台镇的文化旅游业，游客在参观制酒车间、酒文化城和茅台酒坊旧址，并品尝了茅台酒之后，会切身感受到茅台的文化，对茅台之所以能成长为顶级品牌有更为深刻的理解。

茅台无疑是国内酒企打造旅游文化最成功的案例，它将营业性旅游项目和茅台品牌打造完美地结合在一起。其实，这也是世界级名酒品牌通行的做法。目前，茅台实现了旅游收入每年 30% 的增长。而更具价值的是，凡是来过茅台镇的游客，都会对茅台品牌的文化内涵有更深刻的了解，他们成了茅台品牌的志愿传播者。

市值的信号，茅台品牌的特殊维度

21 世纪初，因生存危机而革新的茅台拉近了与市场的距离，开始变得机动灵活。为给其"贵州茅台"新股发行做宣传，茅台公司于 2001 年 7 月 31 日在全景网上做了路演，当时的企业极少有这种超前意识。网上路演持续了 4 个小时，其间，季克良等高管回答了网友 300 多个问题。2001 年 8 月 27 日，贵州茅台成功上市，这使茅台品牌迈上了一个新台阶。

自上市以来，贵州茅台一直是 A 股的标杆性个股。茅台公司从上市至今一直保持着现金分红的政策，分红比例也随着公司净利润额的增加而增大。统计显示，从 2001 年到 2015 年的 15 年间，贵州茅台现金分红金额达到 351.33 亿元，是公司公开发行股票所募集资金的 17.5 倍。

2017 年，贵州茅台的股价更是一路飙升，4 月 10 日，当天开盘总市值上升到 4 949 亿人民币，折合美元约 718 亿，力压 717 亿美元市值的全球酒王帝亚吉欧，成为全球市值最高的烈性酒公司。之后，股价保持一路上涨的势头，直到 2018 年 1 月 15 日，贵州茅台股价开盘一路高走，最高至 798 元，总市值突破了 1 万亿元大关。

当一瓶白酒成了投资者们朝思暮想的对象时，它的商品属性就已经发生了变化。更为巧合的是，茅台自 20 世纪 90 年代以来，一直在宣传其主打品牌"陈年茅台系列酒"，通过强调它们的高价值和高品位来提升茅台的品牌内涵，而这些宣传点非常契合收藏品的特征。为此，茅台品牌又增添了一个观察维度——股票价值。当我们通过网络大数据来分析茅台品牌的网民关注度时，发现很大一部分"热词"来自投资者。

调整品牌战略，实现"双轮驱动"

2013 年以来，国家严格控制"三公"经费，限制了高端白酒的消费需求，高端白酒销售下挫。"八项规定"出台之前，茅台酒的一些经销商优先保证单位团购，剩下的才进行市场零售。"三公"经费被限制后，外界有人断言，失去了公款拉动的茅台会被"冲垮"。

不过，市场环境的突变反而使茅台在面临考验的同时，获得了市场方向调整的机遇。茅台集团重新进行产品定位，把普通茅台酒的市场定位转为大众消费品、家庭消费品；把陈年茅台酒定位为高端商务消费品。按"茅台酒顺价控量，系列酒薄利多销"的策略，及时调整营销，以顺应市场变化趋势。

在 2014 年的茅台经销商大会上，茅台集团宣布将实施"133 品牌战略"，即打造一个世界级核心品牌茅台，三个以华茅、王茅、赖茅为核心的战略品牌，包含汉酱、仁酒、茅台王子在内的三个重点品牌，若干个区域品牌，打造茅台品牌集群。

之后，茅台集团成立了个性化定制酒公司，专业运营贵州茅台酒及系列酒定制服务；成立了茅台酱香系列酒营销公司，针对中低端市场进行独立运作。2015 年 8 月，时任集团总经理的李保芳进一步指出，茅台系列酒不能作为茅台业务板块的补充，而应该成为一大增长极，要"双轮驱动"。这样就兼顾了各个层次的消费者及他们不同的需求。

经过调整转型，半年的困境之后，茅台酒的销量开始回暖。一个明显的变化就是，原来占销量 30% 以上的公务消费锐减为 1%，而这意味着茅台经过了严峻的市场考验，朝着成熟的消费者品牌不断进化。

品牌梦想

做令全世界尊敬的中国品牌

"MOUTAI"是茅台酒的国际注册商标,最初外国人读"茅台"二字就这样发音。考虑到此读音在国际上已具知名度,茅台集团干脆就给茅台酒取了这个音译名。

茅台在品牌国际化方面一直动作不断,20年前就开始探索美国市场,选择了纽约、洛杉矶及旧金山建立经销中心,但其主要消费者仍是海外华人和中国驻外企业、机构。

目前,茅台公司的产品在66个国家和地区建立了经销渠道,在全世界50多个国家超过400个机场免税店都有销售。伦敦希思罗、法国戴高乐、新加坡樟宜等重要的空港,都有茅台酒岛柜、壁柜等专柜。海外销售虽然在份额上占比不大,但在这些场所可增加与国内商务和政务旅客的高接触频次,对茅台品牌的"出口转内销"具有重大意义。

茅台将海外市场消费者定位为西方主流社会人士。2018年6月29日,《中国日报》英国版头条刊发英国媒体人撰写的《茅台芬芳撩动英国味蕾》一文。该文写道,作为全球市值最高的烈酒品牌,茅台已经出现在英国众多鸡尾酒吧菜单上。许多酒评家预测,茅台未来在欧洲能够成为家喻户晓的品牌。欧洲的第一家中国白酒酒吧如今已经开始迎来回头客,酒吧中混合了茅台的特制鸡尾酒赢得了不少当地人的好评。利物浦FU酒吧的老板安德鲁·罗宾逊说:"我真心觉得,随着茅台全球影响力的不断增大和酿制技术的不断创新研发,它在欧洲市场将会取得巨大的成功。"

目前,茅台对海外市场销售量的目标是要达到全年销量的10%。茅台品牌的全球影响力正在不断扩大,茅台将在产品和品牌国际化方面加大动作。

"只有用'全球视野'布局文化传播,以文化传播推进品牌建设,推动中华优秀传统文化与现代文明相融合,才能打造出具有中国特色和全球影响力的国家品牌。"茅台集团董事长李保芳在"CCTV国家品牌计划"发展与创新理事会成员单位交流会议上如是说。

后记

30年后，谁来代表中国？

一

我第一次看到华为手机的广告是在2012年。

在巴黎戴高乐国际机场，当我经历了10多个小时的飞行，走出机舱，第一眼就看到，在连接飞机和候机室的廊桥上，华为中规中矩的海报从飞机舱门一路延伸到登机口，广告的内容十分直白，只有手机的照片和主要特色功能的关键词提示。

那个时候，我在国内还没有听说过华为手机已经上市。那也是我第一次在国际一线城市的主流广告位上看到中国民用消费品的大幅广告。

戴高乐国际机场是世界上最大的航空中转站之一，只有以全球市场为目标的世界级品牌才有可能在这里打广告。2012年的华为，已经是世界最主要的通信设备供应商之一。之前，尽管国内消费者一直很期待，但华为一直专心做企业端的设备生意，似乎没有推出自己的手机的打算。

随后，华为终于有了自己的手机，而且一上市就选择了进入发达国家市场。我隐隐地觉得，华为将很快成为智能手机领域的一股新力量。几年之后，2017年1月1日，我在电视上的央视频道第一次看到华为手机的广告。暗黑的背景下，一抹金色光芒浮出水面，灯光所及之处，屏幕光洁如镜面，机身闪耀出金属光泽，翻转之间，第二代徕卡双镜头眨了眨眼睛。这是华为Mate9系列2017

年在央视播出的崭新广告片，占据了众多央视主流频道的黄金时段广告位。

华为电视广告在国内的第一次亮相，就出现在央视"CCTV 国家品牌计划"的顶级合作伙伴中。从巴黎戴高乐机场廊桥的平面广告，到央视的电视广告，华为走了一条几乎和所有中国品牌成长都不同的道路。这条道路也让华为手机成为极少数具有国际顶级品牌地位的中国产品。

2017 年初加入"CCTV 国家品牌计划"，在央视投放广告对华为来说是一个历史性的转折点，这标志着华为开始在国内市场冲刺，夯实成为全球主要市场顶级品牌的市场基础。2016 年，华为超越小米成为国内销量第一的智能手机，到 2018 年年底，华为手机销量已经非常接近苹果，成为世界第三大智能手机出产商，在国内更是稳稳地站在第一的位置。

只有在国际市场受到全球消费者追捧的企业品牌，才能够称得上是世界级品牌。按照这个条件，在福布斯 2018 全球最具价值品牌 100 强的名单中，中国只有华为一家企业入围，也比较客观。

根据美国国际数据集团（IDG）的统计，华为在 2018 第四季度同比增长 43.9%，而 2018 年的总出货量则增长了 33.6%，仅次于三星和苹果，排在全球第三。特别需要指出的是，华为智能手机在全球市场的出货量约占它全球业务的一半，在几乎所有的国际市场都实现了增长。这是华为能够在福布斯全球品牌排行榜中排名第 79 位的硬实力。

福布斯全球品牌排行榜榜单显示，苹果公司已连续 8 年蝉联榜首。苹果（手机）、谷歌（搜索）、微软（软件）、Facebook（社交）、亚马逊（零售）、可口可乐（饮料）、三星（消费电子）、迪士尼（动画影视）、丰田（汽车）、AT&T（运营商）分别在各自领域中占据主导地位，排名前 10。

按国家看，在 100 个顶级品牌中，美国 54 个，德国 12 个，法国和日本各 7 个，瑞士 4 个，比利时、韩国、荷兰、西班牙、瑞典各 2 个，中国、奥地利、加拿大、丹麦、爱尔兰、英国各 1 个。这是一个令中国企业十分汗颜的榜单。

好在还有华为。

华为从设备制造业中发展出消费品业务，并将其在 B2B 业务中建立的品牌价值完美地嫁接在消费品业务上，使其公司品牌效应放大，成为同时拥有电信设备业务、消费品业务和智慧城市业务的综合性科技公司，品牌价值得到进一步提升。

如今，从伦敦到莫斯科，从布拉格到贝尔格莱德，在世界各个角落最繁华的商业区，你很容易看到华为产品的专卖店。消费品业务让华为如虎添翼，使其一跃成为广为知晓的著名品牌。

同时，在华为的老本行电信设备行业，华为在5G业务领域遥遥领先，已经拿下了从欧洲到非洲几十个运营商的订单。2019年的华为，似乎正在以势不可当的气势迅速向全球顶级品牌靠近。

2018年初我探访华为的时候，在华为深圳基地的人工湖里，游动着几只黑天鹅，在我看来，这些天鹅更多的是提醒华为人要居安思危，但还真没有意识到，真正的黑天鹅正从太平洋的另一边飞过来。

华为遭受到的围剿可能远超我们的想象。经历了40年改革开放和160年工业化的艰辛路程，中国终于崛起了一家世界一流跨国公司，终于出现了一个真正意义上的国际顶级品牌，但我们怎么也不会想到，中国的崛起会这么遭人嫉恨。

华为开始用更加开放的态度面对无法躲避的风暴。但危机同时也会带来机会。全球消费者不断听到、看到华为遭受到的围堵，华为过去在消费者中建立起来的口碑将被锤炼。如果应对得当，这个过程，就是华为凤凰涅槃，成为全球顶级品牌的过程。

在中国企业走出去成为全球性品牌的过程中，遇到的最常见障碍就是——你是一家中国公司。

正因为如此，中国品牌走向全球的道路就格外艰辛。但这又是一条必走的道路。中国不可能重新发明一条自己的工业化、现代化之路，中国企业也必然要借由西方社会构建出的这套市场秩序来和别国的企业竞争。华为在2018年及在今后的几年中将遭遇的所有的艰难困苦，都会成为其他中国企业成长的参考。也会为众多的中国品牌成为全球性品牌蹚出一条道路。

"顶级品牌建立在优秀的想法之上，甚至有时建立在品牌远景之上，它们就是在这样的推动下砥砺前行，不断创造神话。"品牌专家沃尔刚夫·谢弗在《品牌思维：世界一线品牌的奥秘》一书中的这句话非常适用于华为。经过磨砺之后的华为，将愈发光彩。

二

2018年的俄罗斯世界杯，在为期一个月的决赛阶段，用著名主持人白岩松的话说：这届俄罗斯世界杯，中国除了足球队没去，其他都去了。

中国"去了"世界杯现场的有中国生产的比赛用的足球、纪念品，中国的球迷，还有中国的赞助商。在此之前的世界杯上，只有一家叫作英利的中国光伏企业昙花一现地出现过一次。8年过去了，万达、海信、蒙牛、vivo等7家中国企业出现在俄罗斯世界杯赞助商的名单中。其中，万达是与阿迪达斯、可口可乐等平起平坐的顶级赞助商，而vivo、蒙牛和海信则与百威、麦当劳并列第二级别。

赞助大型体育赛事，从来就被认为是品牌进阶的捷径，尤其像世界杯、奥运会这样的顶级赛事，由于对品牌广告的要求门槛高、条件苛刻，所以出现的品牌就更具有标志性。

2010年，英利公司成为中国首家获得世界杯足球赛全球赞助权的企业。当时，全球的光伏产业整体发展还不错。英利认为，足球发达的欧洲国家正是太阳能商战的主战场，世界杯又是一个契合市场定位的品牌营销平台。据称，英利的赞助费为7000万美元，相当于4.3亿元人民币。

赞助世界杯让"中国英利"一鸣惊人，英利股价同步上涨。英利这次吃螃蟹效果明显，公司2010年的年报显示，2010年全年组件产品销售比上年增长了近1倍。然而，全球光伏产业从2011年起开始遭遇"寒冬"。接下来英利接连亏损，至今未能扭转亏损局面，成了一家步履艰难的普通企业。也许是英利的冒失之举吓坏了中国企业，2014年巴西世界杯没有再见到中国赞助商的身影。

在2018年世界杯场地广告牌上，中国品牌出现爆发性增长，从前两届的1家，一下子增长到7家，场地和屏幕上的汉字多得让人有点不适应。英国《经济学人》杂志将本届世界杯上中国赞助商暴增的主要原因归结为"因为很多西方企业都撤回了对世界杯的支持和赞助"。

至于出现这一结果的原因，《经济学人》给出的答案貌似很有说服力：第一，国际足联被曝光的腐败乃至洗钱和诈骗等丑闻，导致很多西方企业害怕波及自身形象。第二，本届世界杯在俄罗斯举办，而在此前，俄罗斯强行拿回克里米亚，成为西方各国制裁的对象。《经济学人》认为，如果本届世界杯是在欧洲其他国家举行，恐怕不会出现找不到广告赞助商的尴尬局面，中国企业实际上当了"接盘侠"。

不知道《经济学人》是如何定义"接盘侠"的，如果他们把接盘侠理解成"奋不顾身的倒霉蛋"，那么他们就大错特错了。中国企业此次能够获得大面积"接盘"机会，实在是天时地利人和的幸运结果。就如同几年前，吉利汽车成为沃尔沃的"接盘侠"一样。

俄罗斯世界杯对于那些希望出现在世界杯决赛赛场的中国企业来说，是一个千载难逢的机会。也因为这次幸运地成为"接盘侠"，他们在谈判中获得了更多的权益。

同类赞助商索尼的退出让海信有了获得世界杯赞助商资格的机会，而索尼的退出，原因不说自明。海信出现在世界杯赛场可谓是水到渠成，这家企业目前已经在全球设立了18个分公司和3个生产基地，生产和销售都已经真正实现了全球化。这和20世纪80年代日本家电企业全面出现在国际重大体育赛场上的原因和逻辑完全一致。在此之前，海信已经通过赞助欧洲杯学到了通过赞助顶级足球赛打造品牌并扩大销量的经验。作为2016年欧洲杯的一级赞助商，欧洲杯给海信品牌带来的影响力和海外市场销售额都非常令人惊喜。

这次海信的广告不但出现在赛场上，还出现在俄罗斯各比赛城市的球迷公园里。这些球迷公园是球迷看球的必选之地，公园里设有海信面积巨大的展示柜台，每天都有大量的球迷和消费者在这里进行活动，公园内所有的电视和大屏幕都是海信提供的，LOGO十分醒目。这次的俄罗斯世界杯，海信同样收到了意外的惊喜，据海信官方透露，除了品牌影响力继续扩大外，短短一个月，海信产品在俄罗斯的销售额增长了300%。另外在捷克、墨西哥、阿根廷等国家，海信品牌都实现了成倍的增长。

赞助世界杯无疑是一个全面体现企业实力的极佳选择，海信更是利用成为俄罗斯世界杯官方赞助商的身份，开始向全球顶级电视品牌冲刺。世界杯指定的海信U7、U9和激光电视等产品，不仅在屏幕、画质和声音上全面升级，搭载的世界杯版人工智能电视系统，也成为球迷的"看球神器"。在2018年7月的第一个星期，海信在国内市场75英寸及以上大屏电视市场的零售额首次超过索尼和三星。

除了海信、vivo等已经实现全球生产、销售的中国企业外，万达、蒙牛等主要业务在中国的赞助商也成为被议论的对象。但其实这也没什么奇怪，中国巨大的市场体量，已经完全支撑得起这些企业在世界杯赛场的亮相。

在世界杯期间，我认真地参观了在球迷公园和赛场外的中国企业展台。他们中有的品牌如海信、vivo等已经成为俄罗斯和世界不少国家的主流品牌，因此展台前人头攒动。其他大部分企业在海外市场的份额还很小，基本没有品牌知名度，因此围观的人也不太多。

当然，从商业价值上来看，即使只有中国球迷和中国观众关注，这些赞助企业也可以达到他们想要的回报。但毕竟亮相国际顶级品牌是建立世界级品牌的绝好路径。各赞助商获得的赞助权应该得到专业的利用，要将产品在世界各市场的延伸和品牌亮相更完美地结合在一起，而不是出风头后偃旗息鼓。

通过中央电视台的多维度转播和报道，众多中国品牌赞助世界杯成为中国企业和媒体共同打造国家品牌的经典案例。围绕这届世界杯，央视体育频道以"全平台我在现场"的报道理念和"多空间组合式"报道模式完美演绎了赛事盛况。在世界杯期间，电视端收视率持续走高，决赛收视率升至4.43%，收视份额达40.9%，同时，依托电视内容，相关新媒体平台用户增长迅速。来自中国的国际足联赞助商、俄罗斯世界杯赞助商、世界杯转播节目赞助商都获得了巨大的收益，而中央电视台的电视直播是这些赞助商获得收益的最重要的途径。

2018世界杯上中国企业的集体亮相，可以看作中国品牌国际化的一个分水岭，中国企业的全球化品牌构建之路从单兵突破转为多点冲击。中国企业品牌的全球亮相，不是早了而是晚了，今后必将是中国品牌集中出现在世界顶级赛事赛场的时代，也是中国品牌真正开始批量进入世界主流市场的开始。

三

20多年前，海尔的第一部电视广告在中央电视台播出，彼时，海尔作为全国数十家电冰箱生产企业中的一员，首席执行官张瑞敏敏锐地觉察到在中央电视台投放广告对于海尔品牌未来在众多品牌中脱颖而出的战略意义。

2018年，坚持不懈推动"人单合一"的张瑞敏，在"庆祝改革开放40周年大会"上，荣获"改革先锋"的称号。他是作为注重企业管理创新的优秀企业家代表而入选的。海尔已经连续多年成为全球第一白色家电品牌。张瑞敏以持续变革的精神，将中国传统文化和西方先进管理经验融会贯通，顺应时代潮流，颠覆传统的管理方式，首创人单合一模式。未来的海尔会不会像曾经的通用电气公司一样，成为一家因企业管理变革而享誉四海的国际化企业？

2018年10月22日，习近平总书记来到格力电器视察。中央电视台《新闻联播》播出总书记视察格力电器的情况。在报道中，总书记称赞格力"在贯彻落实党中央关于自主创新决策部署方面做到了真学真懂真信真用"。央视快评用格力的品牌标语"让世界爱上中国造"为标题。在世界不少地方，格力品牌已经进入当地的家庭、酒店、写字楼，成为主流品牌，代表了中国制造的品质。格力下一次更新自己品牌口号的时候会用一句什么话呢？

2018年11月，李克强总理考察苏宁时强调："我国消费市场空间巨大，希望你们通过智能物流、云技术等促进线上线下融合，提供保证质量、消费者满意的产品和服务。像孙悟空一样，既能腾'云'驾雾，又能'钻'进消费者心里，让消费者顺心，促进消费潜力更多释放。"总理表示，前几年有人曾担心甚至质疑，网购会对线下实体店造成冲击，但苏宁的成功转型证明，线上线下并非不能相融，反而会相互带动、相互支撑。这一年，苏宁加快推进苏宁小店的布局，2019年初又宣布收购万达百货，向自己转型的目标前进了一大步。对苏宁来说，经过10年的卧薪尝胆，被认为"没有互联网基因"而不被看好的苏宁完全弥补了线上短板，现在开始全力向线上线下一体，旗舰店、专业店、社区店全场景百货零售业态进军。我们可以期待，未来的苏宁会成为集"亚马逊＋沃尔玛＋711"的中国零售商业世界巨头，成为一个全新门类的顶级零售品牌吗？

2018年11月，云南白药与西班牙巴塞罗那足球俱乐部宣布开展全方位合作。一方面，与巴萨的合作标志着云南白药跨界合作的开始；另外一方面，巴萨足球学院的落地，未来将给中国的孩子带来更多国际交流的机会。成功完成混合所有制改革的云南白药，未来能够在中药领域建立起具有国际影响力的品牌吗？

从美国及其他发达国家的工业化道路来看，品牌的发展具有非常高的淘汰率，只有极少数品牌才能够在历次经济转型和消费升级的磨难中活下来。我们经过一年多的时间研究的这些企业案例，从目前看都非常成功，但在30年之后——也就是新中国成立100年的时候，他们当中谁能够成为世界级品牌还很难说。甚至可以预言，他们中的大多数可能已经不存在了。

但这丝毫不能影响我的另一个预言，30年以后能够代表中国的世界级品牌将是成群结队的。我们一起研究和发现造就世界级品牌的路径和规律，将中国企业发展和中国品牌建设,放在中国经济发展和转型的大背景下去思考,放在世界各国工业化、城市化的进程中去思考,这或许就是"中国国家品牌"这一研究项目的不同之处吧。

改革开放 40 年来,中国广告经营额从 1979 年的 1000 万元发展到了 2018 年的近 8000 亿,增长了近 8 万倍。这一数字的基础是中国经济的高速发展、人民生活水平的快速提高,而企业品牌意识的不断增强和媒体的不断壮大也是其中的重要因素。

经过 40 年的发展,中国企业的品牌传播从无到有,广告业已经成为我国文化产业和现代服务业的重要组成部分,其体量迅速增长的同时,广告业者的地位也在大幅提升,在塑造品牌、引导消费、拉动内需等方面持续发挥着重要作用。

品牌和广告可以说是一枚硬币的两面。作为广告业的一分子,央视广告 40 年来见证并一定程度上推动了中国广告业的成长与进步,更是见证和推动了中国品牌的成长、成熟与崛起。

本书第一作者、央视广告经营管理中心主任任学安认为,总结 40 年来中国广告及中国企业品牌的传播方式和成长规律,可以发现很多中国企业的品牌传播都存在着共性。这种共性可以概括为一种模式,这就是中国品牌传播的"1+N"模式。

"1+N"模式,是指很多企业和品牌方在中国市场做品牌建设或品牌传播时,都会不约而同地选择 1 种强势媒体作为支撑平台,同时搭配 N 种其他媒体作为补充。这其中,"1"几乎是不变的,而"N"则根据品牌的需求或媒体自身的演变而变化。

在这 40 年的发展过程中,对于众多大众消费品企业来说,中央电视台一直是他们选择的"1"。正如书中的 9 个案例所呈现的,中央电视台一直伴随着他们的成长。

根据这些企业的产品广告第一次出现在中央电视台的时间,我们总结出这样一种规律:这些企业都是在进入行业主流品牌行列,成为全国性品牌之后开始在央视进行大规模广告投放的,并且在此之后的数年时间里成长为行业领军企业。

央视为什么会成为企业品牌构建的"1"?一方面,这是央视一直以来传播的到达率;另一方面,也是更重要的一个因素,由于央视巨大的影响力和高额的播放费用,使投放央视广告的企业必须针对广告对产品的战略定位、销售渠道的整合、商标和包装的设计、传播的理念和方法等方面进行全方位的梳理和锤炼，这一过程其实就是企业打造一流品牌的必修课，自然也成为企业品牌建设的基础。

随着互联网和社交媒体的兴起，新媒体正在分流传统媒体的广告份额。但新媒体碎片化的传播特点及其销售导向、传播目标与企业品牌传播系统、全面的要求相悖。此时，企业品牌对"1"的配置需求不是降低而是增加了。

本书是根据任学安入选中宣部"四个一批"人才项目——"中国国家品牌"研究项目的成果，经过充实和修订后形成的。

在近两年的时间里，任学安带领项目组成员，对本书提到的9家企业逐一进行了探访，对企业领导或相关负责人进行了深度访谈，对这些著名品牌的成长路径和品牌基因进行了全面分析，形成了9个"通往国家品牌"的案例。同时，项目组深入研究了世界各工业大国品牌产生和发展的规律，梳理了品牌成长与经济发展及人民生活水平提高之间的关系等方面的内容。

我从1998年进入中央电视台财经频道工作，到现在已经超过20年。这20年是中国经济发展速度最快的20年，也是中国企业实力和品牌成长最快的20年。20年来，我在作为记者、主编、财经评论员的职业生涯里报道过众多企业，采访过诸多的企业家，亲眼见证了他们的成长壮大，了解他们从小有名气的企业成长为世界级企业和著名品牌的很多重要节点。所以，特别有幸作为合作者参与这一研究项目，为本项目的完成做了一点贡献。

除了任学安和笔者，先后在不同阶段参与项目研究工作的还有清华大学深圳研究生院聂晓梅老师，品牌专家康路、王頔、张蕊、陈嵩焘等。北京领势传智叶琳总经理作为项目经理全程参与了项目的组织实施工作，在此对团队成员的辛勤付出和敬业精神表示衷心的感谢。

刘戈

2019.10

参考文献

[1] 戴维·阿克.品牌相关性[M].金珮璐,译.北京:中国人民大学出版社,2014.

[2] 杰克·特劳特.大品牌大问题[M].耿一诚,许丽萍,译.北京:机械工业出版社,2011.

[3] 阿盖什·约瑟夫.德国制造:国际品牌战略启示录[M].赛迪研究院专家组,译.北京:中国人民大学出版社,2015.

[4] 艾·里斯,劳拉·里斯.品牌的起源[M].寿雯,译.北京:机械工业出版社,2013.

[5] 谢京辉.品牌经济发展与中国经济强国之路[M].上海:格致出版社,2014.

[6] 钱明辉,谭新政.2016中国品牌发展报告[M].北京:知识产权出版社,2016.

[7] 刘瑞旗,李平等.国家品牌战略问题研究[M].北京:经济管理出版社,2012.

[8] 段淳林.整合品牌传播:从IMC到IBC理论建构[M].北京:世界图书出版公司,2012.

[9] 戴维·阿克.管理品牌资产[M].吴进操,常小虹,译.北京:机械工业出版社,2012.

[10] 戴维·阿克.创建强势品牌[M].李兆丰,译.北京:机械工业出版社,2012.

[11] 马丁·林斯特龙.感官品牌[M].赵萌萌,译.天津:天津教育出版社,2011.

[12] 黄卫伟等. 以奋斗着为本：华为公司人力资源管理纲要 [M]. 北京：中信出版社，2014.

[13] 聂晓梅. 品牌帝国：跨学科视角下的美国品牌形象理论演进 [M]. 北京：清华大学出版社，2015.

[14] 刘戈. 在危机中崛起：美国如何成功实现经济转型 [M]. 北京：中信出版社，2016.

[15] 罗伯特·西奥迪尼. 影响力 [M]. 闾佳，译. 北京：中国人民大学出版社，2011.

[16] 王海忠. 重构世界品牌版图：中国企业国际知名品牌战略 [M]. 北京：北京大学出版社，2013.

[17] 汪同三. 品牌蓝皮书：中国品牌战略发展报告（2016）[M]. 北京：社会科学文献出版社，2016.

[18] 多米尼克·穆尔特如. 品牌思维：六个德国杰出品牌的案例分析 [M]. 马博磊，温恬，译. 北京：北京时代华文书局，2017.

[19] 纳奥米·克莱恩.NO LOGO：颠覆品牌全球统治 [M]. 徐诗思，译. 广西：广西师范大学出版社，2017.

[20] 沃尔夫冈·谢弗，J.P. 库尔文. 品牌思维：世界一线品牌的7大不败秘密 [M]. 李逊楠，译. 江苏：古吴轩出版社，2017.

[21] 瓦科拉夫·斯米尔. 美国制造 [M]. 李凤海，刘寅龙，译. 北京：机械工业出版社，2014.

[22] 迈克尔·斯宾塞，迈克尔·斯宾塞. 下一次大趋同 [M]. 王青，刘其岩，译. 北京：机械工业出版社，2012.

[23] 安格斯·麦迪森. 中国经济的长期表现：公元960—2030年 [M]. 伍晓鹰，马德斌，译. 上海：上海人民出版社，2016.

[24] 田涛，吴春波. 下一个倒下的会不会是华为 [M]. 北京：中信出版社，2012.

[25] 汤之上隆. 失去的制造业：日本制造业的败北 [M]. 林曌，译. 北京：机械工业出版社，2015.

[26] 扬·卢腾，范赞登. 通往工业革命的漫长道路 [M]. 隋福民，译. 浙江：浙江大学出版社，2016.

[27] 乔纳森·休斯，路易斯·凯恩. 美国经济史 [M]. 邸晓燕，邢露，等译. 北京：北京大学出版社，2011.

[28] 斯坦利·L·恩格尔曼，罗伯特·E·高尔曼. 剑桥美国经济史 [M]. 王珏，李淑清，译. 北京：中国人民大学出版社，2008.

[29] 弗雷德里克·艾伦. 美国的崛起：沸腾50年 [M]. 高国伟，译. 北京：京华出版社，2011.

[30] 米尔顿·弗里德曼，安娜·雅各布森·施瓦茨. 大衰退：1929—1933[M]. 雨珂，译. 北京：中信出版社，2008.

[31] 韦宗友. 殖民体系、后殖民体系与大国崛起 [J]. 国际瞭望，2013（06）.

[32] 金碚. 世界工业革命的缘起、历程与趋势 [J]. 南京政治学院学报，2015（01）.

[33] 宋李健. 工业革命为什么发生在18世纪的英国——一个全球视角的内生分析模型 [J]. 金融监管研究，2012（03）.

[34] 王章辉，孙娴. 工业社会的勃兴 [M]. 北京：人民出版社，1995.

[35] 中国科学院经济研究所世界经济研究室. 主要资本主义国家经济统计集 [M]. 北京：世界知识出版社，1962.

[36] 埃里克·霍布斯鲍姆. 工业与帝国：英国的现代化历程 [M]. 梅俊杰译. 北京：中央编译出版社，2016.

[37] 马英昌. 近代英国工业体系的建立 [J]. 西北师大学报（社会科学版），1984（04）.

[38] 查灿长. 英国：19世纪末20世纪初世界广告中心之一 [J]. 新闻界，2010（05）.

[39] 高长春. 时尚产业经济学导论 [J]. 经济管理出版社，2011，（5）.

[40] 沈坚. 关于法国近代经济发展若干问题的再思考 [J]. 华东师范大学学报（哲学社会科学版），1997（06）.

[41] 黄宁燕，孙玉明. 从法国战后科技发展的经验与教训看政府统筹科技发展 [J]. 中国科技论坛，2009（08）.

[42] 霍利浦，邱举良. 法国科技概览 [M]. 北京：科学出版社，2002.

[43] 宾建成，李德祥. 法国"再工业化"战略及对我国外经贸的影响分析

[J]. 湖湘论坛, 2014（02）.

[44] 吴海军. 法国新工业化着力培育战略性新兴产业增长点 [J]. 全球科技经济瞭望, 2015（04）.

[45] 金碚. 世界工业革命的缘起、历程与趋势 [J]. 南京政治学院学报, 2015（01）.

[46] 邵志勇. 市场经济下德国标准化工作的现状：考察述记 [J]. 仪器仪表标准化与计量, 1993（04）.

[47] 罗群芳. 第三帝国时期德国汽车工业与战后"经济奇迹"[J]. 武汉大学学报（人文科学版）, 2007（11）.

[48] 朱庭光. 法西斯体制研究 [M]. 上海：上海人民出版社, 1995.

[49] 王海燕, 汪善荣. 第二次世界大战后德国经济转型的经验与借鉴意义 [J]. 经济研究参考, 2016（49）.

[50] 巫云仙. "德国制造"模式：特点、成因和发展趋势 [J]. 政治经济学评论, 2013（07）.

[51] 袁徐惠. 德国汽车工业发展优势分析及启示 [J]. 商业研究, 2015（30）.

[52] 王静毅. 德国中小企业为什么独秀全球？[J]. 中国工业评论, 2016（08）.

[53] 王超. 中国市场铸造大众神话 [J]. 中国青年报, 2011.

[54] 中华人民共和国商务部. 2008—2009 中国品牌发展报告 [M]. 北京：北京大学出版社, 2011.

[55] 邓洲. 日本工业强国发展的特征及启示 [J]. 东北亚学刊, 2015（06）.

[56] 关洪涛. 战后日本汽车产业的发展及政策研究 [D]. 吉林大学, 2008.

[57] 邓洲. 日本工业强国发展的特征及启示 [J]. 东北亚学刊, 2015（06）.

[58] 蔡冬青, 朱玮玮. 日本家电产业战略性贸易政策实践及对中国的启示 [J]. 中国科技论坛, 2009（09）.

[59] 左殿升. 日本电子产业兴衰及其对我国的启示 [J]. 鲁东大学学报（哲学社会科学版）, 2014（03）.

[60] 徐梅. 战后 70 年日本经济发展轨迹与思考 [J]. 日本学刊, 2015（06）.

[61] 王正林. 日本电子大沉没 [J]. 韬略天下, 2009（32）.

[62] 李丹琳, 马学礼. 日本 IT 立国战略的推进与成效分析 [J]. 日本问题研究, 2017（02）.

[63] 郑华杰.中日韩产业结构升级和产业政策演变比较[J].现代商业，2017（20）.

[64] 黄娅娜.韩国促进产业转型升级的经验及其启示[J].经济研究参考，2015（20）.

[65] 胡李鹏，谭华清.韩国产业升级过程与经验[J].现代管理科学，2016（01）.

[66] 韦帅民.韩国科技创新引领产业结构优化的经验启示[J].中国市场，2017（26）.

[67] 张英.财团兴衰与韩国的企业改革[J].社会科学战线，2002（02）.

[68] 杨虹.韩国经济腾飞的三驾马车：IT、生物技术、文化——专访韩国驻中国大使权宁世[J].中国战略新兴产业，2014（12）.

[69] 赵可金.理论驱动与大国崛起——美国的经验[J].国际瞭望，2013（06）.

[70] 秦亚青.国际关系理论的核心问题与中国学派的形成[J].中国社会科学，2005 (03).

[71] 秦亚青.霸权体系与国际冲突——美国在国际武装冲突中的支持行为[M].上海：上海人民出版社，1999.

[72] 张友伦，林静芬，白凤兰.美国工业革命[M].天津：天津人民出版社，1981.

[73] 詹姆斯·柯比·马丁，兰迪·罗伯茨，史蒂文·明茨，等.美国史[M].范道丰，柏克，曹大鹏，等译.北京：商务印书馆，2012.

[74] 凯文·莱恩·凯勒.战略品牌管理[M].李乃和，李凌，沈维，等译.北京：中国人民大学出版社，2003.

[75] 本·巴鲁克·塞利格曼.美国企业史[M].复旦大学资本主义国家经济研究所，译.上海：上海人民出版社，1975.

[76] 黄河.战后经济危机与美国跨国公司的发展（1947—1970年）[J].上海商学院学报，2010（03）.

[77] Don E. Shultz, Heidi F. Shultz. Transitioning marketing communication into the twenty-first century [J]. Journal of Marketing Communication, 1998(04).

[78] 托马斯·奥奎因.广告学[M].兰天，译.辽宁：东北财经大学出版社，

2010.

[79] 聂晓梅. 美国百年品牌传承中的符号体系研究 [J], 现代广告（学术刊）, 2015（12）.

[80] Aaker D. A, Joachimsthaler E. Brand leadership: The next level of the brand revolution [M]. New York: Free Press, 2000.

[81] Steve Hoeffler, Paul Bloom, Kevin Lane Keller. Understanding stakeholder responses to corporate citizenship initiatives: managerial guidelines and research directions [J]. Journal of Public Policy & Marketing, 2010, 29 (Spring).

[82] 德鲁克. 下一个社会的管理 [M]. 北京：机械工业出版社，2006.